Ulrich Brinkmann · Hae-Lin Choi · Richard Detje · Klaus Dörre
Hajo Holst · Serhat Karakayali · Catharina Schmalstieg

Strategic Unionism: Aus der Krise zur Erneuerung?

Ulrich Brinkmann · Hae-Lin Choi
Richard Detje · Klaus Dörre
Hajo Holst · Serhat Karakayali
Catharina Schmalstieg

Strategic Unionism: Aus der Krise zur Erneuerung?

Umrisse eines Forschungsprogramms

VS VERLAG FÜR SOZIALWISSENSCHAFTEN

Bibliografische Information Der Deutschen Nationalbibliothek
Die Deutsche Nationalbibliothek verzeichnet diese Publikation in der
Deutschen Nationalbibliografie; detaillierte bibliografische Daten sind im Internet über
<http://dnb.d-nb.de> abrufbar.

Gedruckt mit freundlicher Unterstützung der Hans-Böckler-Stiftung.

Hans **Böckler**
Stiftung

Fakten für eine faire Arbeitswelt.

1. Auflage 2008

Alle Rechte vorbehalten
© VS Verlag für Sozialwissenschaften | GWV Fachverlage GmbH, Wiesbaden 2008

Lektorat: Katrin Emmerich / Bettina Endres

Der VS Verlag für Sozialwissenschaften ist ein Unternehmen von Springer Science+Business Media.
www.vs-verlag.de

Umschlaggestaltung: KünkelLopka Medienentwicklung, Heidelberg
Druck und buchbinderische Verarbeitung: Krips b.v., Meppel
Gedruckt auf säurefreiem und chlorfrei gebleichtem Papier
Printed in the Netherlands

ISBN 978-3-531-15782-5

Inhalt

Vorwort

Hans-Jürgen Urban

Seit geraumer Zeit befinden sich die Gewerkschaften in den Gesellschaften des entwickelten Kapitalismus in der Defensive. Dies gilt für die Vereinigten Staaten von Amerika wie für die Mitgliedstaaten der Europäischen Union und mithin auch für das wiedervereinigte Deutschland. Auch wenn Ursachen, Reichweite und Überwindungschancen der Defensive unterschiedlich eingeschätzt werden, so hat sich in der politischen und wissenschaftlichen Diskussion ein Konsens dahingehend herausgebildet, dass die Gewerkschaften im Übergang vom national organisierten Wohlfahrtsstaats-Kapitalismus zum transnationalen Finanzmarktkapitalismus einen substantiellen Bedeutungs- und Einflussverlust erfahren haben.

Diese Einschätzung kann sich auf wissenschaftlich vielfach belegte und politisch intensiv diskutierte Indikatoren stützen. Die Erosion der gewerkschaftlichen Verankerung in den Betrieben, der Rückgang gewerkschaftlicher Verhandlungs- und Verteilungsmacht in den Arenen der Betriebs- und Tarifpolitik, die Verluste an Mitgliedern und finanziellen Ressourcen und nicht zuletzt der anerkennungspolitische Ausschluss der Gewerkschaften aus den korporatistischen Funktionseliten – alle diese Entwicklungen werden benannt, wenn von einem säkularen Machtverlust oder einem historischen Niedergang der Gewerkschaften die Rede ist. Selbst durchaus gewerkschaftsfreundlich gesinnte Autoren lassen diese Entwicklungstrends mitunter im Negativszenario eines „Kapitalismus ohne Gewerkschaften" (Walter Müller-Jentsch) zusammenfließen oder formulieren politische Streitschriften mit dem provokativen Titel „Wozu noch Gewerkschaften?" (Oskar Negt). Kurzum, die allgemeine Zeitdiagnose lautet: Es steht nicht gut um die Gewerkschaften!

Doch wie so oft verweigert sich die komplexe Realität auch diesmal allzu gradlinigen und deterministischen Prognosen. Neben den Phänomenen der gewerkschaftlichen Schwächung hält die soziale Wirklichkeit auch das Gegenteil bereit. Seit geraumer Zeit wird in den Medien immer öfter auch über neue Lebenszeichen der Gewerkschaften berichtet. Mehr noch: Vor allem in der amerikanischen und britischen Sozialwissenschaft kann auf eine ansehnliche Zahl von Studien verwiesen werden, die sich mit empirisch konstatierenden Ambitionen und Praxen einer gewerkschaftlichen Erneuerung beschäftigen. Offensichtlich war die Prognose des säkularen gewerkschaftlichen Niedergangs beim

Übergang in den neuen Kapitalismus vorschnell, geht die Zuspitzung sozialer
Konflikte und politischer Kämpfe mit Elementen einer Erneuerung gewerkschaftlicher Interessenpolitik einher. In lokalen Kämpfen um den Erhalt von
Standorten, Arbeitsplätzen und Sozialstandards lässt sich mitunter eine neue
Militanz diagnostizieren; in politischen Konflikten um die Verteilung der Pro-
duktivitätszuwächse können die Gewerkschaften den Niedergang der Vertei-
lungsposition der Lohnabhängigen stoppen. Und gewerkschaftliche Mobilisie-
rungserfolge in Konflikten um die Zukunft der sozialen Sicherungssysteme oder
die Ausgestaltung der Europäischen Union deuten auf eine gewisse Regeneration
gewerkschaftlicher Verhandlungs- und Organisationsmacht hin. Es sind diese
Indikatoren einer gewerkschaftlichen Revitalisierung, welche auch eine Zeitdiagnose zuließen, die lautet: Die Gewerkschaften melden sich zurück!

Die Lage ist unübersichtlich, einige Fragen drängen sich auf: Dauert die
gewerkschaftliche Defensive an, unterminieren die strukturellen Veränderungen
im Übergang zur neuen Kapitalismusformation vielleicht leiser, aber doch systematisch die Grundlagen gewerkschaftlicher Verhandlungs- und Organisationsmacht? Sind die aufflackernden Lebenszeichen gewerkschaftlicher Gegenwehr lediglich temporäre Unterbrechungen eines säkularen Niedergangsprozes-
ses? Oder gewinnen die Gewerkschaften langsam aber stetig machtpolitischen
Boden unter die organisationspolitischen Füße zurück? Entwickeln sie die strategischen Kapazitäten, um die strukturellen Veränderungen in der ökonomischen
und sozialen Umwelt erfolgreich zu bearbeiten? Stehen wir gar am Beginn einer
sukzessiven Überwindung der gewerkschaftlichen Defensive?

Evident ist: Der Hinweis auf die Indizien einer gewerkschaftlichen Erho-
lung sollte nicht in einer vorschnellen Überinterpretation aktueller Revitalisie-
rungserfolge enden. Das Ende einer strukturellen Defensive lässt sich nicht einfach ausrufen, auch nicht im Falle der Gewerkschaften. Es kann realistischerwei-
se nur über den Weg mühseliger, analytischer und politisch-strategischer Anstrengungen erreicht werden, und hier stehen die Gewerkschaften bestenfalls am
Anfang. Ob sich die gegenwärtigen Teilerfolge als Vorboten einer nachhaltigen
Revitalisierung erweisen werden, ist ungewiss. Zu umfassend sind die anstehen-
den Strukturprobleme und zu fragil sind die bisherigen Erfolge.

Belastbare Erkenntnisse über die reale Entwicklung lassen sich letztlich
nicht ohne theoretische, vor allem aber empirische Forschungsanstrengungen
gewinnen. Doch wer mit diesem Ansinnen bei der deutschen Sozialwissenschaft
vorstellig wird, wird dies ohne durchschlagenden Erfolg tun. Zunächst stößt ein
solches Anliegen auf die Schwierigkeit, eine hinreichende Anzahl gehaltvoller
Studien über die Entwicklung der Gewerkschaften in der gegenwärtigen Um-
bruchperiode zu finden. Offenbar hat der gesellschaftliche Bedeutungsverlust der
Gewerkschaften auch ihre Attraktivität als Forschungsgegenstand schwinden

lassen. Nicht, dass in der Arbeitssoziologie, der Industrielle Beziehungen-Forschung, der Sozialgeschichtsschreibung oder der politikwissenschaftlichen Korporatismus-Forschung keine Studien über die Gewerkschaften mehr zu finden wären. Doch auch ein Blick in diese erweckt den Eindruck, als habe sich die deutsche Gewerkschaftsforschung recht behaglich in ihrer Krisenperspektive eingerichtet. Jedenfalls scheint die Zufriedenheit mit den diversen Niedergangsprognosen hoch und die Bereitschaft, sich mit den gegenwärtigen Ambitionen und Praktiken gewerkschaftlicher Erneuerung zu beschäftigen, eher gering.

An dieser Diskrepanz zwischen einer widersprüchlichen Realität und einer doch stark in ihrem Krisenparadigma befangenen Gewerkschaftsforschung setzt die vorliegende Studie an. Einem Anfangskapitel über Ursachen und Ausmaß dessen, was als „Krise gewerkschaftlicher Repräsentation" bezeichnet wird, folgen eine Skizze neuerer Forschungsansätze in der internationalen Gewerkschaftsforschung (labor revitalization studies) sowie Analysen über das in den angelsächsischen Staaten entwickelte „organizing"-Konzept und Überlegungen zur Übertragbarkeit internationaler Erfahrungen auf die Gewerkschaften in Deutschland. Den Abschluss bilden Vorschläge für ein neues Forschungsprogramm unter dem Titel „strategic unionism".

Mit Blick auf die Situation in der deutschen Sozialwissenschaft kommt die Argumentation zu einer klar formulierten Einschätzung:

> „Es gibt hierzulande bislang keine gezielte intellektuelle Orientierung an, aber auch keine systematische Förderung und Unterstützung von wissenschaftlichen Suchstrategien, die ähnlich dem Anliegen der labor revitalization studies innovative Praktiken der Gewerkschaftserneuerung ins Zentrum der Analyse rücken."

Auf der Grundlage dieser Defizitanalyse wird der Appell für eine Neuorientierung der deutschen Gewerkschaftsforschung formuliert:

> „Wir plädieren dafür, eine Forschung zu ‚strategic choice' zu etablieren. Ohne die akute Krise gewerkschaftlicher Repräsentation und deren Ursachen zu ignorieren, sollte vorsichtig zugunsten von Forschungen umgesteuert werden, die anhand innovativer Praktiken Erneuerungspotenziale von Gewerkschaften ausloten."

Ob dieses Plädoyer als Aufruf zu einem generellen forschungsstrategischen Perspektivenwechsel gemeint ist, oder ob es als Aufforderung zur Etablierung eines neuen, zusätzlichen Zweiges in der Gewerkschaftsforschung verstanden wird – in beiden Fällen könnte es dazu geeignet sein, frischen Wind in die wissenschaftliche Beschäftigung mit den Gewerkschaften zu bringen.

Eine ähnlich fundierte, insbesondere die internationale Debatte rezipierende Überblicksdarstellung in Sachen Gewerkschaftsforschung lag bisher nicht vor und stellt bereits wegen ihres hohen Informationsgehalts ein ausgesprochen verdienstvolles Unterfangen dar. Eine solche positive Gesamteinschätzung zwingt keineswegs zu kritischer Enthaltsamkeit gegenüber Einzelpassagen der Studie. So sind einige Begriffsbestimmungen und Versuche, Sichtweisen und strategische Ansätze aus anderen Ländern auf die deutschen Bedingungen zu übertragen, durchaus kritisch zu diskutieren. Drei kurze Anmerkungen dazu:

1. Die AutorInnen unterwerfen sich aus forschungspragmatischen Gründen der Selbstbeschränkung, ihre Aufmerksamkeit trotz der empirischen Vielfalt gewerkschaftlicher Revitalisierungsstrategien auf das praktizierte „organizing"-Konzept zu konzentrieren. Doch zugleich fassen sie den organizing-Begriff so weit, dass die Unterschiede zwischen organisationspolitischen Strategien und Aktivitäten in der gewerkschaftlichen Betriebs-, Tarif- und Gesellschaftspolitik verschwimmen und die Spezifika der „organizing"-Strategie verloren zu gehen drohen.

2. Zugleich kann die Studie an einigen Stellen Ungereimtheiten nicht vermeiden. So wird zu Recht herausgearbeitet, dass der sehr beliebte Slogan „mehr Bewegungscharakter und mehr Basisorientierung bitte" als Patentrezept zu kurz greift und höhere Erfolgschancen jenen Strategieansätzen innewohnen, die auf neue Formen der Kombination von partizipativen und repräsentativen, von basisorientierten und institutionenstabilisierten Ansätzen setzen. Dennoch sind weite Passagen der Studie, vor allem zwischen den Zeilen, von einer mitunter etwas überschwänglichen Wertschätzung für Strategien einer permanenten Basismobilisierung und -bewegung geprägt. Nicht, dass die Hervorhebung der Revitalisierungspotenziale von Mitgliederaktivierung und Bewegungsorientierung fehl am Platze wäre. Die Ausführungen über den „social movement unionism", wie er sich vor allem außerhalb Europas als neues bewegungsorientiertes Strategieverständnis von Gewerkschaften Geltung verschafft hat, gehören gerade mit Blick auf die deutschen, stark institutionell geprägten Bedingungen zu den besonders anregenden Passagen der Studie. Doch problematisch wird es, wenn dabei die Machtpotenziale, die aus der gewerkschaftlichen Verankerung in „starren" institutionellen Gefügen resultieren, unter die Räder geraten. Dies ist auch deshalb misslich, da die Studie dies bei der Analyse der machtpolitischen Stellung der Gewerkschaften im korporatistischen Wohlfahrt-Kapitalismus vermeidet und die Hervorhebung von institutionellen Positionen als einer wichtigen „Quelle von Arbeitermacht" (neben der ökonomisch-strukturellen und der organisationspolitischen Macht) ein originelles Element der Krisenanalyse insgesamt darstellt. Wäre es da nicht naheliegend gewesen, gerade der Dialektik

von Basismobilisierung und institutionellen Transformationsstrategien und ihrem potenziellen Revitalisierungsbeitrag intensiver nachzuspüren?
3. Auch im Hinblick auf bereits existente Ansätze einer neuorientierten Gewerkschaftsforschung bleiben gelegentlich Fragen offen. So wird der „strategic unionism"-Ansatz mit seiner Konzentration auf Fragen der Erneuerung der strukturellen, organisationalen und institutionellen Macht der Lohnabhängigen mit dem Anspruch formuliert, über den „varieties of unionism"-Ansatz hinauszuweisen – freilich ohne zuvor die Potenziale des letzteren auszuschöpfen. Seine spezifische Stärke liegt namentlich in der Hervorhebung des engen Zusammenhangs zwischen den institutionellen Arrangements der unterschiedlichen Kapitalismus-Modelle, den „varieties of capitalism" (Peter A. Hall/David Soskice), und den diversen Revitalisierungsstrategien der Gewerkschaften, eben den „varieties of unionism" (Carola Frege/John Kelly). Man muss keineswegs die durchaus kritikwürdigen kapitalismustheoretischen Implikationen des „varieties of capitalism"-Ansatzes teilen, um die Potenziale des „varieties of unionism"-Ansatzes wertzuschätzen. Die wissenschaftliche Beschäftigung mit den Ursachen dieses „Entsprechungsverhältnisses" zwischen Kapitalismus-Modell und Revitalisierungsstrategie ließe m.E. noch einiges Interessantes erwarten. Fragestellungen dieser Art wären überdies nicht nur erfolgversprechend anschlussfähig an die einschlägige politikwissenschaftliche Institutionenforschung. Sie könnten zugleich eine wichtige Brücke zwischen einer neuen Gewerkschaftsforschung und den gewerkschaftlichen Bemühungen um die Erneuerung der Basisinstitutionen des traditionellen Wohlfahrtskapitalismus, also etwa des Flächentarifvertrages oder der Sozialversicherungssysteme, schlagen.

Und dennoch: Obwohl – oder vielleicht gerade weil – die unterbreiteten Analysen und Thesen umgehend Bestätigungen und kritische Einwände anregen, gehört die Studie zu dem Anregendsten in Sachen Gewerkschaftsforschung, was gegenwärtig in deutscher Sprache vorliegt. Es ist schwer zu übersehen, welches Potenzial an produktiven Fragestellungen für Forschung und Politik sie gerade für die verengt geführte deutsche Gewerkschaftsdebatte enthält. Selbst dort, wo die Grenzen der Übertragbarkeit internationaler Erfahrungen auf die deutschen Bedingungen mitunter unterbelichtet bleiben, kommt für die hiesige Debatte Weiterführendes zur Sprache. Dies gilt etwa für Ausführungen zu einer Studie französischer Wissenschaftler (Stephane Beaud/Michel Pialoux) über den Niedergang gewerkschaftlicher Macht in einem großen Peugeot-Werk. Auf der einen Seite springt ins Auge, dass die Besonderheiten des deutschen Arbeitsbeziehungen-Modells, etwa die Dualität von innerbetrieblicher und außerbetrieblichgewerkschaftlicher Interessenvertretung, einen eigenen institutionellen Kontext generieren, der die Übertragbarkeit der französischen Erfahrungen fragwürdig und die Grenzen der so beliebten „Policy-Learning"-Strategien deutlich macht. Doch zugleich öffnet die Fokussierung auf die Besonderheiten im Beziehungsgeflecht zwischen gewerkschaftlichen Aktivisten bzw. Repräsentanten und der gewerkschaftlichen Basis den wissenschaftlichen und gewerkschaftspolitischen Blick. So kommen organisationspolitische Probleme ins Blickfeld, die aus dem Konflikt zwischen neuen Mitgliedererwartungen infolge arbeitspolitischer und kultureller Veränderungen und den organisationspolitischen Routinen resultieren. Auch wenn die These von der „Krise der gewerkschaftlichen Repräsentation" unter französischen Verhältnissen Eigenes zum Ausdruck bringt, so dürfte sie sich durchaus mit Erkenntnisgewinnen auch in die deutsche Debatte einführen lassen.

Auch mit Blick auf die gewerkschaftspolitische Debatte – inner- wie außerhalb der Gewerkschaften – hält die Studie sehr interessante Aspekte bereit. Solche finden sich etwa in der abschließenden Skizze eines sozialwissenschaftlichen Forschungsprogramms zum Thema. Die zu intensivierende wissenschaftliche Beschäftigung mit innovativen Praktiken gewerkschaftlicher Revitalisierung, so schlussfolgern die AutorInnen, sollte unter dem Label „International Labor Studies" gebündelt werden, durch entsprechende Qualitätsstandards Satisfaktionsfähigkeit in der einschlägigen Wissenschaft anvisiert und zugleich gewerkschaftlichen oder gewerkschaftsnahen Einrichtungen und Stiftungen als Forschungsfeld offeriert werden.

Unterlegt wird dies mit spannenden – in der deutschen Debatte seit langer Zeit nicht mehr vernehmbaren – Überlegungen zum Selbstverständnis einer wieder stärker auf soziale Praxis orientierten Sozialwissenschaft. Vorgeschlagen wird

> „ein wechselseitiger produktiver Austausch zwischen kritischen Sozialwissenschaftlern und reflektierten Praktikern – ein Austausch, der die Autonomie und Eigenständigkeit der sozialen Felder, auf denen beide agieren, nicht infrage stellen dürfte, der aber auch wechselseitige Lernprozesse in Gang setzen müsste, die für einen solchen Forschungsansatz unabdingbar wären."

Denn, so wird in Anlehnung an Luc Boltanski und Ève Chiapello („Der neue Geist des Kapitalismus") argumentiert: Eine sich erneuernde wissenschaftliche Sozialkritik ist auf gesellschaftlich relevante Gewerkschaften als Träger alternativer Deutungen der gesellschaftlichen Umbruchprozesse ebenso angewiesen, wie die gewerkschaftlichen Organisationen ihrerseits eines intellektuellen, auf empirische Forschung gestützten Bezugssystems bedürfen, das ihnen notwendige Reflektions- und Resonanzräume öffnet.

Ob im Sinne einer „Aktionsforschung neuen Typs" oder im Rahmen eines wissenschaftspolitischen Selbstverständnisses im Sinne „verstehender Anteilnahme" – das hier angedeutete Wissenschaftsverständnis verleiht nicht nur den engagierten Vorschlägen für eine Etablierung und institutionelle Verankerung eines internationalen Forschungszweiges „International Labor Studies" Glaubwürdigkeit und Substanz. Es formuliert damit zugleich durchaus anspruchsvolle Anforderungen an die Gewerkschaften. Denn zweifelsohne setzt es in den nicht immer beratungsbegierigen Organisationen der abhängigen Arbeit die Bereitschaft voraus, sich dieser Debatte über ein neues Theorie-Praxis-Verhältnis zu öffnen – und dann auch kritische Impulse aus dieser Debatte nicht als unbotmäßige Einmischungen in die eigenen Angelegenheiten zurückzuweisen. Dass die Hans-Böckler-Stiftung die Studie finanziell und durch die Unterstützung eines begleitenden Diskussionsprozesses fördert, kann als ein ermutigendes Signal in diesem Sinne gewertet werden. Ihr sei an dieser Stelle für das bisherige Engagement gedankt, verbunden mit der Ermutigung, diesen gewerkschaftspolitisch wie wissenschaftlich vielversprechenden Prozess weiterhin nach Kräften zu unterstützen.

Insgesamt hat die Studie das Potenzial zu einem Meilenstein auf dem Weg zu einer neu ausgerichteten wissenschaftlichen Beschäftigung mit Gewerkschaften. Die anregenden Analysen wie die aufgezeigten Forschungsperspektiven drängen zu einer Intensivierung der Forschungen über die gegenwärtigen Konzepte und Praktiken der Gewerkschaften. Auch aus einer gewerkschaftspolitischen Perspektive spricht alles für einen Ausbau einer neu ausgerichteten Gewerkschaftsforschung. Denn letztlich sollten sich die Gewerkschaften nicht scheuen, ihre Bemühungen um eine Erneuerung ihrer Verhandlungs- und Organisationsmacht in der Perspektive einer nachhaltigen Revitalisierung in einer außergewerkschaftlichen Öffentlichkeit zur Diskussion zu stellen. Eine, diese Debatte aufgreifende „strategic unionism"-Forschung könnte ihrerseits wichtige Inputs bereitstellen. Und sie könnte als ein Raum der diskursiven Kooperation zwischen wissenschaftsinteressierten GewerkschafterInnen und praxisorientierten WissenschaftlerInnen wirken, als Raum einer Debatte, die die unterschiedlichen Spielregeln wissenschaftlicher Erkenntnis- und gewerkschaftlicher Politikproduktion respektiert. Die Studie hat einen Aufschlag gemacht, weitere Anstrengungen sollten folgen. Beide Seiten, Wissenschaft wie Gewerkschaften, könnten davon ihren Nutzen haben.

1 Einleitung

Das vorliegende Buch beinhaltet einen ersten Diskussionsstand der Arbeitsgruppe „Strategic Unionism", die sich im Herbst 2006 in Jena konstituiert hat. Der Arbeitsgruppe gehören Wissenschaftlerinnen und Wissenschaftler an, die sich – teils in Forschungsprojekten, teils in Qualifizierungsarbeiten – mit der Zukunft organisierter Arbeitsbeziehungen und hier vor allem mit der Rolle der Gewerkschaften beschäftigen. Wichtigster Grund für die Bildung der Arbeitsgruppe ist eine inzwischen verbreitete Unzufriedenheit mit dem begrifflich-theoretischen Rahmen, den methodischen Ansätzen und den empirisch ausgerichteten Forschungsstrategien zum Thema Gewerkschaften, wie sie sich während der zurückliegenden Dekaden in der Bundesrepublik herausgebildet haben.

In ihrer Fixierung auf die institutionellen Besonderheiten des deutschen Systems industrieller Beziehungen hat die empirisch ausgerichtete Forschung zwar wichtige Veränderungsdynamiken, wie z.b. die „Verbetrieblichung", frühzeitig beschrieben und analysiert. Zugleich wurden jedoch die evolutionären Potenziale dieses Institutionen-Systems überschätzt.[1] Wenn, wie das jetzt unter dem Druck aktueller Ereignisse häufig geschieht, Stabilitätsprognosen zugunsten von Erosions- und Niedergangsszenarien korrigiert werden, geschieht dies überwiegend mit einer fatalistischen Note. Im post-korporativen Zeitalter, so der Tenor zahlreicher Studien, scheint der Niedergang der Gewerkschaften selbst in Deutschland vorprogrammiert. Doch schon der Absolutheitsanspruch vieler Untergangsszenarien irritiert. Handelt es sich bei der unbezweifelbaren Krise gewerkschaftlicher Repräsentation tatsächlich um den Ausdruck einer säkularen Tendenz, die mit dem Ende der „organisierten Moderne" identisch ist? Oder besitzen die Gewerkschaften doch Handlungsoptionen? Haben sie eine „strategische Wahl", wenn es darum geht, neue Handlungsanforderungen zu meistern? Gibt es gar Praktiken, Strategien, Handlungsansätze, die tatsächlich den Keim einer Erneuerung der Gewerkschaftsbewegung enthalten?

Ohne das Negativszenario eines weiteren Niedergangs ausschließen zu können, interessieren uns „strategic choices", also die Handlungsoptionen von Gewerkschaften. Bei der Suche nach geeigneten Forschungsansätzen, die eine wis-

---

[1] Vgl. z.B. die Diskussion zum Begriff der „intermediären Gewerkschaft" in: Industrielle Beziehungen. Jahrgang 12. Heft 2. Mering.

senschaftliche Bearbeitung dieser Frage ermöglichen, stoßen wir auf ein interessantes Phänomen. Entsprechende Ansätze werden dort, wo die Krise der Gewerkschaften am weitesten fortgeschritten ist, also im angelsächsischen Sprachraum und in Ländern wie Frankreich, unter dem Label „strategic unionism" intensiv diskutiert.[2] Im Fokus sind Praktiken von Gewerkschaften oder einzelnen
Gewerkschaftsgliederungen, denen ein innovatives Potenzial zugeschrieben
wird. „Organizing", „social movement unionism", „campaigning" oder „coalition building" lauten einige markante Stichworte, unter denen diese Debatte geführt wird. Erstaunlich ist: In den USA hat die Diskussion längst die einschlägigen referierten Fachzeitschriften erreicht.[3] Mehr noch, die labor revitalization
studies sind zu neuen Ehren gekommen; in einer eigenständigen Sektion beschäftigen sich amerikanische Soziologen mit der Entstehung neuer Arbeiterklassen und -bewegungen (Silver 2005). Und auch die Gewerkschaftsforschung
geht neue Wege.

In Deutschland war die Situation noch bis vor kurzem eine andere. Selbst in
der inzwischen etablierten Industrielle-Beziehungen-Forschung sind spezifische
Untersuchungen zu explizit gewerkschaftlichen Organisationskonzepten und
Handlungsstrategien eher dünn gesät. Zwar sind einige einschlägige Sammel-
bände[4] mit deutscher Beteiligung entstanden. Erfreulich ist ebenfalls, dass inzwischen auch eine erste Kommentierung wichtiger Aufsätze der Forschung zu labor
revitalization in deutscher Sprache vorliegt.[5] Insgesamt ist die deutsche sozialwissenschaftliche Debatte zu den gewerkschaftlichen Erneuerungspraktiken aber
nach wie vor unterentwickelt. Aktuell scheint das Pendel allerdings auch hierzulande wieder ein wenig in die Gegenrichtung auszuschlagen:

> „Dinosaurier, Aussterben, Nischen: Wenn heute von Gewerkschaften die Rede ist,
> kommt schnell evolutionstheoretisches Vokabular ins Spiel. Es heißt dann, die alt-
> ehrwürdigen Arbeitnehmerorganisationen seien zu schwerfällig für die Geschwin-
> digkeiten und Strukturen der Globalisierung ... Dass es auch anders geht, beweisen
> in den letzten Jahren die Gewerkschaften in den USA. Ausgerechnet. Blicken euro-
> päische Arbeitnehmervertreter doch traditionell eher herablassend auf ihre Kollegen
> jenseits des Atlantiks ... Dieses Verhältnis hat sich inzwischen gründlich verändert.
> ‚social movement unionism' – unter diesem Motto haben sich einige amerikanische
> Arbeitnehmerorganisationen seit Mitte der neunziger Jahre erfolgreich wiederbelebt,
> (sie) experimentieren mit strategischen Visionen, und gerade die sind – evolutions-
> theoretisch gesehen – in sozialen Nischen besonders wahrscheinlich ...“

---

[2] Eine solche Debatte findet auch in den skandinavischen Staaten statt, wo die Gewerkschaften nach
wie vor stark sind.
[3] Vgl. z.B. den Klassiker der Organizing-Literatur: Voss, K./Sherman, R. (2000).
[4] Frege, C.M./Kelly, J. (Ed.) (2004); Huzzard, T./ Gregory, D./Scott, R. (Ed.) (2005).
[5] Hälker, J./Vellay, C. (Hg.) (2007), vgl. auch: Bremme u.a. 2007

Diese Zeilen entstammen dem von Heinrich Geiselberger (2007: 79 f.) herausge-
gebenen Sammelband „Und Jetzt?", der Perspektiven von Gesellschaftskritik
und sozialen Bewegungen auszuloten sucht. In gewisser Weise trifft Geiselber-
gers Einschätzung inzwischen durchaus den Zeitgeist. Über Gewerkschaften
wird vor allem unter jüngeren Wissenschaftlern[6] wieder gesprochen und geschrieben. Aufmerksamkeit richtet sich auf Ansätze gewerkschaftlicher Erneuerung, die hierzulande noch randständig sein mögen, aber doch zunehmend Interesse auf sich ziehen. Die empirisch ausgerichteten Sozialwissenschaften in
Deutschland hinken dieser Debatte gegenwärtig noch hinterher.

Das möchten wir verändern. Uns geht es um die wissenschaftliche Fundierung einer Forschungsperspektive, die das Handeln, genauer: neue, innovative
Praktiken von Gewerkschaften, in den Fokus der Analyse rückt. In einem ersten
Schritt wollen wir dazu zumindest einen Teil der international verfügbaren Literatur sichten und auswerten. Unsere Überlegungen sind als ein erster Arbeits-
schritt zu verstehen. In unserem Antrag für eine Literaturstudie hatten wir bean-
sprucht, der Frage nachzugehen, welche Handlungskorridore bzw. Strategieopti-
onen für die Gewerkschaften mit den besten Chancen einer Erneuerung verbunden sind. Dabei schien es uns analytisch ergiebig, die Dimensionen gewerkschaftlicher Revitalisierungsstrategien zu nutzen, die Frege/Kelly (2004: 32 ff.)
und andere skizziert haben.[7]

Der Anspruch des vorliegenden Buches ist sehr viel bescheidener. Am Beispiel einer dieser Dimensionen (organizing) soll die Relevanz der labor revitalization studies diskutiert werden. Diese Selbstbeschränkung entspricht dem gegenwärtigen Stand unserer Literaturauswertung. Abweichend von unserer ursprünglichen Annahme nutzen wir den organizing-Begriff hier in einer erweiter-
ten Fassung. Wo nachfolgend vom organizing-Modell die Rede ist, meinen wir
eine Verschränkung von Praktiken, die sich nicht auf Mitgliedergewinnung, auf
bloße Rekrutierungsstrategien reduzieren lässt. Der organizing-Ansatz beinhaltet
im Grunde die weit reichende Transformation einer Gewerkschaftsorganisation,
die neue Formen von Bewegungs-, Kampagnen- und Bündnispolitik entwickelt
und die dazu nötige Organisationsstrukturen ausbildet, um in der Auseinandersetzung mit der Unternehmens- und Kapitalseite erfolgreich agieren zu können.
Die Stärkung der gewerkschaftlichen Organisationsmacht ist unabdingbarer
Bestandteil einer solchen Transformation. Wir haben diesen Fokus gewählt, weil
er auf den ersten Blick einen starken Kontrast zum Organisationsmodell und den
Praktiken der deutschen Gewerkschaften darstellt. Angesichts der akuten Krise

---

[6] Im Sprachstil der vorliegenden Veröffentlichung sollen sich Frauen und Männer ausdrücklich
gleichermaßen wiederfinden, obwohl ausschließlich die maskuline Form verwendet wird. Dies dient
lediglich einer besseren Lesbarkeit des Textes.
[7] Vgl. Abschnitt 4.

gewerkschaftlicher Repräsentation glauben wir allerdings, dass die unter diesem weiten organizing-Begriff verhandelten Praktiken auch hierzulande an Bedeutung gewinnen werden.

Das Buch gliedert sich in fünf Abschnitte. Im folgenden Abschnitt (2) werden noch einmal Ursachen und Ausmaße der Krise gewerkschaftlicher Repräsentation skizziert. Die Interpretation orientiert sich an einem Ansatz, der die Erosion institutioneller Macht betont. Anschließend (3) wird anhand von vier Länderstudien gezeigt, dass institutionalistische Fixierungen ebenso wie hermetische Niedergangsszenarien den Blick für das Entstehen neuer Arbeiterbewegungen und Gewerkschaften verstellen. Im nächsten Schritt (4) wird sozialwissenschaftliche Literatur zu organizing und social movement unionism vorgestellt. Anschließend (5) geht es anhand ausgewählter Politikfelder um Probleme der Übertragbarkeit von organizing-Ansätzen auf deutsche Verhältnisse. Zum Schluss (6) werden einige forschungsstrategische Überlegungen vorgestellt.

Diese Gemeinschaftsproduktion der Arbeitsgruppe „strategic unionism" beruht wesentlich auf Literaturrecherchen, aber auch auf empirischen Forschungen, die vor allem die Gruppen in Jena sowie die beteiligten Doktoranden im Rahmen ihrer Qualifizierungsarbeiten geleistet haben und noch immer leisten. Ohne die Unterstützung der Hans-Böckler-Stiftung hätten wir diesen Bericht nicht verfassen können. Erika Mezger und Frank Gerlach haben großen Anteil am Gelingen unseres Projektes und der Jenaer Konferenz „Revitalisierung von Gewerkschaften" im Dezember 2006. Besonders möchten wir uns bei Hans-Jürgen Urban bedanken, auf dessen Initiative Projektantrag und Buch zurückgehen. Wichtig für uns waren auch die zahlreichen Diskutanten, die sich mit anregenden Beiträgen an unserer Konferenz beteiligt haben. Viele der Diskussionen sind in den Text eingeflossen.

An der technischen Erstellung des Berichts waren zahlreiche Personen beteiligt. Stellvertretend seien Janett Grosser und Thomas Engel genannt, die die Klippen der Berichts- und Buchproduktion zuverlässig und mit großem Engagement gemeistert haben.

Wir hoffen, dass unsere Thesen Diskussionen auslösen und freuen uns auf kritische Kommentierungen.

Jena, im Januar 2008

2 Neue Landnahme und die Krise gewerkschaftlicher Repräsentation

Thesen:

1. Die aktuelle Schwäche gewerkschaftlicher Organisations- und Mobilisierungsfähigkeit wurzelt in einer anhaltenden Transformation der westlichen Kapitalismen. Im Zuge einer neuen Landnahme erodieren die sozioökonomischen und politisch-kulturellen Grundlagen der in den Nachkriegsjahrzehnten etablierten Gewerkschaftsmodelle.
2. Defizite gewerkschaftlicher Repräsentation sind auch in Deutschland seit langem bekannt. Neu ist, dass die Repräsentationskrise zunehmend die verbliebenen Hochburgen gewerkschaftlicher Organisationsmacht berührt. Inzwischen sind wir an einem Punkt angelangt, an dem die Erosion von Organisationsmacht auch die institutionelle Gewerkschaftsmacht erfasst.
3. Die Repräsentationskrise der Gewerkschaften ist für das gesamte System der Arbeitsbeziehungen folgenreich. Im Ergebnis führt sie nicht zu einem raschen Ende, wohl aber zu einer Fragmentierung organisierter Arbeitsbeziehungen. Bereiche mit schwachen Regulationen koexistieren mit solchen, in denen kollektive Regelungen eine neue Bedeutung erlangen.

Blickt man auf die entwickelten Kapitalismen der westlichen Welt, so scheint es, als habe sich nach dem Niedergang der politischen Arbeiterbewegungen nun auch die Kraft der Gewerkschaften erschöpft. Obwohl die Entwicklungen ungleich verlaufen, kann doch kein Zweifel bestehen, dass in vielen europäischen Ländern von einer tiefen Krise gewerkschaftlicher Repräsentation gesprochen werden muss. Viele europäische Gewerkschaftsbünde „leben von geborgter Zeit" (Waddington 2005b: 3). Zwischen 1993 und 2003 haben europäische Gewerkschaften im Durchschnitt 15% ihrer Mitglieder verloren.[8] Mitgliederverluste,

---

[8] Hinter diesem Trend verbergen sich disparate Entwicklungen. In den neuen Mitgliedstaaten und den Kandidatenländern der EU ist die gewerkschaftliche Basis um nahezu die Hälfte geschrumpft (mit massiven Rückgängen in Höhe von 70,8% in Polen und 63,6% in der Slowakei, aber mehr noch von 80% in Rumänien und 76,5% in Bulgarien). Demgegenüber nimmt sich der durchschnittliche Rückgang in den alten EU-Mitgliedstaaten mit fast 5% moderat aus. Aber auch in vielen westeuropäischen Ländern sinkt die Gewerkschaftsmitgliedschaft. Mehr als ein Zehntel ihrer Mitglieder verloren der

schwindende Mobilisierungsfähigkeit, knappe finanzielle Ressourcen, chronische Überlastung der Aktiven und eine wachsende Distanz zu den Nichtmitgliedern münden häufig in einen „Ohnmachtszirkel" fortschreitender Desorganisation (Boltanski/Chiapello 2003: 310 ff.), der mit zeitlicher Verzögerung inzwischen auch die deutschen Gewerkschaften erfasst hat.[9]

Zwar ist die geringe gewerkschaftliche Bindekraft bei Jugendlichen, Frauen und hoch qualifizierten Angestelltengruppen hierzulande schon seit Langem ein Thema. Bis zur Mitte der 1990er Jahre konnten die DGB-Mitgliedsorganisationen dennoch für sich beanspruchen, neue Herausforderungen vergleichsweise gut bewältigt zu haben. In einer Zeit, die bereits durch Massenarbeitslosigkeit und neokonservative Wende geprägt war, agierte vor allem die IG Metall als Vorreiterin eines erfolgreichen Kampfes um Arbeitszeitverkürzung (Negt 1986, Offe 1984), der neue gesellschaftliche Bündnisse ermöglichte und Ausstrahlung auch auf europäischer Ebene entfaltete. Während Wissenschaftler wie Richard Hyman (1996: 30) von einem „innovativen strategischen Radikalismus" sprachen, führte der Mainstream der Industrielle-Beziehungen-Forschung die Handlungsfähigkeit deutscher Gewerkschaften primär auf einen institutionellen Rahmen zurück, innerhalb dessen der Zwang zum Kompromiss von lernfähigen Konfliktpartnern besonders flexibel gehandhabt werden konnte (Müller-Jentsch 1995).

ÖGB in Österreich und der TUC in Britannien (jeweils -12,9%), GSEE in Griechenland (-13%) und LO in Schweden (-14,9%). Der Absturz der deutschen Gewerkschaften in diesem Zeitraum (-23,9%) ordnet sich gleichsam zwischen der West-Ost-Entwicklung ein. Unterdurchschnittlich verloren LO in Dänemark (-2,6%) und SAK in Finnland (-6,5%). In einem breiten Korridor, der in Norwegen (+13,1%) beginnt und der sich über Westeuropa (Irland +19,2%) und Kontinentaleuropa (Belgien +6,8%, Niederlande +7,2%) bis in den Süden (Italien +6,3%, Spanien +46,9% bei den CC.OO und +27,6% bei der UGT) zieht, konnten zwischen 1993-2003 ansehnliche Mitgliedergewinne verbucht werden.

[9] Noch in den 1970er Jahren stieg in den meisten entwickelten Industrienationen der gewerkschaftliche Organisationsgrad an. Diese Entwicklung hat sich mittlerweile nachhaltig umgekehrt. Der Organisationsgrad (union density) sinkt stetig, die Mitgliedschaft wird älter. Um das altbekannte Problem der internationalen Vergleichbarkeit statistischer Gewerkschaftsdaten zu lösen hat Visser (2006) kürzlich einen bereinigten Datensatz erstellt. Wichtig ist sein Hinweis, dass die Mitgliederdaten nur einen Ausschnitt zur Beurteilung der Präsenz und Relevanz von Gewerkschaften heute darstellen; ebenfalls bedeutsam sind Variablen wie die Verhandlungsreichweite, die Beziehungen zur Politik oder ihre Wahrnehmung in der Öffentlichkeit. Zwischen 1970 und 2003 fiel in den zwölf untersuchten EU-Staaten der gewerkschaftliche Organisationsgrad um 11,5% – trotz teilweiser Mitgliederzuwächse. Bezieht man Norwegen und die Schweiz ein, ergibt sich für die Altersstruktur ein Durchschnitt von 17,2% an Mitgliedern, die bereits verrentet sind (vgl. auch: Chang/Sorrentino 1991, Visser 2006).

Tabelle 1: Teil A; aus Visser 2006

Year	United States	Canada	Australia	New Zealand	Japan	Republic of Korea	European Union	Germany	France	Italy	United Kingdom	Ireland
1970	[1]18,088.6	2,211.0	[9]2,512.7	[14]529.0	11,605.0	473.3	33,939.5	6,965.6	3,458.0	4,736.2	10,068.3	381.7
1980	[2]17,717.4	[6]3,543.3	[10]2,567.6	714.0	12,369.0	948.1	43,663.6	8,153.6	3,282.0	7,189.0	11,652.3	490.7
1990	16,739.8	3,897.6	2,659.6	603.2	12,265.0	1,932.4	39,261.6	8,013.8	1,968.0	5,872.4	8,952.3	441.5
1991	16,568.4	—	—	514.3	12,397.0	1,886.9	43,093.0	11,969.4	1,935.0	5,913.3	8,626.5	441.1
1992	16,390.3	3,802.8	2,508.8	428.2	12,541.0	1,803.4	41,707.8	11,083.1	1,940.0	5,906.1	8,142.9	437.9
1993	16,598.1	3,768.0	2,376.9	409.1	12,663.0	1,734.6	40,084.7	10,264.9	1,870.0	5,661.0	7,831.3	428.6
1994	16,740.3	—	2,283.4	375.9	12,699.0	1,667.4	38,742.2	9,709.5	1,800.0	5,489.5	7,450.2	432.9
1995	16,359.6	—	2,251.8	362.2	12,614.0	1,659.0	37,558.4	9,334.8	1,780.0	5,341.2	6,791.0	453.4
1996	16,269.4	—	2,194.3	339.0	12,451.0	1,614.8	36,677.7	8,826.5	1,650.0	5,266.4	6,631.0	475.0
1997	16,109.9	3,517.0	2,110.3	327.8	12,285.0	1,598.6	36,286.9	8,538.0	1,650.0	5,142.3	6,643.0	472.6
1998	16,211.4	3,553.0	2,037.5	306.7	12,093.0	1,484.2	36,335.8	8,326.9	1,650.0	5,123.4	6,640.0	491.6
1999	16,476.7	3,595.0	1,878.2	302.4	11,825.0	1,401.9	36,620.4	8,218.3	1,720.0	5,278.8	6,622.0	—
2000	16,258.2	3,740.0	1,901.8	318.5	11,539.0	1,480.7	36,640.5	8,067.0	1,780.0	5,212.2	6,636.0	—
2001	16,288.8	3,831.3	1,902.7	329.9	11,212.0	1,527.0	36,361.9	7,601.8	1,800.0	5,332.6	6,558.0	512.3
2002	15,978.7	3,923.6	1,833.7	334.8	10,801.0	1,568.7	36,261.2	7,433.9	1,840.0	5,308.5	6,577.0	519.7
2003	15,776.0	4,036.5	1,866.7	—	10,531.0	1,606.0	—	7,120.0	1,830.0	5,327.7	6,524.0	515.7
1970–1980	[3]1,034.8	1,276.2	[9]54.9	[15]185.0	764.0	474.9	9,724.1	1,188.1	−176.0	2,452.8	1,584.0	109.0
1980–1990	[4]−977.6	[7]354.3	[10]92.0	−110.8	−104.0	984.3	−4,402.1	−139.8	−1,314.0	−1,316.6	−2,700.0	−49.2
1990–2003	−963.8	138.9	−792.9	[16]−268.4	−1,734.0	−326.4	[16]−3,003.3	−893.8	−138.0	−544.7	−2,428.3	74.4
1970–2003	[5]−1,940.4	[8]493.2	[11]−646.0	[17]−194.2	−1,074.0	1,132.7	[17]2,321.7	154.4	−1,628.0	591.5	−3,544.3	134.2
Percent change												
1970–1980	[3]5.4	57.7	[11]2.2	[15]35.0	6.6	100.3	28.7	17.1	−5.1	51.8	15.7	28.6
1980–1990	[4]−5.5	[7]10.0	[12]3.6	−15.5	−.8	103.8	−10.1	−1.7	−40.0	−18.3	−23.2	−10.0
1990–2003	−5.8	3.6	−29.8	[16]−44.5	−14.1	−16.9	[16]−7.6	−11.2	−7.0	−9.3	−27.1	16.9
1970–2003	[5]−11.3	[8]22.3	[13]−25.7	[17]−36.7	−9.3	239.3	[17]6.8	2.2	−47.1	12.5	−35.2	35.2

NOTES: [1]1973; [2]1983; [3]1973–1981; [4]1983–1990; [5]1983–2003; [6]1984; [7]1984–1990; [8]1984–2003; [9]1976; [10]1982; [11]1976–1982; [12]1982–1990; [13]1976–2003; [14]1971; [15]1971–1980; [16]1990–2002; [17]1970–2002.

Tabelle 2: Teil B; aus Visser 2006

Year	Finland	Sweden	Norway	Denmark	Netherlands	Belgium	Spain	Switzerland	Austria	Hungary	Czech Republic	Slovak Republic	Poland
1970	828.4	2,325.2	683.2	1,107.7	1,429.9	1,230.6	—	759.8	1,355.4	—	—	—	—
1980	1,332.2	3,038.7	937.5	1,604.5	1,517.2	1,650.5	1,030.0	852.6	1,443.5	—	—	—	—
1990	1,526.8	3,259.9	1,033.7	1,755.5	1,347.8	1,645.6	1,193.4	820.2	1,374.6	3,000.0	3,820.0	1,920.0	[6]6,300.0
1991	1,510.2	3,198.0	1,022.5	1,762.7	1,381.1	1,657.8	1,424.1	821.0	1,364.5	—	—	—	—
1992	1,451.0	3,146.3	1,022.6	1,762.5	1,459.0	1,651.4	1,545.4	823.1	1,359.8	—	2,680.0	—	—
1993	1,396.1	2,965.4	1,023.5	1,757.4	1,502.0	1,649.1	1,613.9	807.2	1,343.2	—	—	—	—
1994	1,376.1	2,923.2	1,042.1	1,749.3	1,491.0	1,636.1	1,586.7	802.8	1,325.1	—	—	—	—
1995	1,419.7	2,943.1	1,061.2	1,784.6	1,536.0	1,680.7	1,517.5	789.5	1,310.5	1,860.0	2,000.0	1,150.0	3,420.0
1996	1,442.7	2,920.1	1,080.7	1,809.7	1,533.0	1,695.7	1,544.3	787.9	1,269.6	—	—	—	—
1997	1,461.6	2,875.7	1,103.7	1,814.0	1,578.0	1,715.6	1,582.9	769.7	1,237.6	—	—	—	—
1998	1,478.8	2,892.1	1,128.2	1,822.6	1,606.0	1,728.9	1,741.0	753.2	1,221.5	1,000.0	—	—	2,700.0
1999	1,499.5	2,931.6	1,121.3	1,799.3	1,661.0	1,745.2	1,852.0	731.1	1,209.3	—	—	—	—
2000	1,504.4	2,950.5	1,114.3	1,803.5	1,578.0	1,805.7	1,963.6	687.3	1,187.3	—	—	—	—
2001	1,529.0	2,976.9	1,103.6	1,780.9	1,571.0	—	2,040.6	642.6	1,165.2	650.0	1,075.2	700.0	1,500.0
2002	1,513.4	2,985.1	1,114.4	—	1,578.8	1,849.8	2,117.5	—	1,151.0	—	—	—	—
2003	1,495.0	2,984.2	1,108.7	1,710.5	1,575.2	—	2,196.8	—	—	—	—	—	—
Absolute change													
1970–1980	503.8	713.5	254.3	496.7	87.3	419.9	—	92.7	88.1	—	—	—	—
1980–1990	194.6	221.2	96.2	151.0	-169.4	-4.9	163.4	-32.4	-68.9	—	—	—	—
1990–2003	-31.8	-275.7	75.0	-45.0	227.4	[1]204.2	1,003.4	[4]-177.6	[1]-223.6	[7]-1,210.0	[7]-924.8	[7]-450.0	[7]-1,920.0
1970–2003	666.6	659.0	425.5	602.8	145.3	[2]619.2	[3]1,166.8	[5]-117.2	[2]-204.4	—	—	—	—
Percent change													
1970–1980	60.8	30.7	37.2	44.8	6.1	34.1	—	12.2	6.5	—	—	—	—
1980–1990	14.6	7.3	10.3	9.4	-11.2	-.3	15.9	-3.8	-4.8	—	—	—	—
1990–2003	-2.1	-8.5	7.3	-2.6	16.9	[1]12.4	84.1	[4]-21.7	[1]-16.3	[7]-65.1	[7]-46.2	[7]-39.1	[7]-56.1
1970–2003	80.5	28.3	62.3	54.4	10.2	250.3	[3]113.3	[5]-15.4	[2]-15.1	—	—	—	—

Notes: [1]1990–2002; [2]1970–2002; [3]1980–2003; [4]1990–2001; [5]1970–2001; [6]1989; [7]1995–2001.

Gut zehn Jahre später heißt es: „Tempi passati"! Geradezu symbolisch fällt die Niederlage der IG Metall im Arbeitskampf zur Einführung der 35-Stunden-Woche in Ostdeutschland (Schmidt 2003: 493 ff.) mit einer veränderten wissenschaftlichen Betrachtung des dualen Systems der Interessenrepräsentation und der Gewerkschaften zusammen. Selbst eingefleischte Verteidiger des deutschen „Modells" sprechen inzwischen von einem post-korporativen Zeitalter (Streeck 2005), und manchem gilt ein „Kapitalismus ohne Gewerkschaften" (Müller-Jentsch 2006: 169 ff.) bereits als diskutierenswerte Möglichkeit.

Ohne den Realitätsgehalt solcher Niedergangsszenarien bestreiten zu wollen, reizt uns die verallgemeinernde These vom Ende der „organisierten Moderne" (Castel 2005: 55, Wagner 1995) doch zu Widerspruch. Zwar kann kein Zweifel bestehen, dass die „neokapitalistische Revolution" (Touraine 2001: 41 ff.) die etablierten Formen gewerkschaftlicher Interessenpolitik in allen nationalen Kapitalismen unter Veränderungsdruck setzt, ein Niedergangsautomatismus ist damit aber nicht vorprogrammiert. Das auch, weil die Krise gewerkschaftlicher Repräsentation zumindest teilweise „hausgemacht" (Hyman 2006: 132) ist. Wir gehen davon aus, dass die Gewerkschaften trotz schwieriger Rahmenbedingungen eine strategische Wahl besitzen. Sie verfügen über Handlungsoptionen und sind potenziell in der Lage, sich auf einen transformierten Kapitalismus einzustellen. Angesichts erodierender Institutionen setzt eine Erneuerung freilich Lernprozesse jenseits ausgetretener Pfade voraus. Die internationale sozialwissenschaftliche Debatte um organizing, Bewegungsgewerkschaften, Kampagnenorientierung, gesellschaftliche Bündnisse und einen neuen Internationalismus deutet *einen möglichen* Weg an, den Gewerkschaften mit dem Ziel einer Erneuerung beschreiten können.

Zur Begründung dieser Sichtweise ist es sinnvoll, zunächst noch einmal auf die Krise gewerkschaftlicher Repräsentation und deren Ursachen einzugehen. Dies kann hier nur knapp und ohne Anspruch auf Vollständigkeit geschehen. Unsere Argumentation umfasst mehrere Teilschritte. Wir skizzieren zunächst unseren Machtressourcen-Ansatz (2.1)[10] und diskutieren anschließend die Entwicklung von institutioneller Gewerkschaftsmacht im fordistischen Kapitalismus sowie die eher pfadimmanenten Erneuerungsversuche der 1980er und 1990er Jahre (2.2, 2.3). Es folgt eine Auseinandersetzung mit den strukturellen Ursachen (2.4) der gewerkschaftlichen Repräsentationskrise. In einem Exkurs (2.5) werfen wir sodann einen genaueren Blick auf die Mitgliederentwicklung der deutschen

---

[10] Dieser Ansatz wird nicht von allen Mitgliedern der Arbeitsgruppe vertreten, es handelt sich im Wesentlichen um einen Jenaer Ansatz, der eher ein Arbeitsprogramm als eine ausgereifte Theorie umfasst. Wir leiten mit diesem Ansatz ein, weil er die Erosion institutioneller Gewerkschaftsmacht ins Zentrum der Analyse stellt. Theoretische Differenzen innerhalb der AG können an dieser Stelle nicht expliziert werden.

Gewerkschaften und zeichnen Veränderungen im gewerkschaftlichen Repräsentationsmodus (2.6) nach. Abschließend formulieren wir ein erstes Resümee (2.7).

2.1 Theoretische Prämissen: Drei Quellen von Arbeitermacht

Eine Schwäche vieler institutionentheoretisch[11] argumentierender Ansätze resultiert aus einer Vernachlässigung der Machtdimension organisierter Arbeitsbeziehungen. Aus diesem Grund halten wir es für sinnvoll, zunächst einen Ansatz in Grundzügen vorzustellen, der uns geeignet erscheint, diese Schwäche zu beheben. Wir sprechen von einem Machtressourcen-Ansatz, dessen Spezifik darin besteht, dass er Gewerkschaftsbildung als einen Spezialfall von organisierter Arbeitermacht begreift. Der Begriff Arbeitermacht mag auf den ersten Blick antiquiert klingen und Assoziationen zu längst verblichenen Arbeiterbewegungen auslösen. Hier wird er jedoch analytisch genutzt und weit gefasst. Arbeiter sind für uns nicht primär Industriearbeiter, vielmehr dient der Begriff als Sammelbezeichnung für unterschiedlichste Lohnabhängigengruppen beiderlei Geschlechts; er integriert sowohl Angestellte als auch prekär Beschäftigte. Die Kategorie Arbeitermacht unterstellt ein Interesse dieser Lohnarbeitergruppen, Asymmetrien in den Austauschbeziehungen von Kapital und Arbeit auch durch kollektive Mobilisierungen besonderer Machtressourcen zu korrigieren. Entsprechende Versuche sind bis in die Gegenwart hinein Entstehungsursache immer neuer Arbeiterbewegungen, deren soziale Basis, Organisationsformen und Zielsetzungen sich häufig erheblich voneinander unterscheiden. Diese Arbeiterbewegungen können eher marxschen (organisierte Arbeitermacht mit transzendierenden Zielsetzungen) oder eher polanyischen Typs (Schutz vor Konkurrenz und Marktmacht von Unternehmen) sein (Silver 2005: 38). Sie können unter Umständen auch reaktiv-nationalistische Züge annehmen (Castel 2005: 65 ff.). Im Unterschied zu den Implikationen des marxschen Klassenuniversalismus muss deshalb davon ausgegangen werden, dass als Reaktion auf „nivellierende" Marktmacht eine „endemische Tendenz" unter den Arbeitern bestärkt wird, „klassenunspezifische Grenzen abzustecken, auf deren Basis sie (die Arbeiter, d.A.) beanspruchen können, vor dem Mahlstrom geschützt zu werden" (ebd.). Auch aus diesem Grund ist es sinnvoll, nicht von *einer* Arbeiterbewegung, sondern von einer *Pluralität* an Arbeiterbewegungen auszugehen, die sich fallweise auf unterschiedliche Quellen und Kombinationen von Machtpotenzialen gründen.

---

[11] Zu den nach wie vor vorhandenen Stärken vgl. z.B. Hoffmann 2005: 70 ff.

Im Anschluss an Wright (2000: 962) und Silver (2005: 30-44) unterscheiden wir zwischen *struktureller* und *Organisationsmacht* von Arbeitern. Strukturelle Macht (structural power) erwächst aus der Stellung von Lohnabhängigengruppen im ökonomischen System. Sie kann sich in primärer Verhandlungsmacht, die aus einer angespannten Arbeitsmarktsituation entspringt, ebenso ausprägen wie in Produktionsmacht, die sich über eine besondere strategische Stellung von Arbeitergruppen in Produktionsprozessen konstituiert. Davon zu unterscheiden ist *Organisationsmacht* (associational power), die aus dem Zusammenschluss zu kollektiven politischen oder gewerkschaftlichen Arbeiterorganisationen entsteht. Organisationsmacht kann strukturelle Verhandlungs- und Produktionsmacht teilweise substituieren, ohne sie jedoch vollständig zu ersetzen. Strukturelle Macht wird häufig spontan ausgeübt, sie tritt in Gestalt von „labour unrest" (Silver 2005: 11, 44 ff.), plötzlichen Unruhen und situativer Empörung ebenso auf wie als informelle „Sabotage" oder Absentismus in Produktionsprozessen. Organisationsmacht ist demgegenüber prinzipiell auf handlungsfähige Gewerkschaften, Parteien oder ähnliche Akteure angewiesen.

Über die Konzeptionen Wrights und Silvers hinaus lässt sich zusätzlich eine dritte Quelle von Arbeitermacht benennen, die *institutionelle Macht*. Sie entsteht als Resultat von Aushandlungen und Konflikten, die auf struktureller Macht und Organisationsmacht beruhen. Ihre Besonderheit wurzelt in dem Faktum, dass Institutionen soziale Basiskompromisse über ökonomische Konjunkturen und kurzzeitige Veränderungen gesellschaftlicher Kräfteverhältnisse hinweg festschreiben und teilweise gesetzlich fixieren. Institutionelle Macht von Arbeitern existiert nur selten in Reinform; zumeist wird sie mit anderen, konkurrierenden Machtressourcen kombiniert. Auf diese Weise präformiert institutionelle Macht die Aushandlungsprozeduren und Handlungsstrategien von kollektiven Akteuren wie Betriebsräten und Gewerkschaften, aber auch von Wirtschaftsverbänden. Im Ergebnis gelten Handlungsstrategien auch dann noch als wahrscheinlich, naheliegend und verbindlich, wenn sich die gesellschaftlichen Kräfteverhältnisse bereits gravierend verändert haben. Institutionelle Macht kann daher, etwa von Gewerkschaften, auch in Phasen ausgeübt werden, während der sich bereits eine Schwächung der Organisation abzeichnet. Die Nutzung institutioneller Macht setzt dann freilich voraus, dass die Gewerkschaften trotz nachlassender Bindungsfähigkeit gesellschaftlich weiter als authentische Repräsentanten der Lohnabhängigen anerkannt werden. Faktisch kann ein Überhang an institutioneller Macht Gewerkschaften dazu animieren, Repräsentationsdefizite und nachlassende Mobilisierungsfähigkeit durch institutionenkonformes Verhalten kompensieren zu wollen. Gerade in Phasen eines „radikalen Strukturwandels" (Dörre/Röttger 2006: 20 f.) laufen die Arbeiterorganisationen dann Gefahr, Handlungsstrategien zu konservieren, deren Geschäftsgrundlage längst abhanden gekommen ist.

Halten wir fest: *Gewerkschaftsmacht* ist eine Spielart der Organisationsmacht von Arbeitern. Sie basiert auf dem Bemühen von Lohnabhängigen, ihre Konkurrenzen zumindest zeitweilig und in den Grenzen bestimmter Branchen und Territorien zu überwinden, um auf der Basis geteilter Interessen und Wertorientierungen gemeinsame Ziele zu verfolgen. Gewerkschaftsmacht manifestiert sich in unterschiedlichen Modellen, die sich idealtypisch als business union (bloße Arbeitsmarktpartei), als integrativer Gewerkschaftstypus (Mittel zur Verbesserung des Arbeiterstatus in der Gesellschaft) oder als antikapitalistisch-oppositionelle Gewerkschaft (Schule des Klassenkampfs) bezeichnen lassen (Hyman 1996: 10-13, 2001). Für all diese Gewerkschaftstypen gilt indessen, dass sie sich im „ewigen Dreieck" von Markt, Gesellschaft und Klasse bewegen und sie alle beruhen auf unterschiedlichen Kombinationen von Organisations- mit struktureller und institutioneller Arbeitermacht.

2.2 Fordistischer Kapitalismus und die Institutionalisierung von Gewerkschaftsmacht

Szenarien eines unaufhaltsamen Niedergangs der Gewerkschaften suggerieren, die verschiedenen Quellen von Gewerkschaftsmacht würden mehr und mehr versiegen. Im Kontrast zu solchen Deutungen wird hier davon ausgegangen, dass der transformierte Kapitalismus tradierte Formen von Arbeitermacht schwächt, zugleich jedoch neue Machtquellen hervorbringt, die sich möglicherweise auch für eine Revitalisierung von Gewerkschaften nutzen lassen. Versuche zur Erneuerung gewerkschaftlicher Organisationsmacht können an einer grundlegenden Widersprüchlichkeit kapitalistischer Marktgesellschaften ansetzen, die wir hier nur andeuten können. Nach Bourdieu (2000: 65) verlangt ökonomisch rationales Handeln, selbst wenn es auf kurzfristige Verwertbarkeit und maximalen Profit ausgerichtet ist, wenigstens ein Minimum an Kalkulations- und Planungsfähigkeit. Aus diesem Grund beruht Marktvergesellschaftung stets auf widersprüchlichen, ja gegensätzlichen Handlungslogiken. Marktvermittelte, über Preise regulierte Tauschakte müssen im Kontext von sozialen Kompromissbildungen verortet werden, die das Prinzip ökonomischer Nutzenmaximierung mit der Notwendigkeit längerfristig ausgerichteter Planung zu kombinieren suchen (Polanyi 1978, Harvey 2005: 95 ff.). Eine Implikation dieses Ansatzes ist, dass die Vorstellung einer vollständigen „Vermarktlichung" der Gesellschaft im Grunde irreal ist, weil sie die Gesellschaftlichkeit von Märkten ignoriert. So verstanden, lässt sich kapitalistische Entwicklung als Prozess begreifen, der immer neue

Balancen von ökonomischem Tausch und Sicherheit stiftenden Institutionen hervorbringt.

Richard Sennett (2007: 19) greift diesen Gedanken auf, wenn er die Geschichte des Kapitalismus zwischen 1860 und 1970 als großen Versuch deutet, wirtschaftliche Effizienz mit organisatorischer Stabilität zu verknüpfen. Den organisierten Kapitalismus betrachtet er als System, das die „Anarchie der Märkte" (ebd.: 21) mit den quasi-militärischen Organisationsprinzipien ausdifferenzierter Bürokratien kombiniert. Nicht nur große Firmen, auch wohlfahrtsstaatliche Organisationen funktionierten lange Zeit nach dem Modell der bürokratischen Pyramide (Weber 1980: 551). Ein treibendes Motiv der Bürokratisierung war „Revolutionsverhinderung", die Integration diverser Arbeiterklassen in ein Regime der „organisierten Zeit" (Sennett 2007: 33), das es den Besitzlosen ermöglichte, die „Stufen einer normgerechten beruflichen Laufbahn zu definieren und eine langfristige Arbeit im Dienste eines Unternehmens" in Zusammenhang mit stetigen „Einkommenszuwächsen zu bringen" (ebd.: 24). Aufgrund dieses Regimes der „organisierten Zeit" waren Unternehmensbürokratien und Wohlfahrtsstaaten, wie sie in unterschiedlichen nationalen Ausformungen vor allem nach 1949 zu einem Strukturmerkmal westlicher Metropolenkapitalismen geworden sind, Garanten sozialer Stabilität und Sicherheit.

Sennett übersieht allerdings, dass diese Bürokratien ihre integrative Funktion nur erfüllen konnten, weil sie selbst dem Einfluss einer politischen Ökonomie der Arbeit unterlagen. „Revolutionsverhinderung" war zumindest in den kontinentaleuropäischen Kapitalismen dauerhaft nur mittels partieller Anerkennung von Arbeitsinteressen und Arbeitermacht zu leisten. Diese Inkorporation von Lohnabhängigeninteressen, die auch als Ausdruck einer „Ausdehnung der Arbeiterklasse, ihrer Macht und ihres gewachsenen Einflusses" (Buci-Glucksmann/ Therborn 1982: 121) zu verstehen ist, hat Robert Castel (2000, 2005) vor Augen, wenn er sozialstaatlich regulierte Lohnarbeit als gigantische gesellschaftliche Integrationsmaschine interpretiert. Begünstigt durch die außergewöhnlich lange Nachkriegsprosperität ging die gesellschaftliche Ausweitung und Verallgemeinerung von Lohnarbeit nach 1949 mit einer Tendenz zur Einhegung von Einkommens-, Armuts- und Beschäftigungsrisiken einher. Lohnarbeit wurde mit einem sozialen Eigentum zur Existenz- und Statussicherung gekoppelt, das sich in garantierten Rentenansprüchen, Kündigungs- und Arbeitsschutz, Mitbestimmungsrechten sowie verbindlichen tariflichen Normen manifestierte (Castel 2005: 41 ff.). Diese Koppelung konstituierte einen Bürgerstatus, der zuvor besitzlosen Klassen trotz fortbestehender Ungleichheiten zu einem respektierten Status in der Gesellschaft verhalf. Zwar erstreckte sich die Integrationskraft des Arbeiterbürgerstatus niemals gleichmäßig auf alle Lohnabhängigen. Bei Migranten, den formal gering Qualifizierten und vielen Frauen konnte von gleichberechtigter

Teilhabe keine Rede sein (Hirsch/Roth 1986). Doch reichte die Integrationskraft des Sozialeigentums aus, um einer Mehrheit der Lohnabhängigen und ihren Familien den Anschluss an die Lebensstile der Mittelschichten zu ermöglichen (Wright 1997).

2.3 Pfadkonforme Erneuerungsversuche

Die Gewerkschaften betätigten sich als eine treibende Kraft dieser Entwicklung. Je erfolgreicher sie in ihrem Bestreben waren, abhängig Beschäftigte am Produktivitätsfortschritt zu beteiligen und sie mit kollektiven Partizipations- und Schutzrechten auszustatten, desto stärker veränderten sie sich selbst. In den wohlfahrtsstaatlich regulierten Kapitalismen verschob sich das Zentrum ihres strategischen Handelns von struktureller und Organisationsmacht hin zu institutioneller Macht. Die Gewerkschaften wurden zum integralen Bestandteil eines Sicherungssystems, das ein funktionierendes Marktgeschehen in einer prosperierenden Ökonomie garantierte. Für Deutschland bedeutete dies, dass die Gewerkschaften und die mit ihnen verbündeten Betriebsräte die „intermediäre" Logik des dualen Systems der Interessenrepräsentation, die spezifische Kombination von Tarifautonomie und betrieblicher Mitbestimmung, möglichst effizient zu nutzen suchten. Im Unterschied zu stärker unternehmenszentrierten Varianten organisierter Arbeitsbeziehungen prägte sich ein Gewerkschaftstypus aus, den Dore (1996: 155) als „ein System klassenbewusster Arbeitervertretung" bezeichnet hat. Innerhalb dieses institutionalisierten Systems konnte ein im weiten Sinne „klassenorientierter" Funktionärskörper in exemplarischen Konflikten immer wieder neue Balancen gegensätzlicher Interessen anstreben (ebd.: 162-164), ohne dadurch die kooperative Konfliktbearbeitung im Betrieb (Kotthoff 1994) grundsätzlich zu gefährden.

Auf diese Weise gelang es, institutionelle Gewerkschaftsmacht immer stärker auszubauen. Eine aus institutionentheoretischer Sicht (Fligstein 2001, Campbell 2004) naheliegende Konsequenz war, dass sich die gewerkschaftlichen Erneuerungsversuche der 1980er und 1990er Jahre allesamt in den Bahnen des vorgegebenen institutionellen Rahmens bewegten. Das traf selbst auf den Konflikt um die 35-Stundenwoche zu, der trotz des Bemühens, neben der Beschäftigungssicherung auch Lebensqualität und Freiheitsgewinn „jenseits der Arbeit" (Gorz 1989) zu thematisieren, stabile Flächentarifverträge voraussetzte. Die mit unterschiedlicher Intensität von einzelnen Gewerkschaften betriebene Öffnung für Angestellte, Jugendliche und Frauen ging von ähnlichen Prämissen aus. Und die gewerkschaftliche Betriebspolitik, die sich unter dem paradigmatischen Einfluss der „neuen Produktionskonzepte", der Verheißung einer Requalifizierung

von Industriearbeit (Kern/Schumann 1984) oder eines Tauschs von Produktionsintelligenz gegen Beteiligung ansatzweise entwickelte, zielte gar auf einen Ausbau der Mitbestimmung durch Formen direkter Beschäftigtenpartizipation am
Arbeitsplatz (Müller-Jentsch 1994, Dörre/Neubert/Wolf 1993).

Ab Mitte der 1990er Jahre gerieten solche Ansätze, die auf eine Erneuerung
mittels Ausweitung der Felder und Themen gewerkschaftlicher Interessenpolitik
orientierten, mehr und mehr in die Defensive. Unter dem Druck von Internatio-
nalisierungsprozessen und Standortkonkurrenzen wurden sie konzeptionell wie
praktisch von einem Wettbewerbskorporatismus verdrängt, der eine für unvermeidlich befundene, gleichwohl ausgehandelte und partnerschaftlich betriebene
Anpassung organisierter Arbeitsbeziehungen an die übermächtigen Kräfte von
Globalisierung und innerkapitalistischer Systemkonkurrenz zu leisten beabsich-
tigte (Albert 1992, Streeck 1997: 33-54). Faktisch sollte institutionelle Macht in
„Bündnissen für Arbeit und Wettbewerbsfähigkeit" genutzt werden, um so eine
kontrollierte Dezentralisierung des Systems organisierter Arbeitsbeziehungen zu
betreiben. Inzwischen kann nicht mehr übersehen werden, dass auch diese Versuche einer primär wertschöpfungsorientierten Erneuerung von Gewerkschaften
vorerst gescheitert sind (Heinze 2006: 92 ff.). Offenbar hatten die neokorpora-
tistischen Konzeptionen die innere Dynamik des zeitgenössischen Finanzmarktkapitalismus (Windolf 2005) unterschätzt. Denn das, wie es in der Sprache der
Regulationstheorie heißt, finanzmarktgetriebene Akkumulationsregime (Aglietta
2000, Chesnais 2004) zersetzt nicht nur überkommene Formen von struktureller
und Organisationsmacht der Lohnabhängigen, es verwandelt, so jedenfalls unsere These, die institutionelle Arbeitermacht der fordistischen Ära selbst in ein
Objekt kapitalistischer Landnahme.

2.4 Institutionelle Gewerkschaftsmacht als Objekt kapitalistischer Landnahme

Der Begriff der Landnahme stammt ursprünglich von Rosa Luxemburg
(1975/1913), die mit seiner Hilfe kapitalistische Entwicklung als Okkupation
zuvor nichtkapitalistischer Territorien und Milieus analysierte. Luxemburg betrachtet die Möglichkeit einer inneren Landnahme als blockiert (kritisch: Harvey:
2005: 136) und leitete daraus einen nach außen gerichteten imperialistischen
Expansionsdrang ab. Viele Jahrzehnte später hat Burkart Lutz (1984) das Land-
nahme-Paradigma in einer kritischen Reaktualisierung der Luxemburgschen
Argumentation dann als einen primär nach innen gerichteten Prozess des „Auf-
saugens" eines industriell-ländlichen Arbeitsmarktdualismus beschrieben. Dabei
identifiziert er Landnahme mit der Prosperitätskonstellation der Nachkriegsjahr-

zehnte. Der zeitgenössische Finanzmarktkapitalismus setzt nun eine Landnahme völlig anderen Typs in Gang.[12] Die Ära des fordistischen Kapitalismus war nicht nur mit aufwendigen raum-zeitlichen und technologischen „Fixierungen" (Harvey 2005: 109 f., 115 f.), mit Investitionen in langfristige Projekte, Bildung, Forschung und Infrastruktur verbunden. Faktisch bedeutet diese raum-zeitliche Verschiebung von Rückflüssen in den Kapitalkreislauf auch, dass eine immer größere Menge an Reproduktions- und relationaler, auf die Gestaltung von sozialen Beziehungen gerichteter Arbeit (Bologna 2006: 10 ff.) nötig wurde, um bezahlte Produktionsarbeit in Wert zu setzen. In der Folge bildeten sich gemischte Wirtschaften mit unterschiedlichen Sektoren heraus, in denen die gewinnorientierten und öffentlichen Bereiche auf national unterschiedliche Weise mit einem Non-Profit-Sektor, der Hauswirtschaft sowie einer informellen, häufig illegalen Wirtschaft (Gubitzer 1999, 2006: 18 ff.) kombiniert wurden.

Die neue Landnahme läuft darauf hinaus, finanzmarktkapitalistische Produktions- und Tauschnormen zu nutzen, um die raum-zeitlichen, technologischen und politisch-infrastrukturellen „Fixierungen" der fordistischen Ära aufzulösen und sie durch eine finanzkapitalistische „Fixierung" zu ersetzen. In den Außenbeziehungen nationaler Kapitalismen mündet das finanzkapitalistische Regime in eine Konkurrenz unterschiedlich ausgeprägter Regulationstypen, etwa zwischen kapitalmarktorientierten westlichen und stärker produktionszentrierten asiatischen Kapitalismen (Gabriel 2006). Nach innen zielt die neue Landnahme auf die Anpassung der gewinnorientierten Exportwirtschaft an das finanzmarktgetriebene Regime (Chesnais 2004, Lordon 2003). Das geschieht über kapitalmarktorientierte Formen der Unternehmenssteuerung (Höpner 2003), die Führung dezentraler Einheiten mittels Gewinnvorgaben und die Realisierung von Produktionsmodellen, die wegen knapper Zeit-, Personal- und Materialpuffer auf eine flexible Arbeitskraftnutzung angewiesen sind (Dörre/Brinkmann 2005). Darüber hinaus beinhaltet die neue Landnahme aber auch eine Übertragung von Normen und Funktionsprinzipien des weltmarkt- und gewinnorientierten Bereichs auf alle anderen Sektoren. Wichtigste Hebel sind die Privatisierung von Staatsunternehmen, die Anwendung markzentrierter Managementprinzipien im öffentlichen und Non-Profit-Sektor sowie die Beschneidung von Sozialeigentum durch rekommodifizierende Arbeitsmarkt- und Sozialpolitiken.

Eine Konsequenz der neuen Landnahme ist, dass die organisierten Arbeitsbeziehungen selbst in den Sog einer wettbewerbsorientierten Restrukturierung geraten. Noch innerhalb der Hülle formal intakter Institutionen hat sich der Inhalt kollektiver Aushandlungen im System der organisierten Arbeitsbeziehungen

---

[12] Auch für die Landnahme-These gilt, dass sie nicht von allen Mitgliedern der AG geteilt wird. Wir nutzen sie hier, um die strukturellen Ursachen der Krise gewerkschaftlicher Repräsentation zu akzentuieren.

seit Mitte der 1990er Jahre grundlegend verändert. Ging es in der Ära des fordistischen Kapitalismus noch um den Grad der Abkoppelung lohnabhängiger Existenzen von Marktrisiken, so wird in den Betrieben nun vor allem über das Maß an Beschäftigungs-, Einkommens- und Statusunsicherheit verhandelt, das den Arbeitern und Angestellten zugemutet werden soll (Dörre 2002: 376 ff., 400 ff.). Entsprechende Verhandlungen verfolgen hierzulande nicht das Ziel, die Gewerkschaft zu zerschlagen; die faktische Schwächung institutioneller Macht ist jedoch nicht zu übersehen.

Dafür liefert die Praxis der betrieblichen Bündnisse und Wettbewerbspakte Anschauungsunterricht. Unter den Bedingungen einer straffen Profitsteuerung und der Internalisierung von Marktmechanismen in die Unternehmensorganisation (Sauer 2005) gelingt es der Managementseite weltmarktorientierter Unternehmen immer wieder, die Konkurrenz unter den Arbeitern und Angestellten zu verstetigen. Der Standortwettbewerb ist in vielen Unternehmen zu einer alltäglichen Erfahrung geworden. Zugleich haben sich in wichtigen Branchen stark asymmetrische Wettbewerbspakte als Normalform betrieblicher Regulation durchgesetzt. Im Tausch gegen befristete Beschäftigungsgarantien verlangen solche Pakte den Stammbeschäftigten Zugeständnisse bei Arbeitszeiten, Löhnen und Arbeitsbedingungen ab (Wirth 2007). Mittlerweile müssen aber selbst gut organisierte Belegschaften in den verbliebenen Hochburgen der Gewerkschaften wie z.B. in der Automobilindustrie (VW, Opel) immer wieder die Erfahrung machen, dass Wettbewerbspakte Stellenabbau nicht verhindern. In manchen Unternehmen zeichnet sich stattdessen geradezu eine Entkoppelung von Profitabilität und Beschäftigung ab.[13]

Die großen Asymmetrien betrieblicher Wettbewerbspakte bewirken inzwischen Legitimationsverluste nicht nur der Gewerkschaften, sondern zunehmend auch der Betriebsräte (Rehder 2006). Ebenso wenig lässt sich übersehen, dass Wettbewerbspakte die Tendenz zur Prekarisierung der Arbeitsgesellschaft (Bourdieu u.a. 1997, Castel 2000) mitunter noch verstärken. Im Zuge der neuen Landnahme gewinnen Strategien einer extensiven Arbeitskraftnutzung wieder an Bedeutung, weil die anvisierte Maximierung von Renditen und Gewinnen kurzfristig durchaus über Maßnahmen beeinflusst werden kann, die zu Lasten der Beschäftigten gehen. Stammbelegschaften und ihre Interessenvertretungen reagieren darauf häufig mit einer Politik der Statussicherung. Befristete Absicherungen von Stammbeschäftigten korrespondieren in solchen Fällen mit der verstärkten Nutzung von prekär Beschäftigten als flexiblen „Personalpuffern". Mehr und mehr werden aber auch betriebliche Kernfunktionen von flexibel und prekär

---

[13] 2006 konnten die Dax-Konzerne ihre Gewinne um ein Viertel steigern, Beschäftigungsaufbau war damit nicht verbunden. Steigende Beschäftigtenzahlen resultierten allein aus Unternehmenszukäufen (FR, 23.03.2007: 11).

Beschäftigten ausgefüllt. Der expansive Einsatz von Leiharbeitern (Promberger 2003) ist hier nur die Spitze eines Eisbergs. Denn die „Enteignung" (Harvey 2005: 136 ff.) von Sozialeigentum trifft vor allem jene Bereiche, in denen Organisationsmacht von Gewerkschaften traditionell schwach ausgeprägt ist. Das gilt für den Niedriglohn- und den Non-Profit-Sektor mit ihren überdurchschnittlichen Frauenanteilen und die von kleineren und mittleren Betrieben geprägten Strukturen ebenso wie für die expandierenden Segmente mit kreativer „immaterieller" Arbeit, in denen es häufig nicht einmal Mitbestimmungsinstitutionen gibt (zu Gegentendenzen: Boes/Trinks 2006, Martens 2005: 59 ff., 88 ff.). Vor allem in der Kulturwirtschaft, im Medienbereich und dem Non-Profit-Sektor mit seinen Weiterbildungsträgern, Beschäftigungs- und Transfergesellschaften sind die Grenzen zwischen kreativer und prekärer Arbeit fließend (IG Kultur 2006). Mit voller Wucht trifft die Prekarisierung so genannte „einfache", niedrig entlohnte Tätigkeiten. Das sind häufig personenbezogene Dienstleistungen im Pflegebereich, der Gastronomie, im Hotelgewerbe oder auch arbeitsintensive Boten- und Helfertätigkeiten (Bosch/Weinkopf 2006).

Für die institutionelle Gewerkschaftsmacht ist diese Entwicklung fatal. Zwar gelingt es in gewerkschaftlichen Hochburgen, etwa in den ehemaligen Staatsunternehmen Bahn, Post und Telekom vorerst noch, tariflich garantierte „Besitzstände" für langjährig Beschäftigte – wenn auch mit Abstrichen – zu bewahren. Bei den Konkurrenten dieser Unternehmen und vielen ausgegründeten Subeinheiten ist das aber nicht mehr der Fall. So sieht sich z.B. die Deutsche Post AG im Briefverkehr (Input Consult 2006) zunehmend einer Konkurrenz mit privaten Lizenznehmern ausgesetzt, die Vorteile aus der Prekarisierung von Beschäftigungsverhältnissen ziehen. Durch diese Konkurrenz entsteht unweigerlich ein Druck auf die noch relativ geschützten Bereiche des Arbeitsmarktes. Entsprechende Beispiele sind längst keine Einzelfälle mehr (Dörre 2006: 188 ff.; Lorenz/Schneider 2007; Brandt u.a. 2007).

Das Heer der „Arbeitnehmer zweiter Klasse", der Niedriglöhner, befristet Beschäftigten, Leiharbeiter, Mini- und Midijobber, der „proletaroiden" Selbständigen und Existenzgründer (Bologna 2006: 131 ff.), das auch in Deutschland inzwischen einen relevanten Anteil an den Beschäftigten (Brinkmann u.a. 2006) stellt, wirkt auf die institutionelle Verhandlungsmacht der Gewerkschaften wie ein aggressiver Virus auf ein geschwächtes Immunsystem. Diesem Virus ist allein mit Wertschöpfungspakten, die versuchen, den Gewerkschaftseinfluss mittels kooperativer „Institutionenpflege" (Beyer 2003) zu erhalten, wohl nicht beizukommen. Vielmehr macht sich ein grundlegendes Dilemma solcher Strategien bemerkbar. Zeitweilig können sie durchaus erfolgreich sein. Funktionsbedingung sind jedoch relative Machtgleichgewichte zwischen Kapital und Arbeit, die nur fortbestehen, wenn auch die Mittel vorhanden sind, um einer Vergrößerung von Machtasymmetrien wirksam entgegenwirken zu können (Aronowitz 2005; Carter 2006: 415-426; Naglo 2003). Gelingt dies nicht, so entfallen auf der Kapitalseite sukzessive auch die Gründe, die solche Partnerschaften legitimieren. Angesichts schwindender Erfolge geht die Logik der Einflussnahme auf Seiten der Gewerkschaften dann früher oder später zu Lasten der „Sozialintegration", d.h. sie schwächt die Motivation potenzieller Mitglieder und reduziert zugleich die Binde- und Konfliktfähigkeit der Arbeitnehmerorganisationen.

2.5 Exkurs I: Die Krise gewerkschaftlicher Repräsentation

Rückblickend lässt sich die Dekade des Co-Managements, der Wettbewerbspakte, einer zurückhaltenden Lohnpolitik und des nationalen Bündnisses für Arbeit durchaus als Versuch einer wertschöpfungsorientierten Erneuerung von Gewerkschaftspolitik begreifen. Wie immer man diese Bemühungen um eine kontrollierte Dezentralisierung des deutschen Systems industrieller Beziehungen im Rückblick beurteilen mag, fest steht, dass sie vor allem auf den Erhalt institutioneller Macht zielten und dabei einer „Logik der Einflussnahme" folgten, die den akuten Verfall gewerkschaftlicher Organisationsmacht nicht zu stoppen vermochte.

Die Erosion gewerkschaftlicher Organisationsmacht, die in Westdeutschland bereits während der 1980er Jahre einsetzte, erhielt mit der Entwicklung, die sich nach dem Ende der DDR vollzog, eine besondere Prägung. Zu Beginn der 1990er Jahre hatte die deutsch-deutsche Vereinigung den DGB-Gewerkschaften noch einmal einen rasanten Zugewinn an Mitgliedern beschert. Binnen Jahresfrist stieg die Zahl der Gewerkschafter um 49% auf 11,8 Millionen (1991) an (vgl. Tab. 3).

Doch ebenso rasch kehrte sich dieser Trend wieder um. Parallel zum Niedergang der Wirtschaft, aber stärker noch als der Rückgang der Beschäftigung, ging in den neuen Ländern die Zahl der gewerkschaftlich Organisierten zurück. Die Mitgliederverluste waren drei Mal so hoch im Vergleich zu Westdeutschland (-600.000). Lag der Organisationsgrad 1991 in den neuen Ländern mit rund 50% der abhängig Beschäftigten zunächst weit über dem Durchschnitt der europäischen Staaten, so stürzte er binnen neun Jahre auf 18%, also auf weniger als ein Fünftel der verbliebenen abhängig Beschäftigten. Die Daten belegen, dass sich – wenngleich im Laufe der 1990er Jahre etwas verlangsamt – im Osten ein Auflösungsprozess gewerkschaftlicher Organisationsmacht vollzogen hat.

Dieser Prozess ist für die organisierten Arbeitsbeziehungen folgenreich, weil damit innerhalb nationalstaatlicher Grenzen ein Raum entstanden ist, in welchem sich schwache institutionelle Macht mit reduzierter Organisationsmacht von Gewerkschaften verbindet. Man mag darüber streiten, ob der Osten tatsäch-

Tabelle 3: Entwicklung der Gewerkschaftsmitgliedschaft

Jahr (Jahresende)	Mitglieder DGB 1.000	Index %	Organisationsgrad[1] %	Mitglieder IGM 1.000	Index %	Mitglieder ver.di 1.000	Index %
Früheres Bundesgebiet							
1970	6.713		30,9	2.223			
1980	7.883		33,4	2.622			
1990	7.938		30,3	2.727			
1991	7.643		28,9	2.634			
2001	6.310		23,5	*			
Ostdeutschland							
1991	4.158		56,1	991			
2001	1.589		26,9	*			
Deutschland gesamt							
1991	11.800[2]	100,0	34,8	3.624[2]	100,0		
2000	7.773	65,9	23,8	2.763	76,2	ca. 3.000[3]	100,0[4]
2001	7.899[3]	66,9	24,1	2.710	74,8	2.806	93,5
2004	7.013	59,4	22,3	2.425	66,9	2.465	82,2
2005	6.779	57,4	**	2.376	65,6	2.359	78,6

[1] Anteil der Mitglieder an den abhängig Beschäftigten (Erwerbstätigkeit nach Stellung im Beruf) [2] einschließlich ostdeutscher Mitglieder
[3] Mitglieder der Einzelgewerkschaften DAG, DPG, HBV, IG Medien und ÖTV vor der Fusion zu ver.di; [4] die Mitgliederzahl zum Zeitpunkt der Gründung von ver.di im März 2001 wird mit rund 3 Mio. angegeben und rechtfertigt daher den Ausgangspunkt der Indexmessung
* wird nicht mehr getrennt ausgewiesen; ** Beschäftigtendaten von 2005 lagen zum Zeitpunkt der Fertigstellung des Manuskripts noch nicht vor
Quellen: DGB-Mitgliederstatistiken; Müller-Jentsch/Ittermann 2000; BMAS, St.Tb 1998, 1999, 2000, 2001, 2002: Statist. Jahrbuch 2005; http://www.destatis.de/basis/d/erwerb/erwerbtabl.php; http://www.dgb.de/dgb/mitgliederzahlen/mitglieder.htm; eigene Berechnungen

lich zur „Labormaus" (Brinkmann 2003: 250 ff.) des Westens geworden ist; daran, dass die Erosion organisierter Arbeitsbeziehungen auf den Westen ausstrahlt, wird man kaum zweifeln können.[14]

Im Westen ist die Entwicklung gewerkschaftlicher Organisationsmacht auch nach 1990 negativ verlaufen. Am Ende des 20. Jahrhunderts zählten die DGB-Gewerkschaften im vereinigten Deutschland über 4 Millionen Mitglieder weniger in ihren Reihen; der Mitgliederstand hat sich gegenüber 1991 auf zwei Drittel (66%) reduziert. Zu Beginn des neuen Jahrzehnts schien es kurzzeitig, als könne dieser Trend mit einem Mitgliederplus von 126.000 korrigiert werden; aber das blieb bis heute eine Episode. Die Mitgliederverluste haben sich bis in die Gegenwart in einer mit der zweiten Hälfte der 1990er Jahre vergleichbaren Größenordnung und Geschwindigkeit fortgesetzt. Zwischen 2001 bis 2006 haben die Gewerkschaften per Saldo erneut 1,3 Millionen Mitglieder verloren und damit im Vergleich zu 1991 44,2% ihrer Mitglieder eingebüßt. Bei der absoluten Zahl ihrer Mitglieder sind die DGB-Gewerkschaften auf das Niveau der West-Gewerkschaften von 1969/70 zurück gefallen. Es wäre eine eigenständige Forschungsleistung, wollte man die Ursachen dieser dramatischen Mitgliederverluste genauer ausleuchten. Tatsächlich lässt sich festhalten, dass eine wissenschaftlich hinreichende Analyse der gewerkschaftlichen Repräsentationskrise hierzulande keineswegs abgeschlossen, ja teilweise überhaupt erst zu leisten ist. Immerhin bieten die vorliegenden Studien genügend Material, um einige gängige Klischees etwas zu korrigieren.

1. Fakt ist, dass das Sozialprofil der Mitglieder von DGB-Gewerkschaften noch immer hinter dem Wandel der Gesellschaft zurück bleibt. Dennoch hat sich auch die Sozialstruktur der Gewerkschaftsmitglieder verändert. Weniger Arbeitern und Beamten stehen größere Anteile an Angestellten, erwerbstätigen Frauen sowie an Nichterwerbstätigen und insbesondere an Rentenbeziehern gegenüber. Zugleich haben einige Faktoren ihren Distinktionscharakter eingebüßt oder gänzlich verloren.[15] So wird die Annahme,

---

[14] Nicht nur die Arbeitsverlängerungsdebatte nahm ihren Ausgangspunkt von Ereignissen im Osten; der Nachweis, dass sich z.B. Call Center auch ohne Betriebsräte und Gewerkschaften erfolgreich betreiben lassen, ist ebenfalls zuerst in den neuen Ländern erbracht worden (Wiethold 2006). Und erfolgreiche Ost-Unternehmen machen gar keinen Hehl daraus, dass sie im schwachen Gewerkschaftseinfluss einen entscheidenden Konkurrenzvorteil sehen (Buss/Wittke 2006: 91-110).

[15] "Some traditional predictors of union membership in western Germany in 1980 such as being a full time worker, having completed an apprenticeship and expressing left-wing views do not seem to play a significant role anymore in both parts of Germany in 2004." (Schnabel/Wagner 2006: 8) Die Wahrscheinlichkeit, Gewerkschaftsmitglied zu werden, wenn man die Ausbildung absolviert hat, steigt in Relation zu weniger qualifizierten Gruppen nicht mehr signifikant an. Und: „...being a full time worker is no longer linked positively (and with a large effect) to the probability of being a union member" (ebd.: 13).

dass gewerkschaftliche Bindung mit steigender Qualifikation abnimmt (zuletzt Vester/Teiwes-Kügler 2006: 80 f.), der Realität immer weniger gerecht. Zwar steigt der Organisationsgrad der Angestellten mit wachsenden Qualifikationsanforderungen (von „einfachen" zu „schwierigeren" Tätigkeiten) zunächst an, er sinkt dann aber mit der Zunahme von Autonomiegraden im Arbeitsprozess und – wenig überraschend – der Ausübung von Führungsfunktionen. Demgegenüber nimmt der Organisationsgrad der Arbeiter über alle Stufen hinweg mit der Qualifikation und dem beruflichen Status zu, um das höchste Niveau bei Vorarbeitern zu erreichen. Im Kontrast dazu fällt der Organisationsgrad bei Beamten vom einfachen bis zum höheren Dienst kontinuierlich (Biebeler/Lesch 2006: 8). Die differenzierte Entwicklung bei den Angestellten verweist darauf, dass Gewerkschaftsferne nicht allein oder ausschließlich eine Frage der Qualifikation ist; vielmehr führt dieses Merkmal erst in Kombination mit arbeitsinhaltlichen und arbeitsorganisatorischen Faktoren, wie der Selbständigkeit im Arbeitsprozess und der Übernahme von Vorgesetztenfunktionen zu wachsender Distanz gegenüber tradierten gewerkschaftlichen Organisationsmustern.

2. Im Verhältnis von Jugendlichen und Gewerkschaften verfestigt sich offenbar eine erwerbsbiografische Tendenz, die seit den späten 1980er Jahren bekannt ist (Baethge u.a. 1989). So ist der Netto-Organisationsgrad von Beschäftigten im Alter zwischen 18-30 Jahren im Durchschnitt der Jahre 2000-2004 mit 15,3% im Westen und 12,3% im Osten nur halb so hoch wie jener, der am stärksten organisierten Altergruppe (41 bis 50 Jahre; 30,1% bzw. 22,8%). Offenkundig bedeutet die Verlängerung schulischer und universitärer Ausbildung eine lebenszeitliche Verschiebung der bewussten Auseinandersetzung mit Gründen, die gegebenenfalls für einen Gewerkschaftseintritt sprechen: „Die Zuwendung zu gewerkschaftlichen Interessenvertretungen entsteht für viele nicht mehr, wie einst, in der betrieblichen Lehrzeit, sondern mit der Familiengründung und den ‚Investitionen' für die nächste Generation, die verlässliche und gesicherte Einkommens- und Arbeitsverhältnisse erfordern." (Vester/Teiwes-Kügler 2006: 95)

3. Am stärksten von allen Altersklassen haben die Gewerkschaften seit ihrem organisationspolitischen Höhepunkt Anfang der 1980er Jahre in der Gruppe der über Fünfzigjährigen verloren. Dort fiel der Netto-Organisationsgrad im Westen von 31,2% auf 23,1% und im Osten von 38,7% (1990-98) auf 19,2% (Biebeler/Lesch 2006). Insgesamt sehen sich die Gewerkschaften mit einer paradox anmutenden Situation konfrontiert. Ihr Brutto-Organisationsgrad wird durch einen steigenden Anteil von in der Organisation verbleibenden Früh-Rentnern stabilisiert, gleichzeitig sinkt jedoch der Nettoorganisationsgrad in den älteren Jahrgängen. In deutlichem Kontrast zum Argu-

ment einer „Vergreisung" der Gewerkschaften verlieren die Arbeitnehmerorganisationen in Relation zum Altersaufbau der Gesellschaft in den älteren
Kohorten mehr Mitglieder als in den jüngeren Altersgruppen.

4. Der Organisationsgrad von Frauen ist gestiegen, er liegt aber weiterhin
    unter dem der Männer. In der Geschlechterdimension machen sich unter-
    schiedliche Arbeits- und Lebensbedingungen wie etwa die überdurch-
    schnittliche Beschäftigung von Frauen in prekären Beschäftigungsverhält-
    nissen und vor allem im Dienstleistungssektor (Bothfeld u.a. 2005) bemerk-
    bar. Hinzu kommt die Konservierung überkommener Leitbilder der Ein-
    Ernährer-Familie, die einen emanzipationsförderlichen Strukturwandel und
    damit auch die gewerkschaftliche Organisierung von Frauen behindern (vgl.
    Bosch/Lehndorff u.a. 2005).

5. Die Mitgliederverluste der Gewerkschaften vollziehen sich in nahezu allen
    Betriebsgrößenklassen. In Kleinbetrieben ist der Netto-Organisationsgrad
    seit den 1980er Jahren von 12,7 auf 7,6% (bis neun Beschäftigte, Stand
    2004) und von 26,3 auf 14,6% (zehn bis 49 Beschäftigte) gesunken. In Mit-
    telbetrieben (200 bis 499 Beschäftigte) ist er von 36,6% auf 23,7% gefallen.
    Und selbst in Großbetrieben mit über 2000 Beschäftigten ist ein rückläufi-
    ger Organisationsgrad (von 45,8 auf 33,7%) zu verzeichnen. Nur in Betrie-
    ben mit mehr als 4.000 Beschäftigten gelang es während der zurückliegen-
    den 25 Jahre, gewerkschaftliche Organisationsmacht zu stabilisieren. In die-
    ser Betriebsgrößenklasse variierte der Organisationsgrad 2004 zwischen
    50% (Betriebe über 4.000 bis unter 10.000 Beschäftigte) und 62% (Betriebe
    mit mehr als 10.000 Beschäftigten, Biebeler/Lesch 2006). Zwar gilt nach
    wie vor, dass gewerkschaftliche Organisationsfähigkeit mit der Betriebs-
    größe zunimmt, die Krise gewerkschaftlicher Repräsentation macht inzwi-
    schen jedoch offenkundig auch vor größeren Betrieben nicht mehr Halt.

6. Ein weiterer mit der Betriebsgröße verbundener Faktor ist die Präsenz be-
    trieblicher Interessenvertretungen, die den Zugang der Gewerkschaften zum
    Betrieb steuern (Schmidt/Trinczek 1999). Dieser Faktor ist auch für das Or-
    ganisationsverhalten im öffentlichen wie im privaten Dienstleistungssektor
    maßgeblich. So belegen Untersuchungen zur gewerkschaftlichen Mitglie-
    dergewinnung im größten Bereich des Dienstleistungssektors, dem Einzel-
    handel, dass Unterschiede im Organisationsgrad wesentlich auf die ihrer-
    seits strukturbedingte Präsenz bzw. Abwesenheit von Betriebsräten zurück-
    zuführen sind (Dribbusch 2003). In Deutschland erfolgt Mitgliederwerbung
    in der Regel durch die betriebliche Interessenvertretung, durch Betriebs-
    und Personalräte, kaum durch hauptamtliche Gewerkschaftssekretäre
    (Schmidt/Trinczek 1999). Wo betriebliche Interessenvertretungen nicht
    vorhanden sind oder sich die Bindung von Interessenvertretungen an die

Gewerkschaften lockert, muss dies den Verfall gewerkschaftlicher Organisationsmacht unweigerlich forcieren (Dribbusch 2003, Behrens 2005).

Alles in allem weisen die vorhandenen Analysen von Mitgliederstatistiken darauf hin, dass sich als Folge des sozialstrukturellen Wandels auch die Zusammensetzung der Gewerkschaftsmitgliedschaft zu verändern beginnt. Die Folie eines „Normalgewerkschafters", an der sich viele Personengruppen bezogene Analysen orientieren, entspricht im Grunde nicht mehr der Realität. Mit der Verflüchtigung einiger eindeutiger Zuschreibungen (Vollzeitbeschäftigungsverhältnis, abgeschlossene Berufsausbildung), die in Westdeutschland schon während der 1980er Jahre einsetzte, werden die Konturen des „typischen Gewerkschaftsmitglieds" innerhalb der DGB-Mitgliedschaft unscharf.

Im Verhältnis zwischen Gewerkschaften und vermeintlichen Kernmitgliedern kommt es offenbar zu Entfremdungen; zugleich nimmt die Unübersichtlichkeit hinsichtlich der Anforderungen, die potenzielle Mitglieder an die Gewerkschaften richten, noch zu. Die Position des Esels, der sich zwischen den Heuhaufen nicht entscheiden kann, erscheint im Vergleich durchaus komfortabel. Deutlich wird aber auch, dass die veränderte soziale und soziodemographische Zusammensetzung des gesellschaftlichen Gesamtarbeiters als solche vergleichsweise wenig über die Ursachen der gewerkschaftlichen Repräsentationskrise aussagt.[16] Analysen, die diesen Mangel zu beheben suchen, indem sie die komplexen Beziehungen zwischen Repräsentierten und Repräsentanten genauer in den Blick nehmen, sind indessen nicht nur in Deutschland rar.

2.6 Exkurs II: Gestörte Beziehungen zwischen Repräsentierten und Repräsentanten

Eine der wenigen Ausnahmen ist die großartige Studie von Beaud/Pialoux (2004/1999), in der über zwanzig Jahre hinweg die Entwicklung in einem großen Peugeot-Werk analysiert und in diesem Kontext den Verfall einer militanten Organisationskultur vornehmlich ungelernter Arbeiter nachgezeichnet wurde.

---

[16] Laut Schnabel/Wagner (2006: 11) erklärt der Strukturwandel der Beschäftigung die negative Mitgliederentwicklung bestenfalls zu einem Drittel. "Starting with the decline in union density in western Germany over time, the estimates demonstrate that changes in the composition of the sample of employees between 1980 and 1992, between 1992 and 2004, and between 1980 and 2004 can explain only a small fraction of the changes in the share of employees that are union members." Und für die neuen Bundesländer: "differences in the characteristics of the workforce do not contribute at all to understanding the decline in union density." (ebd.) Fitzenberger u.a. (2006: 14) argumentieren ebenfalls, "that the changing composition of the workforce is of lesser importance than widely believed.".

Entgegen einer verbreiteten Sicht, der zufolge die Krise gewerkschaftlicher Repräsentation daraus erwächst, dass sich die Gruppe der gewerkschaftlichen Aktivisten nicht mehr reproduziert, sehen die Autoren die zentrale Ursache in einem gestörten „System der Erwartungen und Errungenschaften, das in den Abteilungen der Angelernten lange Zeit funktionierte" (ebd.: 259). Der gewerkschaftliche Aktivismus der ungelernten Arbeiter basierte auf der Erwartung eines kollektiven Aufstiegs, einem „politischen Glauben", der es erlaubte, Arbeitserfahrungen im Kontext von Ausbeutung zu verorten, aber auch auf einem Arbeitsprozess, der Sozial- und Kommunikationsräume bot, die für eine Reproduktion von Organisationsmacht genutzt werden konnten. Die politische Aktionskultur der Angelernten wurde von Gewerkschaftsaktivisten (Delegierten) repräsentiert, die, obwohl besser qualifiziert, auf den kleinen Aufstieg im Betrieb verzichteten, um stattdessen der gewerkschaftlichen Arbeit den Vorzug zu geben. Im gewerkschaftlichen Organisationssystem waren diese Aktivisten die Schlüsselfiguren. Ihre starke Stellung basierte auf einem wechselseitigen Geben und Nehmen. So profitierten die Angelernten von den Dienstleistungen ihrer Vertreter; umgekehrt war die Position des Delegierten mit kleinen Vorteilen (zeitweiliges Verlassen des Arbeitsplatzes, Anerkennung) verbunden.

Der Niedergang gewerkschaftlicher Organisationsmacht vollzog sich laut Beaud/Pialoux parallel zur Erosion dieser Kultur des Gebens und Nehmens. Eine wichtige Ursache sehen die Autoren in einer im Repräsentationsmodus selbst angelegten Widersprüchlichkeit. So nährte jedes Sich-Entfernen der Aktivisten von der Gruppe auf Seiten der angelernten Arbeiter den latenten Verdacht, bei den Aktivisten handele es sich um potenzielle Aufsteiger und Verräter. Die Delegierten reagierten darauf, indem sie – auch zur Beruhigung ihres eigenen Gewissens – mehr und mehr die Rolle des Vollzeit-Aktivisten ausprägten. Dies mit dem Effekt, dass die Gewerkschaftsgliederung zur eigentlichen Heimat der Aktivisten wurde. Der daraus resultierenden Gefahr einer Entfremdung von den Mitgliedern versuchten die aktiven Gewerkschafter zu entgehen, indem sie in einer Art „symbolischer Kehrtwende" reale oder vermeintliche Interessen der Basis besonders militant vertraten. Dieses System konnte sich reproduzieren, solange soziale Bindung, politischer Glaube und Arbeitsorganisation dazu beitrugen.

Veränderungen im Fabrikregime und in der politischen Kultur haben den latenten Widerspruch im System der Repräsentation allmählich manifest werden lassen. Im tayloristischen System boten die Arbeiter ihren unmittelbaren Vorgesetzen die Stirn, zugleich verfügten sie mit ihrer auch in der Bildungsarbeit vermittelten Klassenideologie (Ausbeutungs-, Mehrwerttheorie) über einen Deutungsrahmen, der ihnen in den Auseinandersetzungen mit ihren Gegenspielern zu einem Überlegenheitsgefühl verhalf. Doch mit dem Übergang zu einem neuen

Produktionssystem sind diese Gegenspieler in den Werkshallen so nicht mehr präsent. Der Befehlsstil hat sich verändert. Befehle werden mittlerweile von qualifizierten Angestellten erteilt, „die nicht formal angreifbar sind". Damit entfällt eine wichtige Quelle der solidarischen Gemeinschaftskultur. Mit der Kritik an den unmittelbaren Vorgesetzten geht den Aktivisten zunehmend auch die Erfahrung von „Gewerkschaftsarbeit als Horizonterweiterung" verloren, die Chancen zur Selbstfindung und zumindest indirekte Zugänge zur Kultur der Gesellschaft bot. Mehr und mehr setzt sich in dieser Gruppe die Überzeugung durch, im Betrieb „unter Wert" gehandelt zu werden.

Just-in-Time-Produktion und informationstechnologische Durchdringung des Produktionsapparates schränken den kommunikativen Sozialraum am Arbeitsplatz ein; die Aktivisten haben mit ihren direkten Widersachern zugleich wichtige Kampffelder verloren; ihr informelles Wissen wird entwertet. Zugleich machen sich schärfere Konkurrenzkämpfe unter den Arbeitern bemerkbar. Es ist nicht länger die militante Arbeiterbasis, die ihre Delegierten kontrolliert, vielmehr müssen die Aktivisten häufig „Komplizenschaften" der Angelernten mit ihren Chefs unterbinden. Die Aktivisten werden mehr und mehr in die Rolle von Sozialarbeitern gedrängt, ihre betriebliche Funktion empfinden sie als „abgewertet". In der Wahrnehmung der Repräsentierten verschieben sich die Konfliktlinien ebenfalls. Ein Teil der Angelernten versucht sich anzupassen. An den Werten der alten Aktionskultur gemessen, wird jeder „ein bisschen zum Schleimer" (ebd.: 272). Konflikte unter den Arbeitern nehmen zu und die zerstrittene Gruppe wird zum „Symbol für eine Niederlage, für den Bankrott einer bestimmten Moral" (ebd.: 273).

Nicht minder bedeutsam ist, dass mit dem Zerfall des „politischen Glaubens", den die Implosion der staatssozialistischen Systeme dramatisch forciert hat, bei den Aktivisten auch das Gefühl abhanden gekommen ist, an etwas Großem teilzuhaben. Passivität und Resignation haben alle erfasst, ein Teil der Delegierten nutzt dies zu einem ehrenwerten Abgang in die Weiterbildung. Selbiges vor Augen, müssen die Bandarbeiter erkennen, dass sie keine Schicksalsgemeinschaft mehr sind. Das, was früher Authentizität stiftete, das Wissen und die Sonderstellung der Aktivisten, kann sich jetzt gegen die Arbeiter richten. Die Arbeiter werden brutal mit ihrer Ohnmacht konfrontiert; sie ahnen, dass sie ihre Lage nicht grundlegend verändern können, beginnen die Suche nach Nischen in der Fabrik und lösen sich von den alten Werten, was wiederum die Vertrauenskrise zwischen Produktionsarbeitern und Aktivisten verschärft. Angesichts des Verfalls ihrer politischen Aktionskultur klammern sich manche Aktivisten umso fester an die Vergangenheit, weil sie ihr symbolisches Kapital bewahren wollen, das sie sich in der Gewerkschaftsorganisation angeeignet haben. Doch auch diesen Aktivisten ist mit der Implosion des Staatssozialismus ein Teil der eigenen Geschichte und damit das intellektuelle Bezugssystem zur Interpretation der Arbeiterwelt verloren gegangen. In einer Situation, die durch die Zunahme des Arbeitsdrucks geprägt ist, fehlen die intellektuellen Mittel und auch die Sprache, um diese Erfahrungen zu bündeln – ein Dilemma, an dem die christlichen und sozialistischen CFDT-Gewerkschafter offenbar noch stärker leiden als die kommunistischen CGTler (ebd.: 275 ff.).

Während es den Aktivisten der Angelernten besonders schwer fällt, sich von dichotomischen Denkmustern zu lösen, betrachten junge Arbeiter, die neu ins Werk kommen, die Gewerkschaftsrepräsentanten als Leute, „die immer dieselbe Platte auflegen" (ebd.: 276). Dabei macht sich auch der unterschiedliche Beschäftigungsstatus bemerkbar. Junge Arbeitskräfte kommen zumeist als Zeitarbeiter ins Werk; ihnen erscheint die Fabrik in Sochaux als sicherer Hafen. Der Zeitvertrag gilt anfangs als einmalige Chance; dementsprechend sind sie mit Eifer bei der Arbeit. Für diese Jungen sind nicht die Chefs das Problem, sondern die älteren Arbeiter. In den Gruppen der Zeitarbeiter greifen die Politisierungsstrategien der Aktivisten nicht. Die Interessen der Festangestellten vor Augen, wollen die Aktivisten den erreichten Status verteidigen. Für die Zeitarbeiter sind die daraus resultierenden Streitereien in der Fabrik hingegen nicht von Interesse. Die jungen „Prekarier" treffen auf eine demoralisierte Generation von Bandarbeitern, auf eine blutleere Oppositionskultur ohne Anziehungskraft.[17] In Gestalt der jungen Leiharbeiter erfolgt der „Angriff" auf die alte politische Organisationskultur gewissermaßen aus dem Inneren der Klasse; es sind die Kinder der etablierten Arbeiter, die mit ihrem durchaus problematischen Bild vom vermeintlich sorgenfreien Alltag der Eltern die alten Werte in Frage stellen. In der jungen Arbeitergeneration ist der Gedanke an kollektiven Aufstieg ebenso wie die politische Hoffnung auf radikale Veränderung der Verhältnisse verloren gegangen. Allen Gruppen fehlen inzwischen die politischen Kategorien, mit deren Hilfe sie ihre Lage in Worte fassen könnten. Noch immer gibt es einen Kampf um Würde und Anerkennung, doch jeder verteidigt diese Würde auf seine Art. Der Kampf wird nicht weniger heftig geführt, aber man findet sich damit ab, dass die eigene Würde nicht unbedingt mit der des anderen in Einklang stehen muss:

---

[17] „Die prekär Beschäftigten verfügen über wenige Trümpfe, um sich ein warmes Plätzchen zu sichern. Einer davon ist ihre fügsame Bereitschaft, sich auf die Modernität einzulassen, indem sie alles daran setzen, um effiziente, verfügbare, verlässliche und kooperative Werker zu werden. So hoffen sie, mit ihrer Arbeit leben zu können. Kurzum: sie wollen auf eine andere Art Arbeiter sein, ohne diese mürrische und an allem herummotzende Geisteshaltung ihrer Vorgänger. Die Aktivisten sagen von den wenigen jungen Zeitarbeitern, die fest angestellt werden, sie hätten die Logik des Unternehmens verinnerlicht. Man könnte sich jedoch auch die Frage stellen, ob nicht viele von ihnen einfach nur auf der Suche nach Gruppenzugehörigkeit sind" (ebd.: 284).

„Diese Situation macht die Leute hilflos, weil sie an den Nerv trifft und am Ich nagt: am Respekt, den sie vor sich selbst haben, an der Vorstellung, die sie vor sich von ihrem Wert in der Welt machen, am Bewusstsein ihrer Identität, die von der gewerkschaftlichen Arbeiterschaft lange Zeit gewährleistet wurde" (ebd.: 285).

Wir haben diese Studie so ausführlich zitiert, weil sie eine der wenigen ist, die zeigt, wie sich strukturelle Veränderungen im Arbeits- und Lebensprozess einer bestimmten Gruppe von Arbeitern auf die komplexen Beziehungen zwischen gewerkschaftlichen Aktivisten und ihrer Basis auswirkt. Hier, im gewerkschaftlichen Repräsentationsmodus, in der Beziehung zwischen Aktiven und „normalen" Mitgliedern, ist eine latent stets vorhandene Spannung angelegt, die unter den Bedingungen eines radikalen Umbruchs nicht nur der Arbeitsorganisation, des Arbeitsmarktes und der Lebensverhältnisse, sondern auch der politischen Orientierungssysteme zu wechselseitiger Entfremdung von Repräsentanten und Repräsentierten führen kann.

2.7 Fazit: Von der Repräsentations- zur Systemkrise organisierter Arbeitsbeziehungen?

Damit sind wir bei einem entscheidenden Punkt angelangt. Die Krise gewerkschaftlicher Repräsentation wird ohne Zweifel durch ein komplexes Bündel struktureller Ursachen beeinflusst. Die Nahtstelle, an der die Krise konkret wird, sind jedoch die Beziehungen zwischen gewerkschaftlichen Aktivisten und ihrer Mitgliederbasis einschließlich der potenziellen und Nicht-Mitglieder. Strukturelle Veränderungen wirken in der Regel über je spezifische Repräsentationsmodi kollektiver Interessen auf die Gewerkschaftsorganisation zurück. Innerhalb dieser Repräsentationsmodi können Inkongruenzen zwischen wechselseitigen Ansprüchen und Erwartungen immer wieder in Krisen gewerkschaftlicher Organisationsmacht umschlagen.

Insofern lässt sich das Beispiel aus dem Peugeot-Werk trotz seiner Gruppenspezifik (un- und angelernte Arbeiter) und seiner französischen Färbung (political unionism, unmittelbare Gewerkschaftsrepräsentanz in der Produktion, aktionistische Militanz) mit aller gebotenen Vorsicht als Analyse einer Problematik begreifen, die in vielerlei Facetten den Kern der Krise gewerkschaftlicher Repräsentation erfasst. Boltanski/Chiapello (2003: 309-338) haben eindrucksvoll gezeigt, wie sich Probleme, die aus wirtschaftlichem Strukturwandel, gewerkschaftlichem Missmanagement, neuen Formen der Unternehmensorganisation, Disziplinierung durch die Arbeitgeber, der Durchsetzung nachtayloristischer Managementkonzepte und einer damit verbundenen Ausweitung prekärer Beschäftigungsverhältnisse entstehen, kumulieren und zu jener Tendenz verdichten, die wir eingangs als „Ohnmachtszirkel gewerkschaftlicher Desorganisation" bezeichnet haben.[18] Ihre Analyse macht darauf aufmerksam, dass die überdurchschnittlichen Mitgliederverluste zum Teil *trotz* eines *Zuwachses* an formalen Rechten und Schutzbestimmungen der Gewerkschaften erfolgten. Dass der Bedeutungsverlust der Gewerkschaften in Frankreich zumindest bis in die jüngere Vergangenheit öffentlich ignoriert worden ist, hat – so paradox dies klingen mag – zusätzlich *krisenverschärfend* (ebd.: 316) gewirkt. Boltanski/Chiapello stellen daher die Frage, wie lange Staat und Arbeitgeber Verhandlungspartner akzeptieren werden, die ihren Kontakt zu großen Teilen der Lohnabhängigen längst verloren haben.

Zumindest hinter vorgehaltener Hand wird diese Frage auch innerhalb der deutschen Funktionseliten gestellt. Ein weiteres Öffnen der Schere zwischen institutioneller und Organisationsmacht könnte den Wunsch ökonomischer und politischer Eliten auch hierzulande stärken, institutionelle Arbeitermacht auf jenes Maß an Organisationsmacht zurückzuschrauben, das die Gewerkschaften tatsächlich noch verkörpern. Längst ist eine Entwicklung im Gange, in deren Verlauf sich die Krise gewerkschaftlicher Repräsentation zu einer Krise des gesamten Systems dualer Interessenrepräsentation auszuweiten beginnt. Wegen der Mitgliederverluste der Gewerkschaften lässt der Organisationsanreiz auch auf der Kapitalseite nach. Eine Schwächung der Industrie- und Wirtschaftsverbände, wie sie sich z.B. in der Gewährung von Mitgliedschaften ohne Tarifbindung ausdrückt, ist die Folge. Zugleich erodiert die Tarifbindung. Die vermeintlich heile Welt des Flächentarifvertrages, der mit seinen verbindlichen und unabdingbaren Tarifstandards die Arbeits- und Einkommensbedingungen regelte, „gehört der Vergangenheit an" (WSI-Tarifhandbuch 2006: 64).

Infolge des industriellen Strukturwandels sind in klein- und mittelbetrieblich geprägten Bereichen große gewerkschafts- und mitbestimmungsfreie Zonen

---

[18] „Der kumulative Effekt dieser verschiedenen Phänomene liegt auf der Hand. Gewerkschaften mit niedrigem Organisationsgrad spielen eine geringere Rolle, ihre Fähigkeit zum Widerstand ist stark begrenzt und ihre Glaubwürdigkeit bei den Arbeitnehmern geht aus den diesen Gründen zurück. Deshalb sind die Gewerkschaften bei Wahlen immer weniger repräsentativ für die Angestellten und geraten auf diese Weise immer stärker in Misskredit. Man unterstellt ihnen, eine neue Kaste zu bilden, die ihre Pfründe aus den Kassen der Sozialversicherungen beziehe und von unrechtmäßigen Delegationsfreistellungen profitiere. Die Gewerkschaften wüssten nichts mehr von der Last der Arbeit, weil sie vor Ort nicht präsent genug seien. Da es den Betriebsvertretungen an Nachwuchs fehlt, besteht außerdem ein Trend, von den wenigen Mitgliedern ein stärkeres Engagement zu verlangen, was die Grenzen zwischen Gewerkschaftsmitgliedern und Nicht-Mitgliedern zusätzlich verschärft. Die Gewerkschaftsvertreter werden dadurch weiter isoliert, dass sie Aufgaben gerecht werden müssen, die der Gesetzgeber in diesem Zeitraum noch ausgeweitet hat. Sie haben immer weniger Kontakt zu den Beschäftigten, haben keine Zeit mehr, um neue Mitglieder zu werben oder sich auch nur um ihre bestehenden Mitglieder zu kümmern, wodurch sich immer mehr Arbeitnehmer von den Gewerkschaften abwenden" (ebd.: 315).

entstanden. Wo betriebliche Mitbestimmungskulturen existieren, gewinnen betriebssyndikalistische Interpretationen an Relevanz (Candeias/Röttger 2007). Das wiegt umso schwerer, als die strukturelle Schwäche organisierter Lohnarbeitsinteressen auf europäischer, inter- und transnationaler Ebene mit einer neuen Machtkonzentration an der Spitze grenzüberschreitend operierender Unternehmen einhergeht.

Das unbestreitbar vorhandene „Mobilitätsdifferential" zwischen Lohnarbeit und Kapital hat offenbar wichtige Teile der Wirtschafts- und Politikeliten zu einer Aufkündigung des Nachkriegskonsenses motiviert. Auch aus diesem Grund können die Gewerkschaften nicht länger damit rechnen, dass ihnen ihr über eine lange Periode fraglos gewährter quasi-institutioneller Charakter weiter Verhandlungsmacht trotz rückläufiger Organisations- und Mobilisierungsfähigkeit beschert.

Damit sind wir bei einer entscheidenden Schlussfolgerung. Man mag es drehen und wenden wie man will; man mag die Krise gewerkschaftlicher Repräsentation mit dem richtigen Hinweis relativieren, dass (nicht nur) die deutschen Gewerkschaften noch immer die größten Interessenorganisationen der Arbeitnehmer sind; man mag auf die anziehende Konjunktur und die jüngsten tarifpolitischen Erfolge verweisen – dies alles vermag nicht darüber hinwegzutäuschen, dass die schwindende Organisationsmacht der Gewerkschaften auch die Erosion institutioneller Macht und den Zerfall des etablierten Systems organisierter Arbeitsbeziehungen beschleunigen wird. Nicht Entgewerkschaftung, wohl aber eine sektorale und unternehmensspezifische Fragmentierung organisierter Arbeitsbeziehungen mit deutlich verschlechterten Chancen zur Durchsetzung kollektiver Interessen großer Lohnabhängigengruppen könnte die Folge sein.

Doch ist eine solche Entwicklung wirklich unvermeidlich, gewissermaßen schicksalhaft vorprogrammiert? Oder lassen sich Handlungsspielräume identifizieren, die Ansatzpunkte für eine Erneuerung gewerkschaftlicher Organisationsmacht bieten? Und wie könnte eine Forschung aussehen, die solche Handlungsspielräume auszuloten in der Lage wäre? Mit diesen Fragen wollen wir uns in den nachfolgenden Kapiteln auseinander setzen.

3 Labor Revitalization Studies – ein neuer Forschungsansatz?

Thesen:

1. Hermetische Niedergangsszenarien übersehen das überschüssige Moment, das „kreativem Handeln" innewohnt. Soziale Akteure, auch Gewerkschaften, sind prinzipiell in der Lage, innovative, über die strukturierenden Bedingungen hinausweisende Formen kollektiven Handelns zu generieren.
2. Ein Blick auf ausgewählte Länder zeigt, dass von einem linearen Niedergang gewerkschaftlicher Organisationsmacht nicht gesprochen werden kann. International zeichnen sich ungleiche Entwicklungen ab; die Entstehung neuer Arbeiterbewegungen und die Neubildung gewerkschaftlicher Organisationsmacht sind reale Möglichkeiten.
3. „Strategic choice" bedeutet: Die Krise gewerkschaftlicher Repräsentation hat nicht nur strukturelle Ursachen, sie ist auch hausgemacht und kann somit von den Akteuren selbst aktiv beeinflusst werden. Folgerichtig ist es sinnvoll, die konkreten Praktiken, mit denen Gewerkschaften auf neue Handlungsbedingungen reagieren, ins Zentrum der Analyse zu stellen.
4. Die – unterschiedlich weit voran geschrittene – Erosion institutioneller Macht in den entwickelten Kapitalismen bedeutet, dass Gewerkschaften in Zentrumsländern vom social movement unionism in sich entwickelnden Staaten lernen können.

Zahlreiche Analysen der Krise gewerkschaftlicher Repräsentation weisen einen zentralen Mangel auf, der sich auch in den zitierten französischen Arbeiten findet. Je eindrucksvoller die Erosion von Arbeitermacht und die Schwächung gewerkschaftlicher Organisations- und Mobilisierungsfähigkeit beschrieben wird, desto schicksalhafter erscheint der weitere Niedergang der Arbeitnehmerorganisationen. Das auch, weil es an Kriterien und Kategorien, kurz: an einer Sprache fehlt, die geeignet wäre, gegenläufig Prozesse auf den Begriff zu bringen. Hermetische Niedergangsszenarien vernachlässigen jedoch jenes überschüssige Moment, das in handlungstheoretischen Ansätzen als „kreatives Handeln" (Joas 1992) bezeichnet wird. Wie andere soziale Akteure sind auch Gewerkschaften lern- und wandlungsfähig. Sie können sich durchaus in die Lage versetzen, innerhalb bestimmter Handlungskorridore kreative, über die strukturierenden Bedingungen hinausweisende Praktiken zu entwickeln und neue Formen eines kollektiven, im weiten Sinne organisierten „Klassenhandelns" (Therborn 1987) zu generieren, das wiederum eine Stärkung von Organisationsmacht zu bewirken vermag.

Geht man von dieser Prämisse aus, so ist wahrscheinlich, dass möglicherweise abseits und neben den Organisationsroutinen Praktiken entstehen, mit denen Gewerkschaftsgliederungen auf Veränderungen in ihrem sozialen Feld reagieren. Eine offenkundige Schwierigkeit besteht darin, solche Praktiken zu identifizieren, empirisch zu beschreiben und wissenschaftlich zu analysieren. Wir selbst sind im Rahmen einer empirischen Studie, die sich mit der Krise und Erneuerung gewerkschaftlicher Repräsentation in ausgewählten Regionen befasst hat, unmittelbar mit dieser Schwierigkeit konfrontiert worden (Dörre/Röttger 2006: 229-271). Auf der Suche nach Praktiken, die es den Gewerkschaften ermöglichen sollten, organisatorisch und politisch in neuen Unternehmen und Branchen Fuß zu fassen, fanden wir ein verwirrendes Nebeneinander von Niedergang auf der einen und neuen, innovativen Praktiken lokaler Gewerkschaftsgliederungen auf der anderen Seite.

Auf den ersten Blick schienen unsere Recherchen gängige Krisendiagnosen noch zu verschärfen. In den Regionen Chemnitz, Dortmund und Nürnberg, einstmals Hochburgen der organisierten Arbeiterbewegung, hatten die Gewerkschaften seit den 1990er Jahren ein gutes Drittel ihrer Mitglieder verloren, bei einem weiteren Drittel handelte es sich um Pensionäre, Langzeitarbeitlose oder prekär Beschäftigte. Nur noch ein Drittel der Mitglieder waren Vollbeitragszahler. Hinzu kam, dass sich die verbliebenen Gewerkschaftsmitglieder überwiegend in den alten Industrien und Wirtschaftszweigen befanden. In den neuen, expandierenden Bereichen waren Gewerkschaften dagegen kaum präsent. Ein eindrucksvolles Beispiel bot der Technologiepark Dortmund. Dort arbeiteten zum Zeitpunkt der Erhebung ca. 8.500 Beschäftigte, vorwiegend in den neuen Leitbranchen Informationstechnologie und Mikrosystemtechnik. In den ansässigen kleineren und mittleren Betrieben lag der gewerkschaftliche Organisationsgrad bei ca. zwei Prozent, in der großen Mehrzahl der Betriebe gab es nicht einmal gewählte Interessenvertretungen. Auf der Suche nach den Ursachen für das gewerkschaftliche Repräsentationsdefizit stießen wir auf eine komplexe Gemengelage von strukturellen und „hausgemachten" Faktoren (ebd.: 246-255).

Das Wegbrechen fordistischer Industrien hatte überkommenen Rekrutierungsstrategien die Basis entzogen. Der Zwang für Betriebsräte, unabhängig von ihrer interessenpolitischen Ausrichtung passgenaue Politiken für ihre Organisationsbereiche entwickeln zu müssen, Ressourcenmangel und die Finanzkrise lokaler Gewerkschaftsgliederungen, aber auch das Auspowern der Aktiven und die Erosion überkommener Gewerkschaftsidentitäten hatten sich zu einem Problemknäuel verdichtet, für dessen Bearbeitung aus Sicht der lokalen Gewerkschafter nur wenig Zeit blieb, weil sonst die Marginalisierung ihrer Organisation im politischen Geschäft drohte. Trotz oder gerade wegen der Dramatik des Krisenbefundes konnten wir aber auch eine Reihe von Praktiken identifizieren, die darauf zielten, die Krise zu überwinden (ebd.: 255-265). In Keimform waren neue Organisationsformen und Projekte (z.B. Call-Center-Treff, IT-Stammtisch, Betriebsrätenetzwerke) entstanden, überkommene Gewerkschaftsidentitäten befanden sich im Umbruch. Doch das Neue entstand zumeist abseits und neben den Organisationsroutinen. Oftmals handelte es sich um zeitlich befristete Projekte, um „zarte Pflänzchen", die den Alltag der Gewerkschaftsorganisation gar nicht erreichten und die mit dem Ende der Projektlaufzeit wieder verschwanden. Angesichts dieser Fragilität stellte sich uns die Frage, wie solche Praktiken und Beispiele einigermaßen systematisch zu erfassen und zu analysieren sind.

Probleme dieser Art werden in einer Forschungsliteratur thematisiert, die seit geraumer Zeit vor allem im angelsächsischen Sprachraum unter dem Label „labor revitalization studies" (LRS) von sich Reden macht.[19] Gegenstand der LRS sind innovative Strategien und Praktiken, welche zu einer Erneuerung der Organisationsmacht, der Handlungs- und Konfliktfähigkeit von Gewerkschaften beitragen können. Dabei versuchen Ansätze im Umfeld der LRS, die lähmenden Implikationen schlichter Modernisierungsdefizit-Theorien zu vermeiden. Eine Gemeinsamkeit dieser insgesamt sehr unterschiedlichen Forschungen besteht darin, dass sie das Hauptaugenmerk auf Möglichkeitsstrukturen und Handlungsräume lenken, innerhalb derer Gewerkschaften eine „strategische Wahl" treffen können. Nach dem Grundgedanken der LRS sehen sich die Gewerkschaften zwar mit weitreichenden Veränderungen ihrer Handlungsbedingungen konfrontiert, sie verfügen jedoch grundsätzlich über Handlungsalternativen, die es ihnen erlauben, sich auf neue Bedingungen einzustellen. Bei der Suche nach innovativen Praktiken lassen sich die LRS auch von dem Gedanken leiten, dass es sich bei den Gewerkschaften um unverzichtbare zivilgesellschaftliche Akteure handelt (Turner 2004: 5), deren fortgesetzter Niedergang zugleich einen Verlust an demokratischer Repräsentation bedeuten würde.

Mit ihrem letztlich auch demokratietheoretisch begründeten Interesse an einer Revitalisierung der Arbeitnehmerorganisationen heben sich entsprechende Forschungen deutlich von den üblichen Wehklagen über den vermeintlich ausweglosen Niedergang der Gewerkschaften ab. Dieser programmatische Bruch mit Niedergangsfatalismen macht die Attraktivität solcher Ansätze nicht nur für

---

[19] Vgl. z.B. Hyman 2001, Frege/Kelly 2004, Heery 2005, Aronowitz 2005, Huzzard u.a. 2004.

die Industrielle-Beziehungen-Diskussion, sondern auch für interessierte Praktiker aus. Unweigerlich werden sich Wissenschaftler, die angesichts der tiefen Krise gewerkschaftlicher Repräsentanz nach Handlungschancen fragen, mit Voluntarismus-Vorwürfen konfrontiert sehen. Und in der Tat: Läuft eine Forschung, die programmatisch nach innovativen Praktiken sucht, nicht Gefahr, beständig Ausschau nach jener einen Schwalbe zu halten, die bekanntlich niemals einen Sommer machen wird?

Um es vorab zu sagen: Derartige Fehlorientierungen lassen sich nicht gänzlich ausschließen, sondern allenfalls minimieren. Aus unserer Sicht sprechen dennoch zwei wichtige Argumente dafür, die Chancen einer an innovativen Praktiken orientierten Gewerkschaftsforschung genauer auszuloten. *Erstens* zeigen spezifische Länderfälle, dass es inzwischen längst nicht mehr genügt, primär den institutionellen Rahmen organisierter Arbeitsbeziehungen zu betrachten, um markante, für die Gewerkschaften bedeutsame Entwicklungsprozesse einzufangen. *Zweitens* ermöglicht die Erosion und Aushöhlung des institutionellen Rahmens zumindest potenziell einen Transfer von Praktiken und somit Lernprozesse, die sich hermetischen Pfadabhängigkeitsdiagnosen verschließen. Wir wollen den beiden Argumenten in zwei Schritten nachgehen. Zunächst skizzieren wir in vier kleinen Fallstudien (3.1 bis 3.4) länderspezifische Entwicklungen von institutioneller und Organisationsmacht der Gewerkschaften. Es folgt ein Resümee, das auch methodische Schlussfolgerungen für eine Forschung präsentiert, die sich am Programm der LRS orientiert (3.5).

3.1 Gewerkschaften in Österreich – die Fassade institutioneller Stabilität

Beginnen wir mit Österreich, einem Land, dessen organisierte Arbeitsbeziehungen eine große Nähe zum deutschen Fall aufweisen und das doch eine andere Entwicklung verkörpert. So scheint unsere Landnahme-These für Österreich zunächst wenig plausibel. Verglichen mit der deutschen wirkt die österreichische Sozialpartnerschaft gerade auf der institutionellen Ebene intakt (vgl. Holst 2008). Die Lohnverhandlungen werden weiterhin zentral koordiniert und der tarifliche Deckungsgrad ist hoch. Schaut man unter die Oberfläche vermeintlich stabiler Institutionen, wird allerdings sichtbar, dass die Durchsetzungsfähigkeit der österreichischen Gewerkschaften trotz stabiler Institutionen nachlässt, weshalb die Revitalisierung von Organisationsmacht künftig an Bedeutung gewinnen könnte.

Aufgrund der großen institutionellen Ähnlichkeiten zwischen Österreich und Deutschland gibt es bislang kaum systematische Vergleiche der industriellen Beziehungen oder der Gewerkschaftsstrategien beider Länder (Ausnahme Endruweit u.a. 1985). Nicht nur die Systeme industrieller Beziehungen, auch die

Organisationsstrukturen der Gewerkschaften sind nahezu identisch (Jacobi u.a. 1998, Traxler 1998). Beide Länder werden vom dualen System der Interessenvertretung geprägt; zwischen Betriebsräten und Gewerkschaften herrscht eine vergleichbare Arbeitsteilung. Die Tarifautonomie stellt in beiden Ländern sicher, dass Tarifverträge die exklusive Domäne der Gewerkschaften bleiben, während die Betriebsräte in der betrieblichen Arena die Interessen der Beschäftigten vertreten. Die nach dem Branchenprinzip organisierten Einzelgewerkschaften verhandeln die Flächentarifverträge, während die Dachverbände politische Aufgaben wahrnehmen.

Allerdings gibt es neben den institutionellen Gemeinsamkeiten auch einige gravierende Unterschiede zwischen Deutschland und Österreich. Zusammen mit Schweden galt Österreich während der gesamten Nachkriegszeit als Bastion des Korporatismus. Zentralisierte, verbandlich koordinierte Lohnverhandlungen, ein tariflicher Deckungsgrad von über 98%, ein gewerkschaftlicher Organisationsgrad von über 50% und stärker zentralisierte Gewerkschaften ließen Österreich auf jeder Korporatismusskala weit vor Deutschland rangieren (vgl. Lehmbruch/Schmitter 1982, Clegg 1976). Die ausgebaute Sozialpartnerschaft avancierte zu einem Markenzeichen der Alpenrepublik (Marin 1982, Katzenstein 1984). Bis heute ist das Ausmaß der Lohnkoordinierung kaum zurückgegangen; nur der Koordinierungsmechanismus hat sich von einer verbandlichen Koordination zur Koordination durch „Lohnführerschaft" gewandelt (Traxler 2001). Auch der tarifvertragliche Deckungsgrad drückt Kontinuität aus. Neue Branchen wie die IT-Industrie, die Sozial- und Gesundheitsdienste oder die Call-Center, die in Deutschland allesamt zu den „tariffreien" Zonen zählen, sind in Österreich erfolgreich in das Tarifvertragssystem integriert worden (Hermann/Flecker 2006).

Eine wichtige Stütze dieser auffälligen Stabilität ist die Pflichtmitgliedschaft der österreichischen Arbeitgeber in der Wirtschaftskammer (WKÖ), dem Verhandlungspartner der Gewerkschaften. Anders als in Deutschland können österreichische Arbeitgeber sich Tarifverhandlungen nicht entziehen, indem sie aus dem Arbeitgeberverband austreten oder diesem gar nicht erst beitreten. In Deutschland ist der sinkende Organisationsgrad auf der Arbeitgeberseite ein wichtiger Grund für den Rückgang des tariflichen Deckungsgrades auf unter 60%. In Österreich ist eine solche Entwicklung bislang nicht möglich.

Nun wäre es verkürzt, wollte man von dem konstant hohen tariflichen Deckungsgrad direkt auf die gewerkschaftliche Durchsetzungsmacht schließen. Einiges deutet darauf hin, dass Tarifverträge in Österreich eine andere Bedeutung haben als in Deutschland. In der Logik des Tauschs stellen Lohnzurückhaltung und ein Verzicht auf verteilungspolitische Ziele die Voraussetzungen für die starke Verhandlungsmacht der österreichischen Gewerkschaften dar. Während der gesamten Nachkriegszeit war die Lohnspreizung trotz des hohen tariflichen Deckungsgrades in Österreich wesentlich höher als in Deutschland (Wall-erstein 1999). Den Gewerkschaften galt die Sicherung von Beschäftigung als vorrangiges Ziel, während der Ausgleich von Lohndisparitäten keinen hohen Stellenwert besaß (Rosner 1999). Die institutionell garantierten Verhandlungser-folge waren bis in die Gegenwart nicht von entsprechenden Rekrutierungserfol-gen begleitet. Spätestens seit den 1990er Jahren sinkt der Organisationsgrad der österreichischen Gewerkschaften, der bis dahin stabil über 50% gelegen hatte. Heute beträgt er Schätzungen zufolge nur noch knapp über 30%. Aufgrund der institutionellen Stabilität des Tarifvertragssystems herrscht in den österreichi-schen Debatten jedoch der Eindruck vor, die gegenwärtige Krise der Gewerk-schaften sei im Unterschied zur deutschen Situation keine umfassende Repräsen-tations-, sondern lediglich eine Mitgliederkrise.

Diese Sichtweise verkennt freilich, dass der sinkende Organisationsgrad auch in Österreich allmählich negativ auf die Durchsetzungsfähigkeit der Ge-werkschaften durchschlägt. Dies lässt sich am Beispiel der Call-Center-Branche verdeutlichen. In ihrer Entwicklung bündeln sich mehrere charakteristische Ent-wicklungstrends der Unternehmensreorganisation: die Dezentralisierung durch Internalisierung von Marktmechanismen und Outsourcing, Flexibilisierung der Produktion und die Ausweitung atypischer, teilweise prekärer Beschäftigungs-verhältnisse. Vor allem in den unabhängigen Dienstleistungsunternehmen, die als Outsourcing-Partner für Unternehmen aus „teuren" Branchen arbeiten, ver-dichten sich die Probleme für die Beschäftigten. Niedrige Entgelte, geringe Be-schäftigungssicherheit und stressintensive Tätigkeiten sind strukturprägend. Zwar ist es der Gewerkschaft der Privatangestellten (GPA) bereits 1998 gelun-gen, die unabhängigen Dienstleistungsunternehmen in die bestehenden Tarifver-träge zu integrieren; aufgrund der fehlenden Organisationsmacht in den Betrie-ben konnte die Einhaltung des Tarifvertrags auf der betrieblichen Ebene aber nicht sichergestellt werden. Die personalpolitischen Strategien eines Großteils der Unternehmen basieren nämlich – etwa im Graubereich der neuen Selbstän-digkeit – auf dem freien Dienstvertrag, einer formal selbständigen Form atypi-scher Beschäftigung, die arbeitsrechtlich nicht in den Geltungsbereich von Tarif-verträgen fällt (Holst u.a. 2007).

Zudem unterscheiden sich die Entgeltstrukturen in der Branche in Deutsch-land und Österreich kaum. In beiden Ländern ist das Entgeltgefälle zwischen den internen Call-Centern in den regulierten Branchen wie Telekommunikation und Finanzdienstleistungen und den unabhängigen Call-Centern groß. Trotz der for-malen Integration der unabhängigen Dienstleistungsunternehmen in das Tarifver-tragssystem ist es auch den österreichischen Gewerkschaften nicht gelungen, die Entgelte aus dem Wettbewerb der Branche zu nehmen. Ihre Appelle an die Poli-tik, die Beschäftigungsverhältnisse in den Call-Centern rechtlich als Scheinselbständigkeit zu klassifizieren und in Normalarbeitsverhältnisse umzuwandeln, haben ebenfalls kaum Gehör gefunden. Zudem decken sich die Befunde aus der Call-Center-Branche mit Entwicklungen in anderen Wirtschaftszweigen (Pernicka/Aust 2007, Fink/Talos 2005). Unser Fazit lautet: Ohne Organisationsbasis in den Unternehmen stehen auch die österreichischen Gewerkschaften trotz weiterhin bestehender institutioneller Vorteile den Restrukturierungsstrategien der Unternehmen relativ hilflos gegenüber. Eine einseitige Konzentration wissenschaftlicher Analyse auf die institutionelle Kontinuität verdeckt die Erosion gewerkschaftlicher Organisations- und Durchsetzungsmacht. Die fortbestehende sozialpartnerschaftliche Einbindung kann den akuten Machtverlust der Gewerkschaften nur unzureichend kompensieren.

3.2 Gewerkschaften in den USA – Krise, Spaltung, Aufbruch?

Von institutioneller Stabilität und Sozialpartnerschaft kann im Kontrastfall USA keine Rede sein. Spätestens mit der Wirtschaftskrise Anfang der 1970er Jahre setzte ein dramatischer Zerfall von Gewerkschaftsmacht ein. Zuvor waren bereits gesetzliche Bestimmungen, die in den Jahren des New Deal unter Roosevelt eine Zusammenarbeit von Kapital und Arbeit erzwungen hatten, sukzessive eingeschränkt und durch Zusatzbestimmungen teilweise zurückgenommen worden. Zudem besteht im voluntaristischen Arbeitsbeziehungs-System ein kompliziertes Verfahren zur Erringung des Kollektivvertretungsrechts. Auf Betriebsebene und von Tarifeinheit zu Tarifeinheit muss die Vertretung durch eine Gewerkschaft in Wahlen durchgesetzt und legitimiert werden. Das Verfahren bietet der Arbeitgeberseite zahlreiche Möglichkeiten, um die Anerkennung von Gewerkschaften zu blockieren. Kompliziertheit des Verfahrens, Widerstand durch Arbeitgeber und professionell betriebene Anti-Gewerkschaftskampagnen sowie mangelnde Aufsicht durch das National Labor Regulation Board (NLRB, eine Kommission zur Aufsicht über die Einhaltung des Arbeitsrechts) bewirken, dass geltendes Arbeitsrecht in der Praxis immer wieder unterlaufen wird. In vielen Betrieben ist die Erringung eines gewerkschaftlichen Vertretungsrechts im Rahmen der NLRB-Bestimmungen nahezu unmöglich.

Im Vergleich zu den österreichischen und den deutschen Gewerkschaften ist nicht nur die institutionelle Einbindung der Arbeitnehmerorganisationen historisch schwach entwickelt, auch die gewerkschaftliche Organisationsmacht war im nationalen Maßstab schon immer gering. Der Einfluss der US-Gewerkschaften hängt im voluntaristischen Industrielle-Beziehungen-System wesentlich vom Organisationsgrad und der Mobilisierungsfähigkeit ab, weshalb die Gewinnung von Mitgliedern schon immer eine Schlüsselfrage gewesen ist. Allerdings wurden, parallel zu den Bemühungen um eine Stärkung von Organisationsmacht, stets auch Strategien der politischen Lobbyarbeit und der Kooperation mit Staat und Arbeitgebern verfolgt. Entsprechende Ansätze dominierten die Politik der American Federation of Labor – Congress of Industrial Organisations (AFL-CIO), dem langjährigen Ansprechpartner der Regierung in Arbeitsfragen. In den ebenso wirtschaftsstarken wie gewerkschaftlich gut organisierten Schlüsselbranchen (Auto, Stahl, Telekommunikation) wurde seit den Hochzeiten wirtschaftlicher Prosperität immer auch auf wertschöpfungsorientierte Ansätze gesetzt. Mit deren Hilfe konnten für die Beschäftigten vergleichsweise große Erfolge erzielt werden, die auch in Zeiten des Abschwungs nicht völlig zu revidieren waren.

Wie in anderen Ländern hängt der Niedergang der Gewerkschaften eng mit dem wirtschaftlichen Strukturwandel zusammen. Im produzierenden Gewerbe fielen allein in den Jahren zwischen 1997 und 2002 etwa 1,9 Millionen Arbeitsplätze weg. Mitgliederverluste der Gewerkschaften von fast 40% waren die Folge (vgl. Bronfenbrenner/Hickey 2003: 3). Der gewerkschaftliche Organisationsgrad, in den Hochzeiten bei 35% rangierend, liegt mittlerweile bei etwa 12,9%. Nur die allmählich zunehmende Organisierung im öffentlichen Sektor gleicht den Verlust an Organisationsmacht in der Privatwirtschaft (Organisationsgrad ca. 9%) aus. Allerdings führen auch in den USA nicht allein strukturelle Ursachen zur Krise gewerkschaftlicher Repräsentation. Vieles lässt sich auf die tradierte „Kollektividentität" (Hyman 1996) und den bürokratischen Repräsentationsmodus der hegemonialen Gewerkschaften und somit auf „hausgemachte" Probleme zurückführen.

Die Einbindung der Gewerkschaften im New Deal, der „Burgfrieden" in den Schlüsselbranchen sowie eine konservative Hegemonie in der AFL-CIO und ihren Mitgliedsgewerkschaften haben historisch einen so genannten „Brot-und-Butter-Ansatz" der Gewerkschaftsarbeit entstehen lassen, der sich ausschließlich auf arbeitsplatzbezogene Fragen konzentrierte und weitergehende politische Forderungen explizit ausklammert. Begleitet wurde diese Ausrichtung von einer ausgeprägten Serviceorientierung gegenüber der Mitgliedschaft und dem bewussten Verzicht auf die Rekrutierung potenzieller Mitglieder in schwach organisierten Branchen und dem expandierenden Dienstleistungssektor. Die einseitige Ausrichtung an diesem Service-Modell bewirkte eine schwindende Mobilisierungsfähigkeit der Gewerkschaften. Eine jahrzehntelange Pflege der Mitglieder als „Kunden" der Organisation sowie die Priorisierung politischer Lobbyarbeit, ließen eine partizipatorische Mitgliederpolitik nicht zu. Die Überwindung passiver Haltungen bei den Mitgliedern ist nach Aronowitz (2005) somit die größte Hürde, die die Gewerkschaften zu überwinden haben, wenn sie ihre Organisationsmacht wieder vergrößern wollen.

Da nicht alle Gewerkschaften gleichermaßen von den Umwälzungen der Wirtschaft betroffen sind, haben sich Krisenwahrnehmung und Handlungsbereitschaft höchst unterschiedlich ausgeprägt. Dabei machen sich auch regionale und lokale Differenzierungen bemerkbar, sodass sich Konflikte um geeignete Handlungsstrategien innerhalb der und zwischen den Ortsgewerkschaften fortsetzen. Die heraufziehende Krise vor Augen, hielten die Gewerkschaften in den Schlüsselbranchen lange Zeit still und behielten ihre Orientierung an legislativen Regelungen bei. Wie etwa die United Steelworkers of America versuchten sie, ihre Branchen mittels Lobbypolitik und Schutzzöllen zu sichern. In Tarifverhandlungen machten sie Zugeständnisse an die Arbeitgeber, um die Jobs ihrer Mitglieder so weit wie möglich zu sichern. Das so genannte concession bargaining (Dore 1996) trat an die Stelle des pattern bargaining, dem Aushandeln eines Vertrages in einem „Leitbetrieb", der in weiteren Tarifverhandlungen der Branche als Muster (pattern) dient. Erst nach und nach wurden neue Wege beschritten, um Outsourcing- und Offshoring-Strategien der Unternehmen wirksam begegnen zu können. Zu nennen sind der Versuch der United Auto Workers (UAW), die Anerkennung der Gewerkschaften in den Zuliefererbetrieben über Vertragsbindungen zwischen Arbeitgebern und Zulieferern festzuschreiben („supply chain integration"), oder die Einführung ethischer Mindeststandards unternehmerischen Handelns für internationale Subunternehmer.

Seit Beginn der 1990er Jahre wurde die Rekrutierung von Mitgliedern in bisher kaum organisierten Dienstleistungsbranchen, vor allem von Gewerkschaften wie SEIU, HERE und UNITE[20], forciert. Im Unterschied zur Tradition des business unionism kamen dabei auch konfrontative Methoden und ausgeklügelte Unternehmenskampagnen zum Einsatz (Hurd u.a. 2003). Das von SEIU entwickelte Programm, „den Jobs zu folgen", bezieht sich vor allem auf die lokal gebundenen und daher schwer zu verlagernden Dienstleistungstätigkeiten wie das Reinigungs- und Bewachungsgewerbe und die Pflegeberufe (vgl. Greven 2006). Die genannten Gewerkschaften verfolgen zudem die Strategie der global union, d.h. sie versuchen angesichts transnational agierender Unternehmen in ihren Kampagnen selbst grenzüberschreitend zu agieren, um in Kooperation mit anderen Gewerkschaften Tarifverträge abzuschließen (Choi 2007).

Zu den Erneuerungsbestrebungen dieser Gewerkschaften gehören Versuche, die NLRB-Wahlen zu umgehen und neue Anerkennungsformen wie Neutralitätsabkommen mit den Arbeitgebern oder die Auszählung von Mitgliedskarten (Bronfenbrenner 2005) zu realisieren, Regelungen, die oft nur per Streik („pres-

---

[20] SEIU (Service Employees International Union), UNITE (Union of Needletrades, Industrial and Textile Employees), HERE (Hotel Employees and Restaurant Employees International Union), seit 2004 UNITE-HERE.

sure into recognition") durchgesetzt werden können. Der Telekommunikations-
gewerkschaft Communications Workers of America (CWA) ist es in den Auseinandersetzungen um die Privatisierung der Telefongesellschaften punktuell
gelungen, wieder auf pattern bargaining zurückzugreifen. Vertragliche Lösungen
sind allerdings häufig nur aufgrund der Einbeziehung und Mobilisierung von
Mitgliedern und Belegschaften möglich gewesen. Gerade die CWA setzt auf die
Werbung neuer Mitglieder durch Mitglieder und verzichtet auf den ressourcenin-
tensiven Einsatz professioneller Organizer, wie es bei SEIU und anderen Gewerkschaften der Fall ist. Gewerkschaften wie SEIU und UNITE-HERE erzielen
ihre größten Erfolge im Rahmen von Kampagnen, die auf der Mobilisierung von
Mitgliedern und auf gemeinsame Aktivitäten mit lokalen Bündnispartnern beruhen. Es handelt sich um Interessenpolitiken, mit deren Hilfe vor allem den Forderungen prekarisierter Teile der Arbeiterschaft mehr Gewicht und Durchsetzungskraft verliehen werden soll.

    In der AFL-CIO führten Streitigkeiten über die strategische Grundorientie-
rung der Gewerkschaften zu einer Ablösung der Meany-Kirkland-Führung und
der von ihnen vertretenen Politik. An ihre Stelle trat ein Bündnis von Metallge-
werkschaften, American Federation of State, County and Municipal Employees
(AFSCME) und SEIU. Der New-Voices-Ansatz wurde vom neuen Präsident
John Sweeney mit dem Versprechen verbunden, mehr Geld und mehr
Gewerkschaftssekretäre für die Organisierung neuer Mitglieder zur Verfügung
zu stellen und die örtlichen labor councils zu reaktivieren, um den Niedergang
der Gewerkschaften aufzuhalten. Das bereits 1989 gegründete organizing-Institut
wurde ausgebaut und eine Abteilung für Mitgliederwerbung des Dachverbands
gegründet, beides mit dem Ziel, örtliche Gewerkschaften in ihrer Arbeit zu
unterstützen und Meta-Aufgaben zu koordinieren (Eckstein 2001). Darüber
versucht man seither, die Einzelgewerkschaften darauf zu verpflichten, mehr
Ressourcen für Mitgliedergewinnung und organizing zur Verfügung zu stellen –
eine angesichts der dezentralisierten Struktur der US-amerikanischen Gewerk-
schaftslandschaft nahezu unmögliche Aufgabe. Während einige Gewerkschaften
diese Agenda aufgegriffen haben, ist der Widerstand in anderen Verbänden groß.
Angesichts mangelnder Eingriffsmöglichkeiten des Dachverbands wird das
Thema von der Mehrzahl der AFL-CIO-Mitgliedsgewerkschaften eher randständig behandelt (vgl. Aronowitz 2005: 274).

    Unter der Sweeney-Präsidentschaft haben Kooperationen mit der Demokra-
tischen Partei und Bemühungen um legislative Veränderungen weiter an Bedeutung gewonnen. Dies trotz der Niederlagen (gescheiterte Gesundheitsreform,
direkte Angriffe auf Gewerkschaften), die die Arbeitnehmerorganisationen wäh-

rend der Ära Clinton hinnehmen mussten.[21] Von den insgesamt 60 Mitgliedsgewerkschaften der AFL-CIO arbeiteten 2003 laut Bronfenbrenner/Hickey (2003) nur sechs nach dem organizing-Modell. Angesichts der immer noch geringen organizing-Aktivitäten der AFL-CIO-Gewerkschaften und der ausbleibenden Erfolge in der politischen Arena formierten sich 2003 die Gewerkschaften SEIU, UNITE, HERE, UBC und LIUNA[22] zur New Unity Partnership, einer Plattform innerhalb der AFL-CIO, um die New-Voices-Agenda der Sweeney-Anfangszeit wiederzubeleben. Die verbündeten Gewerkschaften forderten eine Übernahme des organizing-Modells durch alle Mitgliedsgewerkschaften sowie eine Fusion der 60 Einzelgewerkschaften (mit z.T. äußerst geringen Mitgliedszahlen) zu etwa 20 Branchengewerkschaften. Angesichts mangelnder Erfolge sollten die Gelder für politische Lobbyarbeit und Wahlkampfhilfe minimiert und stattdessen das Budget für organizing auf 30% der Finanzmittel erhöht werden. Die Streitigkeiten kulminierten im Herbst 2005 in der Gründung des Dachverbands Change to Win (CTW), um die Ressourcen der dort versammelten Gewerkschaften, mittlerweile sieben Einzelgewerkschaften, die insgesamt etwa sechs Millionen Mitglieder vertreten, primär für organizing verwenden zu können (vgl. Meyerson 2005). Ob dieser Schritt zu einer Stärkung gewerkschaftlicher Organisationsmacht führt, ist knapp zwei Jahre nach der Spaltung des Dachverbandes noch nicht abzusehen. Gewerkschaften, die erfolgreiche organizing-Kampagnen durchgeführt haben, setzen diese fort, andere haben entweder noch nicht begonnen oder ihre Aktivitäten drohen, wie die der International Brotherhood of Teamsters (IBT) im Hafen von Los Angeles, zu scheitern. Bemerkenswert ist, dass die CTW-Gewerkschaften die Lobbyarbeit als Weg der Gewerkschaftsarbeit wiederentdecken. In Bundesstaaten, in denen Kongresswahlen stattfanden, machten organizing-Gewerkschaften Wahlkampf für die Demokratische Partei (vgl. Meyerson 2006).

Halten wir fest: Angesichts des voluntaristischen Systems der Arbeitsbeziehungen und der dezentralisierten Verhandlungsstrukturen lässt sich organizing in den USA als eine pfadimmanente Handlungsstrategie charakterisieren. In der Praxis verfügen die Gewerkschaften allerdings über einen relativ großen Strategienmix. Doch gleich welche Strategie gewählt wird – eine Umkehr des Abwärtstrends ist noch nicht erreicht (Frege/Kelly 2004: 186). Die erfolgversprechendsten Ansätze lassen sich als Varianten eines social movement unionism (Teil 4) beschreiben, der auf die Aktivierung und Mobilisierung von Mitgliedern

---

[21] Mit ca. 90 Millionen Dollar wurden mehr Gewerkschaftsgelder als je zuvor für den Kerry-Wahlkampf ausgegeben.

[22] UBC (United Brotherhood of Carpenters and Joiners of America, LIUNA (Laborers International Union of North America)

setzt und zur Maximierung des Drucks auf die Arbeitgeber Bündnisse mit außerbetrieblichen sozialen Bewegungen eingeht. Entsprechende Erneuerungsversuche basieren auf institutioneller Unterstützung aus der Gewerkschaftsführung
(„von oben") und Netzwerk-Mobilisierung („von unten") (Hurd u.a. 2003,
Voss/Sherman 2000). Entscheidend für den Erfolg scheint aber die Fähigkeit zu
sein, solche Ansätze in eine umfassendere, kohärente Strategie einzupassen, die
insbesondere auch ethnischen und geschlechtsspezifischen Differenzierungen der
Beschäftigten Rechnung trägt.

3.3 Gewerkschaften in Südkorea – zwischen Wirtschaftskrise und Neuorientierung

Ist social movement unionism in den USA eher die Ausnahme, so war er für die
südkoreanischen Gewerkschaften zumindest in der Ära diktatorischer Regime
(1961-1992) geradezu ein Markenzeichen (Nam 1993, Heide 2000). Seit der
Legalisierung der demokratischen Gewerkschaften und der Überwindung der
Asienkrise suchen die südkoreanischen Gewerkschaften nach einer festen institutionellen Position im wechselhaften System der industriellen Beziehungen.
    Die südkoreanischen Gewerkschaften sind nach dem japanischen Modell
aufgebaut, also nahezu ausschließlich betrieblich organisiert. Tarifverhandlungen
finden (außer im Transport, Bergbau und Textilindustrie) nur zwischen dem
einzelnen Arbeitgeber und der Betriebsgewerkschaft statt. Gewerkschaften sind
vorwiegend in großen Unternehmen vertreten. Unter der Militärdiktatur besaßen
sie auf Grund des restriktiven Trade Union Act von 1963 kaum Entfaltungsmög-
lichkeiten (Mayer 1998). Dennoch entstanden neben den staatlich kontrollierten
Organisationen, seit 1961 zusammengeschlossen in der Federation of Korean
Trade Unions (FKTU), Ende der 1970er Jahre zunehmend unabhängige, demokratische Gewerkschaften, die mit massiven Streiks und militanten Auseinandersetzungen maßgeblich zum Zusammenbruch des autoritären Regimes Chun beitrugen und den Demokratisierungsprozess Koreas einleiteten. Anfang der 1990er
Jahre schlossen sich die unabhängigen Gewerkschaften in der Korean Confederation of Trade Unions (KCTU) zusammen, doch erst nach 1999 erlangt die
KCTU legalen Status. Mit dem rasanten wirtschaftlichen Wachstum in Südkorea
stieg auch der gewerkschaftliche Organisationsgrad bis Ende der 1980er Jahre
stetig an und hatte 1989 im Zuge der Demokratisierungsphase mit 20% seinen
Höchststand. Keun-Sung Ho macht vor allem drei Ursachen für das Wachstum
der koreanischen Gewerkschaften nach 1987 aus: (1) die Lockerung der repres-
siven Arbeitsgesetze, (2) damit verbunden die Entstehung von Angestelltenge-
werkschaften (white-collar-unions), die 1992-93 erstmals staatliche Anerken-

nung erlangten und sich vornehmlich im demokratischen Verband KCTU organisierten, sowie (3) eine wahre „Explosion" von Gewerkschaftsgründungen nach
dem Arbeiteraufstand von 1987 (ebd.).
Trotz der Organisationserfolge demokratischer Gewerkschaften waren die
Arbeitsbeziehungen jedoch weiterhin von restriktivem Arbeitsrecht und repressi-
ven Maßnahmen gegen unabhängige Organisationen geprägt. Der intensivierte
Wettbewerb in den 1990er Jahren und die fortschreitende Internationalisierung
der Produktion wurden zum Anlass für eine weitere Verschärfung der Arbeitsgesetze genommen. Im Dezember 1996 sahen sich die Gewerkschaften mit erheblichen Einschränkungen des Arbeitsrechts konfrontiert, was den größten Generalstreik in der Geschichte Südkoreas mit 1,5 Mio. Streikenden auslöste. Im März
1997 wurden die Reformen zwar erheblich modifiziert, dennoch sind die Arbeitsgesetze ein zentraler Gegenstand von militanten Auseinandersetzungen
geblieben (Mayer 1998).

Seit Mitte der 1990er Jahre ist der gewerkschaftliche Organisationsgrad –
insbesondere nach massiven ökonomischen Einbrüchen im Zuge der asiatischen
Wirtschaftskrise – stetig gefallen. 2006 lag er nur noch bei knapp 10% (Korean
International Labour Foundation 2006). Die Ursachen für den rapiden Niedergang der Gewerkschaften liegen vor allem in den Nachwirkungen der Wirtschaftskrise, die durch die asiatische Finanzkrise ausgelöst worden ist. Im No-
vember 1997 war Südkorea von der asiatischen Finanzkrise erfasst worden. Qua-
si über Nacht brach die Wirtschaft des soeben in die OECD aufgenommenen
„Tigerstaates" zusammen. Das darauf folgende IWF-Austeritäts- und Restruktu-
rierungsprogramm beinhaltete eine marktradikale Wirtschaftsreform, die die
Flexibilisierung und Deregulierung des Arbeitsmarkts, Unternehmensrestruktu-
rierungen (Auflösung der Unternehmenskonglomerate „chaebol") sowie umfassende Privatisierungen vorsah. Diese Maßnahmen hatten einen dramatischen
Anstieg der Arbeitslosigkeit, zahlreiche Insolvenzen von kleinen und mittleren
Unternehmen und die rapide Auflösung des Normalarbeitsverhältnisses zur Folge. An die Stelle von lebenslangen, gesicherten Anstellungen traten zunehmend
kurzfristige, unsichere Beschäftigungsverhältnisse, die mittlerweile den größeren
Anteil an der gesamten Erwerbstätigkeit ausmachen. Die Gewerkschaften verloren infolge von Massenarbeitslosigkeit und Prekarisierung innerhalb kürzester
Zeit einen erheblichen Teil ihrer Mitgliedschaften. Nach langen Jahren des Zuwachses an Organisationsmacht gerieten sie in die Defensive. Ihre schwindende
Verhandlungsmacht drückte sich in weitreichenden Zugeständnissen an die Arbeitgeber aus (concession bargaining, Lohnkürzungen zur Standortsicherung).

Nach anfänglichen Weigerungen beider Gewerkschaftsverbände, am Re-
strukturierungsprozess teilzunehmen, bildeten sie 1998 schließlich zusammen
mit Arbeitgebern und der neu gewählten Regierung mit dem von den Gewerk-

schaften unterstützten Kim Dae-Jung als Präsidenten eine tripartistische Kommission. Diese Kommission war insofern bedeutsam, als die KCTU damit offiziell als Verhandlungspartner anerkannt wurde und die Gewerkschaften das erste Mal auf politischer Ebene operierten. Die Kommission sollte das Krisenmanagement übernehmen und verfolgte im Wesentlichen zwei Ziele: Die Restrukturierung der koreanischen Ökonomie und des Arbeitsmarktes auf partnerschaftliche Weise sowie die Anpassung der Arbeitsgesetze an internationale OECD-/ILO-Standards. Im Februar 1998 wurde der erste Sozialpakt der koreanischen Geschichte, „der große Kompromiss", verkündet, der eine Legalisierung der KCTU und die Erweiterung von grundlegenden Arbeiterrechten sowie das Organisierungsrecht für Beschäftigte des öffentlichen Dienstes vorsah (Kim/Kim 2003).

Die koreanische Ökonomie konnte sich nach der Krise überraschend schnell regenerieren. Das erneute Wachstum führte zu einem Rückgang der Arbeitslosigkeit auf ein durchschnittliches Level, zu einem leichten Anstieg des gewerkschaftlichen Organisationsgrades und zu einer Annäherung zwischen den beiden gewerkschaftlichen Dachverbänden, da mit der Anerkennung der KCTU die FKTU ihre staatliche Förderung verlor. Dies verlieh den Gewerkschaften die notwendige Stärke, wieder offensive Tarifpolitik zu betreiben. Durch „giveback-bargaining" mittels verstärkter Streikaktivitäten konnten die koreanischen Gewerkschaften Lohnsteigerung von bis zu 10% erzielen.

Dennoch fiel der Organisationsgrad nach 1998 wieder kontinuierlich, und so beschlossen die Gewerkschaften verschiedene strategische Neuausrichtungen auf politischer, organisatorischer und ökonomischer Ebene. Obwohl die Gewerkschaften die Speerspitze der Demokratiebewegung bildeten, gelang es ihnen nie, das politische Feld zu besetzen. „Unions had no place in the political arena and no opportunity to exert pressure on policy makers." (Ho 2002: 234) Geprägt von den Ohnmachts-Erfahrungen in den Zeiten der Wirtschaftskrise „(...) it is desireable for unions to be more policy-oriented than strike-oriented in the deepening economic crisis" (ebd.).

Eine Konsequenz hieraus war die Gründung einer demokratischen Arbeiterpartei im Jahr 2000, die 2004 auf Anhieb zehn Sitze im Parlament gewinnen konnte. Der Aufbau von Industriegewerkschaften (nach deutschem Modell), gesetzlich möglich nach 1998, wurde nun zum wichtigsten Anliegen der Gewerkschaften. Mit ihrer Gründung waren mehrere Hoffnungen verknüpft: (1) die Institutionalisierung der Arbeitsbeziehungen, (2) die Aufhebung der innergewerkschaftlichen Konkurrenz, (3) Durchsetzungsmacht für kollektive Lohn- und Arbeitsverhältnisse auf sektoraler Ebene sowie (4) die Integration von irregulär Beschäftigten.

Die zunehmende Ausbreitung von irregulärer Beschäftigung seit der Asienkrise ist zum drängendsten Problem für die Gewerkschaften geworden. Die Prekarisierung hatte nicht nur zu einer Spaltung der Belegschaften, sondern auch zu
einer Welle von Gewerkschaftsneugründungen geführt. Es sind spezielle Organisationen irregulär Beschäftigter entstanden, die sich nicht den Dachverbänden
angeschlossen haben (Kim/Kim 2003: 363). Aufgrund der wachsenden Bedeutung dieser Organisationen und der rapide sinkenden eigenen Mitgliederzahlen,
begann die KCTU 2000 mit der Anerkennung und der Aufnahme der neuen
Gewerkschaften in den Dachverband (Yun 2007: 18). Am 1. Dezember 2005 rief
der KCTU gar zu einem Generalstreik für die Rechte irregulär Beschäftigter auf.
Diese Anzeichen einer Öffnung und Erneuerung der koreanischen Gewerkschaften bilanziert Ho mit folgenden Worten:

„The 1970s and 1980s were the era of struggle for political freedom and worker
rights; the decade after the political opening of 1987 was the era of attempts to culti-
vate a mature partnership between politics and the economy. During the last ten
years, unions have weathered democratization and globalization simultaneously.
They have realized that to maintain worker unity across enterprise unions is not easy
in a democratizing and globalizing economy due to the diverse interests of workers
and intense market competition among firms. Although it will take time for unions
to overcome these challenges, past experience indicates that they will grow into
strong and healthy organizations in the Republic of Korea." (Ho 2002: 263)
[„Die 1970er und 1980er Jahre stellten die Periode des Kampfs für politische Frei-
heits- und Arbeitnehmerrechte dar; das Jahrzehnt nach der politischen Öffnung von
1987 war die Ära der Versuche, eine Art reifer Partnerschaft (mature partnership)
zwischen Politik und der Wirtschaft zu begründen. In den letzten zehn Jahren waren
die Gewerkschaften mit den Prozessen der Demokratisierung und Globalisierung
gleichzeitig konfrontiert. Sie haben begriffen, dass die Einheit der Beschäftigten
über Unternehmensgrenzen hinweg in einer demokratisierten und globalisierten
Ökonomie nicht leicht zu erhalten ist – nicht zuletzt aufgrund der Ausdifferenzierung der Beschäftigteninteressen einerseits und des intensivierten Marktwettbewerbs
der Firmen andererseits. Obwohl die Gewerkschaften einige Zeit benötigen werden,
um diese Herausforderungen zu meistern, zeigt die bisherige Erfahrung doch, dass
sie sich in Korea zu starken und lebensfähigen Organisationen entwickeln werden."]

3.4 Gewerkschaften in Südafrika – vom Social Movement Unionism zur Institutionalisierung

Wie Südkorea gelten auch die südafrikanischen Gewerkschaften als ein Musterbeispiel für social movement unionism. Das Beispiel Südafrika zeigt, dass gewerkschaftliche Organisationsmacht, Ausmaß und Form von Arbeitskonflikten

keineswegs monokausal auf den sozioökonomischen Wandel zurückgeführt werden können. Ironischerweise waren es der Sieg der Anti-Apartheid-Bewegung und das oft als neoliberal apostrophierte GEAR-Programm (Growth, Employment and Redistribution Strategy) des African National Congress (ANC), die Südafrika auf den globalen Markt für Direktinvestitionen katapultiert haben. Die „blühende" Gewerkschaftsbewegung Südafrikas geht daher nicht auf Kapitalflucht (Arbeitsplatzverlust durch grenzüberschreitende Standortkonkurrenzen) zurück, sondern ist nur als Teil der Anti-Apartheid-Bewegung zu verstehen.

Ab Mitte der 1940er Jahre konsolidierte sich die weiße Vorherrschaft in Südafrika unter dem Label der „Apartheid". Die schon zuvor existente Segregation am Arbeitsplatz wurde nun zunehmend rechtlich abgesichert und führte zur Entwicklung zweier Systeme industrieller Beziehungen in Südafrika. Das System für weiße Arbeiter war im Kern an britische Verhältnisse angelehnt, es basierte auf Verhandlungen und „closed-shop agreements". Diese Übereinkommen funktionierten in vielerlei Hinsicht auf Kosten der schwarzen Mehrheit, etwa wenn Lohnsteigerungen für weiße Arbeiter durch Lohnsenkungen bei schwarzen Beschäftigten erkauft wurden. Das gesamte System fußte auf rassistisch segregierten Gewerkschaften, wobei schwarze Gewerkschaften weniger Rechte besaßen. Während das weiße labor-relations-System auf Einbindung durch Verhandlungen beruhte, sprach man beim System für schwarze Arbeiter von einem „racial despotism" (Donnelly/Dunn 2006: 2). Eine heute noch nachwirkende Folge dieser segregationistischen Politik war eine massive Ungleichverteilung der Einkommen. In den 1970er Jahren erhielt ein schwarzer durchschnittlich 20% des Gehalts eines weißen Arbeiters.

Trotz der widrigen politischen und rechtlichen Bedingungen haben schwarze Gewerkschaften in Südafrika den Kampf für bessere Arbeits- und Lebensbedingungen aufgenommen. Ihre Taktiken umfassten zunächst „disruption of disciplinary hearings, wildcat strikes, go-slows and overtime bans" (von Holdt 2000: 102–106). Donnelly und Dunn datieren den Beginn einer breiten radikalen Gewerkschaftsbewegung in Südafrika auf 1973, als sich landesweit über 100.000 Arbeiter in wilden Streiks und Demonstrationen gegen schlechte Arbeitsbedingungen und rassistische Segregation wehrten.[23] Den Kulminationspunkt dieser Bewegung bildete 1985 die Gründung des Dachverbands Congress of South

---

[23] „Afterwards, the movement was energized and radicalized. The launch of new unions of greater ambition led to sustained organization and militancy on the shop-floor, with the aim of rendering apartheid work relations ungovernable. To that end an increasingly robust shop steward system emerged." (Donnelly /Dunn 2006: 6)
[„In der Folge wurde die Bewegung gestärkt und radikalisierte sich. Die Gründung neuer, ambitionierter Gewerkschaften führte zu größerer Beständigkeit und Kampfbereitschaft auf dem shop-floor, mit dem Ziel Apartheid in den Arbeitsbeziehungen unmöglich zu machen. Auf diese Weise konnte ein stabiles System von Arbeitnehmervertretungen entstehen."]

African Trade Unions (COSATU) von schwarzen und gemischten Gewerkschaften. In den zwei Jahrzehnten vor dem Ende des Apartheid-Regimes gelang es den Gewerkschaften, ihre Mitgliederzahlen deutlich zu erhöhen. Von 670.000 im Jahr 1976 stieg sie auf 3,8 Millionen im Jahr 1998. Darüber hinaus konnte der Organisationsgrad im produzierenden Gewerbe, im öffentlichen Dienst und im Bergbau auf 50% gesteigert werden – in der Folge sank der Anteil der weißen Arbeiter am Einkommen zwischen 1970 und 1996 von 71% auf 52%.

Weil sie sich nicht auf betriebliche Belange beschränkte oder ausschließlich Lohnverhandlungen führte, sondern eine gesellschaftspolitische Rolle ausfüllte, galt die südafrikanische Gewerkschaftsbewegung wissenschaftlichen Beobachtern als ein Musterbeispiel für social movement unionism. Die Bewegung war kämpferisch, dynamisch und erfolgreich. Selbst Zugeständnisse seitens der Unternehmen oder des Apartheid-Establishments führten nicht zu einer Pazifizierung. Bereits Ende der 1970er Jahre reagierte das Apartheidregime mit Konzessionen an die erstarkende Gewerkschaftsbewegung. Zwischen 1979 und 1982 kam es zu einer Reihe von Reformen, die den schwarzen Gewerkschaften Verhandlungsrechte einräumten (Baskin 1991: 26 ff.). Das Ziel einer Einbindung konnte damit aber nicht erreicht werden, im Gegenteil: „The attack on apartheid merely became more ferocious." (Donnelly/Dunn 2006: 7)

Diese Form einer „popularen Radikalität" entstand aber, so Karl von Holdt in einer Studie über die Transformation von Gewerkschaften in der Post-Apartheids-Ära, nicht einfach aus äußerlichen Allianzen in sich autonomer Organisationen.[24] Bedeutsam für die Konstitution der „popularen" Identität der südafrikanischen Gewerkschaften war (und ist) vor allem eine gegenseitige Durchdringung von Interessen und Identitäten, die aufgrund des rassistisch strukturierten Arbeitsalltags möglich wurden (von Holdt 2002: 288). Diese außerbetrieblichen Ressourcen gewerkschaftlicher Identität mündeten zum Teil auch in innergewerkschaftliche Konflikte, etwa zwischen migrantischen Arbeitern und Township-Bewohnern. Die oftmals als charakteristisch für social movement unions geltenden militanten Praktiken waren nach von Holdt auf eine Allianz zwischen migrantischen Arbeitern und der Jugendbewegung der 1980er Jahre zurückzuführen. Im Falle der Migranten überlagerten sich oftmals kulturelle Rituale und Praktiken mit gewerkschaftlichen Aktivitäten.[25]

---

[24] Wobei anzumerken bleibt, dass unter der Apartheid Gewerkschaften die nahezu einzigen legalen politischen Organisationen für Schwarze waren und daher strukturell „Partei"-Funktionen übernahmen (Lier/Stockke 2006: 810).

[25] „The Pedi migrant workers took their traditional form of collective discipline and punishment [...] and applied these to their new form of collective organization in the workplace" (ebd.: 289). Diese Überlagerung führte zu Konflikten mit den Arbeitern, die der Gruppe der Zulu angehören und in Townships mit ihren Familien wohnen. Die Migranten galten den Einheimischen als unverantwortlich und die Township-Bewohner umgekehrt als unzuverlässige Streikbrecher.

Die Widersprüche zwischen sozialer Bewegung und zentralisierten Apparaten waren auch der Anti-Apartheidbewegung nicht fremd. Die „Lösung" bestand für den ANC im Wesentlichen in einer Strategie politischer Mobilisierung, bei der die Kontrolle über Aktionen in der Hand der Führung liegen sollte: „‚the tap' strategy was the dominant position within the ANC whereby mass action should be controlled like a tap one can turn off and on." (Johnson 2002: 239) Damit wollte man verhindern, dass unkontrollierte Aktionen die Verhandlungsmacht des ANC untergraben. Dieses Changieren zwischen Einbindung und Entfesselung antagonistischer Potenziale ist sowohl für den ANC als auch für Gewerkschaften nach dem Ende der Apartheid prägend geblieben. Mit dem Sieg der Anti-Apartheid-Bewegung kam es tendenziell zu einer Trennung von politischem und gewerkschaftlichem Kampf, schließlich war mit dem ANC die „eigene" Bewegung an der Macht. Diese Transformation war Anlass neuer Fragmentierungsprozesse, aber auch Auslöser einer Rekomposition von Arbeitermacht in Gestalt eines neuen Kampfzyklus. Kurz: Was unter Apartheid-Bedingungen Grundlage für starke Solidarisierung werden konnte, entwickelte sich nun zum Humus für eine radikale Klassenfragmentierung (von Holdt 2002: 295). Bemerkenswert ist, dass der Dachverband COSATU im Lichte der veränderten politischen Konstellationen seinerseits damit begonnen hat, politische Strategien von Gewerkschaften des Nordens zu adaptieren. Die neue Strategie (gelabelt als „strategic unionism") bestand in einer Kombination aus radikaler Demokratie im Unternehmen, Verlagerung der Entscheidungsfindung auf den shop floor, Zurücknahme autoritärer Kontrollstrukturen sowie besserer Ausbildung und Bezahlung. Um dies zu erreichen, bedurfte es eines Richtungswechsels in der Konfliktkultur der Gewerkschaften. In vielen Fällen stieß diese Neuorientierung auf Widerstand bei Arbeitern, die daran festhielten, dass man gegen alles, was vom Management kommt, Widerstand leisten muss (ebd.: 296).

Wegen ihrer bedeutenden Rolle beim Sturz des Apartheidregimes wurden die Gewerkschaften in der Post-Apartheid-Ära in die Aushandlungen um einen neuen Klassenkompromiss eingebunden.[26] Nicht nur die neue Rolle in der Arena des politischen Tauschs, auch die soziale Mobilität, die sich für viele Gewerkschaftsfunktionäre mit der Machtübernahme des ANC verband, ließ überkommene Gewerkschaftsidentitäten brüchig werden (von Holdt 2002, Buhlungu 2003, Lier/Stokke 2006). Vorbild für eine Umorientierung der südafrikanischen Gewerkschaften waren gerade nicht angelsächsische, sondern „nordeuropäische" Gewerkschaften. An die Stelle der auf diese Weise weitgehend inkorporierten Arbeiterbewegung ist seit 1994 eine breite Grassroots-Bewegung getreten, die sich nunmehr entlang der Konsolidierungspolitik des ANC und deren sozialer

---

[26] „The unions had to be incorporated and their influence channelled to serve national and industrial needs, not merely those of their members in specific companies" (Donnelly/Dunn 2006: 20).

Folgen entwickelt hat. Kampagnen, wie die Aktionen gegen Räumungen aufgrund unbezahlter Wasser- oder Stromrechnungen, wurden im Post-Apartheid-Südafrika zur wichtigsten sozialen Bewegung (Desai 2003). Diese oppositionellen Bewegungen bringen die führenden Gruppen in COSATU und ANC immer wieder in Legitimationsnöte (Khan 2007).

Für die Gewerkschaften in Südafrika dürfte es künftig wohl nicht darum gehen, an alte „glorreiche Zeiten" anzuknüpfen, sondern solche Grassroots-Bewegungen zum Anlass zu nehmen, um bürokratisch-korporatistische Erstarrungen zu korrigieren und als „stärkste Macht" unter den Subalternen strategische Orientierung zu bieten:

„Social-movement unionism implies an active strategic orientation that uses the strongest of society's oppressed and exploited, generally organized workers, to mobilize those who are less able to sustain self-mobilization: the poor, the unemployed, the casualized workers, the neighborhood organizations" (Moody 1997: 276). [„Social movement unionism bringt eine aktive strategische Orientierung mit sich, die die stärkste Gruppe der gesellschaftlich unterdrückten und ausgebeuteten Beschäftigten, die aber in der Regel organisiert ist, aktiviert, um jene Gruppen zu mobilisieren, die dazu aus sich heraus nicht in der Lage sind: die Verarmten, Arbeitslosen oder Prekären und die Nachbarschaftsorganisationen."]

3.5 Fazit: Von der Bewegung zur Institution und wieder zurück?

Was lässt sich aus diesen – hier nur sehr knapp skizzierten – Fällen für eine zeitgemäße Gewerkschaftsforschung lernen? Wir präsentieren sechs vorläufige, teils inhaltliche, teils methodische Schlussfolgerungen.

1. Ökonomischer Strukturwandel, Internationalisierungsstrategien von Unternehmen und damit verbundene Standortkonkurrenzen haben offenbar keinen schlichten Wettlauf nach unten in Gang gesetzt, der zu einer irreversiblen Schwächung sämtlicher Spielarten von Arbeitermacht führt. Selbst grenzüberschreitende Produktionsverlagerungen münden in neue geographische Fixierungen und schaffen so die Basis für neue Arbeiterklassen und -bewegungen an den jeweils bevorzugten Produktionsstandorten. Auch weil sich die Zentren wichtiger Industriebranchen (Schiffbau, Automobil) teilweise in die sich entwickelnden Staaten verschoben haben, sind in Ländern wie Südkorea und Südafrika, aber auch in Brasilien oder den Philippinen starke Arbeiterbewegungen entstanden, die nicht nur für bessere Arbeitsbedingungen und höhere Löhne kämpfen, sondern auch an der Spitze von Demokratiebewegungen stehen oder gestanden haben. Die Entwicklungen

in den einzelnen Ländern sind überaus widersprüchlich, aber sie belegen doch, dass mit jeder neuen räumlichen Fixierung von Kapital zugleich eine Diffusion von Produktionsmacht einsetzt. Unternehmen können zwar Produktionsstandorte verlagern, um Arbeits- und Lohnstandards in den Zentrumsländern zu unterlaufen. Sicher vor Arbeitskämpfen sind sie dadurch jedoch nicht. Im Gegenteil, Produktionsverlagerungen finden meist in einer Phase des Produkt-Zyklus statt, in welcher Extra-Profite nicht mehr zu erzielen sind. Das schmälert den Spielraum für soziale Kompromisse, und entsprechend explosiv sind die Arbeitskämpfe in den für Investoren vermeintlich paradiesischen Ländern der südlichen Peripherie. Strukturelle Macht entlädt sich in den neuen Zentren zunächst in Arbeiterunruhen, in spontanen Bewegungen und Konflikten. Diese können jedoch, wie die Fälle Südkorea und Südafrika belegen, auch neue Formen gewerkschaftlicher und politischer Organisationsmacht hervorbringen. Entsprechende Prozesse sind längst nicht abgeschlossen. Einiges spricht dafür, dass die VR China über kurz oder lang zu einem neuen Zentrum von Arbeiterkämpfen (Silver 2005: 212, Lüthje 2006) mit welthistorischer Bedeutung werden kann.

2. Vergleicht man die vier exemplarisch ausgewählten Fälle, so zeichnen sich interessante Ungleichzeitigkeiten und Phasenverschiebungen ab. Das wissenschaftliche Konzept des social movement unionism ist Ende der 1980er Jahre als Versuch entstanden, die lebendigen Gewerkschaftsbewegungen in einigen Ländern des Südens, darunter Südkorea und Südafrika, zu verstehen. Die Krise institutioneller Macht, wie sie selbst im „kleinen Korporatismus" Österreichs unter der Oberfläche stabiler Arbeitsbeziehungen gärt, hat Minderheiten in den Gewerkschaften der alten industriellen Zentren veranlasst, solche Konzepte zum Bezugspunkt der Debatte um ihre eigene Erneuerung zu machen. Umgekehrt orientieren sich die Gewerkschaften in Ländern wie Südkorea und Südafrika am kontinental- oder nordeuropäischen Beispiel, d.h. sie zielen mit ihren Aktivitäten auf eine Institutionalisierung von Arbeiter- und Gewerkschaftsmacht, wie sie in den sozialstaatlich regulierten Kapitalismen noch immer Praxis ist. Bei diesen Ungleichzeitigkeiten und Phasenverschiebungen ist zu bedenken, dass sich Nord-Süd-Spaltungen auf neuer Stufenleiter reproduzieren. Räumliche Kapitalfixierungen in den sich entwickelnden Staaten schwächen die Nord-Süd-Spaltung zwar ab, technologische und Produktfixierungen stellen die Ungleichheiten jedoch unter anderen Vorzeichen wieder her (Silver 2005: 213 f.). Insofern unterscheidet sich die postkoloniale Welt des Südens mit ihren sozialen Missständen und ihrer potenziell großen Arbeitermacht nach wie vor erheblich von den entwickelten Kapitalismen mit ihren mehr oder minder institutionalisierten Arbeiterrechten. Die Gewerkschaften des Südens

versuchen in vielerlei Hinsicht wenigstens annäherungsweise zu erreichen, was die kontinentaleuropäischen Gewerkschaften mit Zähnen und Klauen zu verteidigen suchen: relativen Wohlstand, Beschäftigungssicherheit, politische Teilhabe und Schutz vor den großen Risiken der Lohnabhängigkeit. Trotz dieser Einschränkung liefern die Fallbeispiele wichtige Fingerzeige für das Verhältnis von Produktions-, Organisations- und institutioneller Macht. Ein Vorteil institutioneller Macht ist, dass sie den Gewerkschaften und den von ihnen repräsentierten Gruppen relativ unabhängig von ökonomischen und politischen Konjunkturen zur Verfügung steht. Dies nicht zuletzt, weil, wie der österreichische Fall zeigt, institutioneller Macht immer schon ein Zwang zum Kompromiss innewohnt. Der gleiche Fall illustriert aber auch, dass institutionelle Macht zu einer leeren Hülle wird, sofern sie sich nicht in Konflikten und Organisationsanstrengungen erneuert. Umgekehrt, das zeigen die Beispiele aus Südkorea und im Grunde auch den USA, bewirken schwache Institutionen, dass ökonomische und politische Krisen rasch in eine Destruktion gewerkschaftlicher Organisationsmacht umschlagen können. Eine Erneuerung von Gewerkschaften kann also nicht bedeuten, die eine einfach durch die andere Machtressource zu ersetzen. Vielmehr kommt es auf die konkreten Mischformen und Praktiken an, die es erlauben, sämtliche Machtressourcen optimal zu nutzen.

3. Dementsprechend suchen die LRS nicht nach der einen besten Praxis gewerkschaftlicher Revitalisierung; vielmehr gehen sie von einem Bündel an Erneuerungsstrategien aus, die z.T. parallel angewendet werden, in einem Spannungsverhältnis zueinander stehen oder sich ergänzen können. Aufgabe einer zeitgemäßen Forschung wäre es, innovative Strategien zu identifizieren und die Bedingungen, die für Erfolg oder Misserfolg ausschlaggebend sind, herauszuarbeiten (Turner 2004: 5). Gewerkschaftsstrategien lassen sich sowohl mit Blick auf die Situation, in der sie als Reaktion auf veränderte Bedingungen entstehen, als auch hinsichtlich ihrer Ergebnisse analysieren (Turner 2005: 392). In diesem Zusammenhang stellt sich die Frage nach Kriterien für innovative, kreative Praktiken. Unsere Fallstudien liefern auch hier wichtige Hinweise. Innovativ und kreativ nennen wir solche Praktiken, die angesichts radikal veränderter Handlungsbedingungen geeignet sind, den „Ohnmachtszirkel gewerkschaftlicher Desorganisation" zu durchbrechen, indem sie den gewerkschaftlichen Akteuren zusätzliche Ressourcen zur Verfügung stellen und zur Stärkung von Organisationsmacht verhelfen. In diesem Zusammenhang gilt allerdings, dass nicht jede innovative Praxis automatisch zu einer Stärkung gewerkschaftlicher Organisationsmacht führt, wie z.B. die österreichischen Tarifabkommen in den neuen Branchen belegen. Innovative Praktiken müssen auch nicht zwangsläufig im

Rahmen bestehender gewerkschaftlicher Organisationsformen entstehen. Denkbar ist, dass Repräsentationsdefizite zu neuen Bewegungen und Organisationsformen führen, die sich zunächst unabhängig von offiziellen Gewerkschaftsorganisationen entwickeln. So ist es kein Zufall, dass sowohl die südkoreanischen als auch die südafrikanischen Gewerkschaften im Zuge ihrer beginnenden Institutionalisierung mit „labour unrest" und neuen sozialen Bewegungen außerhalb ihrer Organisationen konfrontiert werden. Informelle, widerständige Praktiken, finden sich aber auch in den westlichen Kapitalismen. Dies sei angemerkt, weil sich die nachfolgenden Überlegungen primär auf die Organisationsmacht von Gewerkschaften beziehen.

4.   Unsere Fallbeispiele belegen, dass Erneuerungsstrategien, die in höchst unterschiedlichen Kontexten entstehen, sich durchaus als Bezugspunkte einer internationalen Diskussion um die Revitalisierung von Gewerkschaften eignen. Allerdings wird auch deutlich, dass die nationalen Arbeitsbeziehungs-Systeme relativ unabhängig von ihrem Institutionalisierungsgrad eine Art „Filter" darstellen, der dem Organisationslernen von Gewerkschaften Grenzen setzt. Ein wichtiger Versuch, Voluntarismus-Vorwürfen zu begegnen, besteht deshalb darin, innovative Praktiken im Kontext unterschiedlicher nationaler Industrielle-Beziehungen-Systeme und Gewerkschaftsmodelle zu verorten. In Anlehnung an die Unterscheidung divergenter Kapitalismus-Modelle (Crouch/Streeck 1997, Albert 1992) haben Frege/Kelly (2004) das Konzept der varieties of unionism entwickelt, das den institutionellen Besonderheiten nationaler Systeme industrieller Beziehungen Rechnung tragen soll. Im Rahmen einer Ländervergleichsstudie haben diese Autoren gemeinsam mit einem internationalen Forscherteam Strategien der Gewerkschaftserneuerung in Deutschland, Großbritannien, Italien, Spanien und den USA untersucht. Die Studie kam zu dem Ergebnis, dass die Wahl der Strategie und damit verbundene Erfolgsaussichten maßgeblich von drei Faktoren abhängen: dem Modus der Institutionalisierung von Arbeitsbeziehungen (IR-Systeme), dem Regierungs- und Unternehmenshandeln sowie tradierten Gewerkschaftsidentitäten. Demgemäß stehen Gewerkschaften unterschiedliche Möglichkeitsräume zur Verfügung, innerhalb derer sie Entscheidungen treffen und Strategien entwickeln. Insgesamt lassen sich sechs Hauptstrategien der Gewerkschaftserneuerung identifizieren: (a) Mitgliederwerbung und -einbindung („organizing"), (b) Sozialpartnerschaft, (c) politische Aktivitäten, (d) Bündnispolitiken, (e) Organisationsreformen und (f) internationale Zusammenarbeit. Diese Strategien führen in den untersuchten Ländern jeweils zu unterschiedlichen Ergebnissen, was Frege/Kelly (2004: 187) auf „pfadabhängige" Ursachen zurückführen, die nach Auffassung der Autoren aus den nationalen Besonderheiten organisierter Arbeitsbeziehun-

gen resultieren (ähnlich, aber mit einer eher machttheoretischen Akzentuie-
rung Behrens/Hamann/Hurd 2004[27]). Die methodischen Implikationen solch
institutionalistischer Ansätze sind klar. Einfache Adaptionen gewerkschaftlicher Praktiken, ihr Transfer von einem institutionellen Kontext in einen
anderen, gilt als wenig aussichtsreiches Unterfangen. Der gut gemeinte Rat
an die gewerkschaftlichen Akteure lautet dann jeweils: Schuster bleib bei
deinem Leisten, lerne, aber lerne in den Grenzen, die dir die Institutionen
deines nationalen Modells setzen. Dass die österreichischen oder auch die
deutschen Gewerkschaften vom social movement unionism südafrikani-
scher oder südkoreanischer Prägung lernen könnten, muss angesichts dieser
Prämisse als höchst unwahrscheinlich gelten. Lernprozesse werden allenfalls in umgekehrter Richtung, als Akte einer nachholenden Modernisierung, akzeptiert. Nach unserer Auffassung birgt ein solches Herangehen jedoch die Gefahr einer Pfadhermetik in sich, die Spielräume für strategic
choice zu eng definiert. Einmal von der Schwierigkeit abgesehen, durch einen komplexen institutionellen Rahmen hindurch auf einzelne Strategien in
spezifischen Branchen und Unternehmen zugreifen zu wollen, übersehen
„harte" Pfadabhängigkeitsthesen, dass sich die Basiskompromisse, auf denen die Institutionen der organisierten Arbeitsbeziehungen beruhen, seit geraumer Zeit in Bewegung befinden. Wie gezeigt, sind Institutionensysteme
selbst in Österreich so stark ausgehöhlt oder, wie in den USA, so porös,
dass deren formierende Kraft gegenüber der Erprobung neuer Strategien zurück tritt. Dies gilt umso mehr, als in den jeweiligen Ländern stets verschiedene Strategieansätze nebeneinander bestanden haben. Dieser Pluralismus
an Handlungsstrategien wird durch die Krise gewerkschaftlicher Repräsentation eher noch gestärkt. Dass strategische Vielfalt einer homogenisieren-
den Pfadlogik zum Opfer fällt, die sich auf antiquierte Vorstellungen einer
längst vergangenen Systemstabilität gründet, ist dagegen eher unwahrscheinlich (vgl. Turner 2005: 389).
5. Ins Methodische übersetzt bedeutet dies, dass es kaum möglich ist, innovative Praktiken inmitten fest gefügter nationaler Arbeitsbeziehungssysteme,
Gewerkschaftsmodelle und Gewerkschaftsidentitäten zu verorten. Die Dynamik des zeitgenössischen Finanzmarktkapitalismus (Windolf 2005), die
„Sozialeigentum" (tarifliche Normen, Mitbestimmungsrechte, Sozialleis-
tungen, öffentliche Güter, vgl. Castel 2005) einschränkt, begrenzt, be-
schneidet oder gar beseitigt, existiert – wie die Länderstudien belegen – in

---

[27] Die Autoren unterscheiden vier Dimensionen, anhand derer Zugewinn oder Verlust von Macht
analysiert werden kann: Mitgliedschaft, ökonomische Macht und hier vor allem tarifliche Verhandlungsmacht (21 f.), politische Macht sowie die institutionelle Dimension und hier in erster Linie die
Organisationsreform der Gewerkschaften selbst.

unterschiedlichen Variationen in allen westlichen Kapitalismen. Ja, sie macht nicht einmal vor den sich entwickelnden Staaten halt. Divergente Industrielle-Beziehungen-Systeme variieren offenbar in ähnlich gelagerten Problemkonstellationen und Veränderungsdynamiken. Deshalb ist es auch wahrscheinlich, dass trotz „institutioneller Filter" über die Grenzen nationaler Gewerkschaftsmodelle und Kollektividentitäten hinweg ähnliche Praktiken und Handlungsstrategien entstehen. Die breite Adaption von Konzepten wie social movement unionism und organizing spricht hier für sich. Auch in Deutschland werden, wie zu zeigen ist (vgl. Teil 5), Elemente dieses Ansatzes längst erprobt – und zwar völlig unabhängig davon, ob institutionalistische Argumentationen dies für sinnvoll erachten oder nicht. Für eine empirisch orientierte Forschungs- und Suchstrategie ergibt sich daraus, dass es notwendig ist, homologe, strukturell ähnliche Praktiken in den Fokus zu rücken (Bourdieu/Wacquant 1996). Es geht um Praktiken, die geeignet erscheinen, gewerkschaftliche Organisations- und Deutungsmacht unter den Bedingungen der neuen Landnahme zu stärken. Es sind strukturelle Gründe, etwa die machtpolitische Stabilität des Finanzmarktkapitalismus, die dafür sprechen, innovative strategische Praktiken ins Zentrum der Analyse zu rücken. Erneuerungsbemühungen, etwa die Adaption von organizing-Ansätzen, können auf diese Weise aus einer Perspektive der Übertragbarkeit analysiert und diskutiert werden.

6. Wenn wir uns nachfolgend primär auf die wissenschaftliche Debatte um organizing-Konzepte konzentrieren, könnte dies als eine unproduktive Beschränkung von Erneuerungsstrategien auf die Frage der Mitgliederrekrutierung interpretiert werden (Katz/Batt/Keefe 2003: 574). Aus unserer Sicht sprechen jedoch vor allem drei Gründe dafür, organizing-Ansätze und deren wissenschaftliche Reflexion prominent zu gewichten. Der *erste Grund* ist der reale Problemdruck. So unterschiedlich die skizzierten Fälle einschließlich des deutschen auch sein mögen, sie alle machen deutlich, dass die Stärkung der Organisationsmacht zu einer Schlüsselfrage für die internationale Gewerkschaftsbewegung geworden ist. Nicht nur in den Zentren, auch in den sich entwickelnden Staaten entscheidet die Organisationsmacht zunehmend über die Durchsetzungsfähigkeit von Gewerkschaften. Eben dies erklärt die breite wissenschaftliche Debatte über organizing-Ansätze, die über die angelsächsischen Kapitalismen hinaus längst auch auf kontinentaleuropäische Staaten und Länder des Südens ausstrahlt. *Zweitens* ist damit in Ansätzen ein intellektueller Bezugsrahmen entstanden, der es Wissenschaftlern wie Praktikern erlaubt, ihre Erfahrungen einzuordnen und zu systematisieren. *Drittens* schließlich können auf diese Weise Weichenstellungen für Lernprozesse vorgenommen werden, die sich nicht an der einfachen moder-

nisierungstheoretischen Vorstellung einer linearen Zeit orientieren. Für die US-amerikanischen Gewerkschaften besaßen organizing-Strategien schon immer eine größere Bedeutung als für kontinentaleuropäische, sozialpartnerschaftlich eingebettete Arbeitnehmerorganisationen. Aufgrund der Praxisrelevanz dieser Strategie ist auch die Erforschung solcher Ansätze weiter fortgeschritten. Angesichts der anhaltenden Krise gewerkschaftlicher Repräsentation wäre es fahrlässig, wenn man hierzulande auf die Rezeption entsprechender Forschungen verzichten würde.

4 Organizing – Gewerkschaften (re)organisieren

Thesen:

1. Die breite Rezeption und Diskussion des organizing-Ansatzes über die Grenzen nationaler Industrielle-Beziehungen-Systeme hinweg ist an sich schon ein überraschendes Faktum. Gegenüber einer Lesart, die im organizing den Königsweg gewerkschaftlicher Erneuerung sieht, ist gleichwohl Skepsis angebracht.

2. Ein weit gefasstes organizing-Konzept rückt die Stärkung gewerkschaftlicher Organisationsmacht ins Zentrum aller Aktivitäten, ist aber mehr als eine Methode zur Rekrutierung neuer Mitglieder. Beteiligungsorientierung, social movement unionism (SMU), comprehensive campaigns und coalition building sind zentrale Bestandteile dieses Ansatzes, der gegenwärtig in höchst unterschiedlichen Industrielle-Beziehungen-Systemen erprobt wird.

3. Inhaltlich gehört zu einem weiten organizing-Verständnis, dass sich Gewerkschaften wieder stärker als soziale Bewegungen verstehen – ein Anspruch, der sich in Themen, Identitäten, Organisationsstrukturen und Mobilisierungsformen niederschlagen muss. Ein wichtiges Mittel des social movement unionism sind comprehensive campaigns, Kampagnen, in deren Verlauf sich die gewerkschaftliche Politik selbst nachhaltig verändert.

4. Zu organizing-Ansätzen gehört coalition building, eine Politik der Bündnisse mit sozialen Bewegungen, deren Ressourcen – auch – für die Gewerkschaften genutzt werden sollen. Coalition building ist für Bereiche mit bereits stark geschwächten Gewerkschaften unabdingbar, wirft aber bei den Bündnispartnern die Frage nach wechselseitigem Nutzen auf.

5. Weit gefasste organizing-Ansätze können prinzipiell auf unterschiedliche Beschäftigtengruppen zielen. Mit ihrer starken Betonung von Gerechtigkeitsfragen stoßen sie z.B. bei den überwiegend schwach organisierten Gruppen prekär Beschäftigter auf Resonanz. Es gibt aber auch Beispiele für erfolgreiches organizing in hochqualifizierten Angestelltengruppen.

Nachfolgend wollen wir die schillernde Diskussion um die Erneuerung von Gewerkschaften anhand des Themenschwerpunktes organizing verfolgen. Für eine solche Schwerpunktsetzung spricht nicht zuletzt die große Bedeutung, die das

organizing-Thema in den internationalen Debatten inzwischen erhalten hat. Aus-
gehend von den angelsächsischen Ländern sind organizing-Ansätze zu einem
wichtigen Bezugspunkt veränderter gewerkschaftlicher Praxen und damit auch
von wissenschaftlicher Forschung geworden. Von Australien (z.b. Cregan 2005,
Griffin/Moors 2004) über lateinamerikanische Staaten, etwa Brasilien (z.b. Antunes 2001), bis hin zu asiatischen Ländern wie Südkorea (z.b. Chun 2005) prägt
das organizing-Thema die Debatten um gewerkschaftliche Erneuerungsstrategien.

Angesichts der Vielfalt länderspezifischer Arbeitsbeziehungssysteme kann
von einem festen Set an Konzeptionen und Instrumenten, die als organizing zu
bezeichnen wären, allerdings keine Rede sein. Die Frage, was eigentlich unter
organizing zu verstehen ist, wird dementsprechend in der Literatur höchst unterschiedlich beantwortet. Daher wollen wir uns in einem ersten Schritt (4.1) mit
einem Grundlagentext der organizing-Literatur und seiner kritischen Reflexion
(4.2) auseinandersetzen. Anschließend wird ein weites organizing-Verständnis
begründet und anhand von fünf Kriterien konkretisiert. Diese Kriterien sind das
Verhältnis von Mitgliedern und Organisation (4.3), das Selbstverständnis von
Gewerkschaft als sozialer Bewegung (4.4), die Kampagnenfähigkeit von Gewerkschaften (4.5), die Rolle der Bündnispolitik (4.6) sowie die Anforderungen
an organizing in Segmenten mit hochqualifizierter oder prekärer Arbeit (4.7).

4.1 Organizing: ein Ansatz zur Revitalisierung der Gewerkschaften

In einer Studie, die mittlerweile zu einem Klassiker der Revitalization-Literatur
geworden ist, haben Kim Voss und Rachel Sherman (2000) organizing als Ansatz sowohl zur Werbung und Einbeziehung von Mitgliedern in die Gewerkschaftsarbeit als auch als Organisationsentwicklung in Richtung einer partizipationsorientierten Mitgliederorganisation beschrieben. Eine mittels organizing
betriebene Erneuerung von Gewerkschaften setzt sich von einem, nicht nur in
den USA praktizierten, Servicemodell gewerkschaftlicher Arbeit (Dienstleistungen für Mitglieder) ab und geht zugleich über die Formel von Gewerkschaft als
sozialer Bewegung (Beteiligung von Mitgliedern, aktionsorientierte, durchaus
auch militante und konfrontative Gewerkschaftspraxis, breite politische Agenda)
hinaus (ebd.: 316). Nach der von Voss/Sherman vorgeschlagenen weiten
Begriffsdefinition erfordert organizing die Überwindung bürokratischer Strukturen und eingeschliffener Praktiken in den Gewerkschaften.[28]

---

[28] Zur Identifizierung einer vollständig zum organizing-Modell reformierten Gewerkschaft entwickeln sie Kriterien für organisationale (im Wesentlichen Merkmale der Ressourcenallokation) und für

Die Autorinnen, die unter anderem Intensivbefragungen von gewerkschaftlichen Organizern durchgeführt haben, verweisen auf drei Faktoren, die zur Erklärung des organisationalen Wandels herangezogen werden können: (1) auf der Ebene der örtlichen Gewerkschaft findet ein Führungswechsel statt. (2) Gewerkschafter, die „von außen" kommen und Erfahrungen in sozialen Bewegungen gesammelt haben, bringen neue Impulse in das Gewerkschaftshandeln ein. (3) Der organisationale Wandel wird durch die Zentrale, die Bundesgewerkschaft, gefördert und unterstützt. Nur wenn diese drei Faktoren zusammenkommen, sei eine grundlegende Erneuerung möglich[29], argumentieren Voss/Sherman.

Die Autorinnen dokumentieren damit den organisationssoziologisch eher unwahrscheinlichen Fall, dass bürokratische Apparate den institutionell scheinbar vorgegebenen Pfad organisationaler Entwicklung verlassen, um in vergleichsweise kurzer Zeit zu einer grundlegenden Erneuerung ihrer Praxisformen zu gelangen.[30] Entscheidend für die Veränderung der Organisation und ihrer Praxen ist die Präsenz von Gewerkschaftern, die über Erfahrungen in sozialen Bewegungen bzw. Gemeinwesenorganisationen verfügen. Diese Personen sind nicht in eingefahrenen Gewerkschaftstraditionen verfangen und können deshalb

---

strategische Erneuerung (vor allem Merkmale des taktischen Repertoires), vgl. Voss/Sherman 2000: 316.

[29] „Our data show that three factors in conjunction distinguish the fully revitalized locals from others: the experience of an internal political crisis, which facilitated the entrance of new leaders into the local, either trough international union intervention or local elections; the presence in the local of staff with social movement experience outside the labor movement; and support from the international union. Any of these factors alone was not enough to spur full revitalization; only in combination do they explain why fully revitalized locals both had staff committed to making changes and were successful in making those changes, while others did not." (Voss/Sherman 2000: 325 f.)
[„Unsere Daten zeigen, dass das Zusammenspiel von drei Faktoren den Unterschied zwischen den deutlich revitalisierten Ortsgruppen und dem Rest markiert: die Erfahrung einer internen politischen Krise, die den Zugang von neuem Führungspersonal in die Organisation erleichterte – entweder durch Gewerkschaftsintervention von oben oder durch Wahlen vor Ort; das Vorhandensein von Aktiven vor Ort, die Erfahrung mit sozialen Bewegungen außerhalb der Gewerkschaften hatten; schließlich die Unterstützung des übergeordneten Dachverbands. Alleingestellt könnte keiner dieser Faktoren eine Revitalisierung hervorbringen; Erst in der Kombination lässt sich erklären, warum Gewerkschaftsgliederungen sowohl auf Hauptamtliche zurückgreifen konnten, die sich dem Wandel verschrieben hatten, als auch, warum sie diesen Wandel im Unterschied zum Rest erfolgreich bewerkstelligen konnten."]
[30] Dabei wird auch auf erfolgreiche Methoden aus den Hochzeiten des Congress of Industrial Organizations (CIO) zurückgegriffen. Das gilt z.B. für die Mobilisierung von Arbeitern in Aktionen, die Arbeitgeber direkt attackieren, für die starke Betonung sozialer Gerechtigkeit und Menschenwürde und für corporate campaigns, die die Geschäftspartner der Arbeitgeber oder der Aufsichtsräte in direkte Aktionen einbeziehen. Weiterhin spielen Medienkampagnen und Bündnisse mit sozialen Bewegungen eine wichtige Rolle (ebd.: 311f.). Vgl. David Palmer (1999: 238), der dies am Beispiel der CIO-Hafenarbeitergewerkschaft IUMSWA historisch nachzeichnet und Kriterien für erfolgreiches Organizing benennt (ebd.: 234f), die denen von Voss/Sherman in weiten Teilen entsprechen; zu den CIO-Taktiken vgl. auch Nicholson 2004: 216 ff.

in der Gewerkschaft mit dem nötigen Nachdruck zur Verbreitung innovativer Handlungsstrategien beitragen (ebd.: 327). Hinzu kommt, dass „bewegungssozialisierte" Gewerkschafter in der Regel für eine Vielfalt an Gerechtigkeitsproblematiken (ebd.: 329) aufgeschlossen sind. Zudem verfügen sie über Erfahrungen mit zivilgesellschaftlichen Mobilisierungsansätzen, die sie auch in den Gewerkschaftskontext einbringen können (ebd.: 330). Außerdem sind diese Aktivisten in der Lage, Bündnisbeziehungen zu anderen sozialen Bewegungen zu knüpfen und deren Ressourcen für die Gewerkschaft zugänglich zu machen (ebd.: 331). Ein Fazit der Studie von Voss/Sherman lautet, dass jene Gewerkschaften erfolgreicher bei der Mitgliederwerbung, auch bei z.T. ausgeschlossenen und schwach organisierten Minderheiten oder Frauen sind, die sich grundlegend erneuern und beim organizing neue Strategien anwenden (ebd.: 312 f.).

Richard Hurd, Ruth Milkman und Lowell Turner (2003) kommen in einem Überblicksbeitrag zu den Revitalisierungsstrategien der US-amerikanischen Gewerkschaften zu anschlussfähigen Ergebnissen, indem sie zwei wesentliche Einflussfaktoren für Erfolge identifizieren: institutionelle Unterstützung der Gewerkschaftsführung („von oben") und Netzwerk-Mobilisierung („von unten").[31] Untersuchungen britischer Gewerkschaften von Andy Danford, Mike Richardson und Martin Upchurch (2002), aber auch Studien von Edmund Heery, John Kelly und Jeremy Waddington (2003) bestätigen diese Befunde. In Heerys Untersuchung wurden 1400 (Rücklauf: 600) Gewerkschaftssekretäre („union officers with a broad responsibility for organizing, bargaining and representing") aus insgesamt 19 britischen Gewerkschaften nach den zentralen Anlässen für organisationalen Wandel ihrer Organisationen befragt. Heery verweist auf die Bedeutung der Unterstützung von Veränderungsbemühungen durch die Gewerkschaftsführung; je gefestigter diese Unterstützung, desto größer sei auch die Veränderungsbereitschaft an der Basis (Heery 2005: 97).

Analysen der Versuche australischer Gewerkschaften, das organizing-Modell zu importieren, wie sie von Gerard Griffin und Rosetta Moors (2004) mit Dokumentenanalysen und Experteninterviews (mit Gewerkschaftsbeschäftigten) durchgeführt wurden, unterstreichen die große Bedeutung der Haltung gewerkschaftlicher Führungsgruppen zum organizing. Als Reaktion auf ihren Niedergang versuchte der australische Dachverband Australian Council of Trade Unions (ACTU) bereits Anfang der 1990er Jahre, von den US-amerikanischen Gewerkschaften zu lernen und etablierte 1994 das Programm „Organizing Works" (OW) – ein Gegenstück zur „Organizing Academy" des britischen Trades Union

---

[31] „Local union reform efforts ... depend for their development and sustainability on *both* strategic support from the national union *and* new rank-and-file leadership and mobilization." (Hurd/Milkman/ Turner 2003: 100) Auch diese AutorInnen verfolgen in ihrer Forschung eine Perspektive der strategic choice.

Congress (TUC). Erste Versuche, die Industriegewerkschaften auf den organizing-Ansatz einzuschwören, scheiterten am mangelnden Krisenbewusstsein und der fehlenden Unterstützung durch die Organisationsspitzen der Industriegewerkschaften – und dies, obwohl die organizing-Aktivitäten durchaus zu Rekrutierungserfolgen geführt hatten.[32] Erst als sich Ende der 1990er Jahre die Krise gewerkschaftlicher Interessenvertretung weiter verschärft hatte und neue Gewerkschaftsführungen gewählt worden waren, wurde der organizing-Ansatz durchsetzungsfähig.

Jack Fiorito (2004) zieht aus seinen Forschungen zu britischen Gewerkschaften[33] den Schluss, dass die Effektivität von organizing nicht allein von einer hohen Priorität für Mitgliederrekrutierung und den dafür erforderlichen organizing-Strukturen abhängt. Ebenso wichtig sei, dass Gewerkschaften sich innovativ in der Wahl der Methoden und Felder ihrer Aktionen verhielten, dass sie ihre Entscheidungsfindung dezentralisierten und für die Beteiligung der Mitglieder öffneten. Ähnlich argumentiert Andy Charlwood (2004), der dazu auf die Individualdaten aus dem Workplace Employee Relations Survey (WERS) zurückgreift. Aus dem gleichen Grund sieht Fiorito im „organizing model" sowohl einen Weg zur Mobilisierung der Mitglieder als auch zur Organisierung zuvor nicht organisierter Gruppen. Durch „Mitgliederselbstbestimmung" sei das organizing-Modell von service-orientierten Gewerkschaftsmodellen zu unterscheiden.

Einen Versuch zur Systematisierung von organizing-Praktiken hat Edmund Heery (2003) vorgenommen. Demnach variieren die Modelle der gewerkschaftlichen Mitgliedergewinnung beim Ausmaß des Engagements und der Ressourcenallokation (nebenbei versus strategisch), der Richtung und dem Stellenwert von Mitgliedergewinnung (Konsolidierung versus Expansion) sowie bei den angewandten Methoden und deren Nachhaltigkeit (Einzelkampagnen versus fortlaufende Aktivitäten, vgl. Heery/Adler 2004: 46-48). Als Formel lässt sich festhalten: Je dezentralisierter die Vertragsverhandlungen und die jeweiligen Modelle organisierter Arbeitsbeziehungen, desto größer ist die Relevanz von Mitgliedergewinnung für die Gewerkschaften. In diesem Kontext halten Rick Fantasia und Kim Voss (2004) eine direkte Ansprache von Arbeitern, eine Kommunikation „von Angesicht zu Angesicht", für den entscheidenden Punkt. Gewerkschaftsmitglieder offensiv für Leitungsfunktionen zu werben, Arbeiter mit Blick auf eine Gründung und Führung von Arbeitsplatzkomitees zu qualifizieren sowie die Entdeckung direkter Aktionen als Quelle kollektiver Durchset-

---

[32] „Overall, therefore, without strong leadership support and facing a hostile culture, the organising model was unlikely to succeed." (Griffin/Moors 2004: 45).
[33] Es handelte sich dabei um eine Mischung aus qualitativen Interviews und einer quantitativen Umfrage bei den Beschäftigten britischer Gewerkschaften.

zungsfähigkeit sind nach Ansicht der Autoren wichtige Essentials für erfolgreiches organizing (Fantasia/Voss 2004: 127 f.).

4.2 Konzeptionelle Probleme und Kritik

Wie schon angedeutet, ist bereits die breite Rezeption von organizing als Erneuerungsansatz über die Grenzen nationaler Systeme industrieller Beziehungen hinweg ein überraschendes Faktum. Denn es kann kein Zweifel bestehen, dass die präsentierten Befunde stark von den US-amerikanischen Erfahrungen und den Besonderheiten der angelsächsischen Systeme industrieller Beziehungen geprägt sind. Gegenüber einer Leseart, die im organizing *den* Königsweg gewerkschaftlicher Erneuerung sieht, ist, darauf wird in der einschlägigen Literatur hingewiesen, allerdings Skepsis angebracht.

Gerade wegen seiner breiten Rezeption wird der organizing-Ansatz im Spektrum der labor revitalization studies (LRS) inzwischen durchaus kontrovers diskutiert. Eine der ersten und nach wie vor fundiertesten Kritiken stammt von Carola Frege (2000). Die Bedeutung des Ansatzes verortet sie in drei Dimensionen: methodisch (innovative Werbepraktiken, ebd.: 266 f.), inhaltlich (social movement unionism, ebd.: 267 f.) sowie strukturell (aktive Integration der Mitglieder in die „Beteiligungsgewerkschaft", ebd.: 268). Ein ausgereiftes theoretisches Modell sieht sie im organizing-Ansatz trotz dessen großen Popularität bislang nicht:

> „... das Organisierungsmodell ist das, was innovative amerikanische Gewerkschaften heutzutage machen wollen und/oder praktizieren. Eine Theorie ist damit noch nicht entwickelt. Weder sind die notwendigen und hinreichenden Bedingungen geklärt, noch ist klar, wie (d.h. mit welcher Theorie) die Kausalität zwischen unabhängigen (z.B. militante Ideologie) und abhängigen Variablen (z.B. Mitgliederzuwachs) erklärt wird" (ebd.: 274).

Über die Erfolge dieses Ansatzes lägen zu wenig gesicherte Daten vor. Konzeptionelle Probleme sieht Frege in folgenden Punkten: (1) Es gebe keine konkreten Aussagen über praktizierte Werbetechniken; (2) es bleibe unklar, in welchem Zusammenhang Inhalt und Methode stünden, denn offenkundig fehlten längerfristige Strategien erfolgreicher Mitgliederbindung nach der Organisierung; (3) Basisdemokratie sei keine notwendige Bedingung für Organisierung und (4) darüber hinaus blieben die empirischen Belege für eine Effektivität und

Verbreitung des Modells schwach.[34] Ferner (5) sei zu bezweifeln, dass das organizing überhaupt ein „testbares, empirisch überprüfbares Modell" darstelle, außerdem (6) fehle dem Ansatz eine theoretische Grundlage (ebd.: 274). Darüber hinaus lässt sich feststellen, dass auch die Erforschung der Geschichte des organizing noch immer in den Anfängen steckt.[35]

Die Effektivität von organizing ist nicht zuletzt eine Frage der finanziellen und personellen Ressourcen. Aus der Sicht von Simon R. de Turberville (2004) sprechen vor allem hohe Kosten gegen die organizing-Bemühungen der britischen Gewerkschaften. In seinem Überblicksartikel vertritt er die Auffassung, dass organizing Ressourcen verschlingen kann, die an anderer Stelle gebraucht werden, ohne selbst zu den erwünschten Ergebnissen zu führen.[36] Ein weiterer Kritikpunkt de Turbervilles bezieht sich speziell auf die Art der Durchsetzung von organizing in Großbritannien. Dort sei organizing „von oben" eingeführt worden, d.h. durch die Gewerkschaftsführung des TUC bei mangelndem Rückhalt an der Gewerkschaftsbasis. Ein Vorgehen, das in krassem Widerspruch zu den „bottom-up"-Ansprüchen vieler organizing-Vertreter stehe.

Der Streit um die Allokation von Ressourcen (Geld, Personal und Infrastruktur) und um die Weisungsbefugnis gegenüber Einzelgewerkschaften ist bereits aus den Diskussionen der US-Gewerkschaften in den 1990er Jahren bekannt. Er kulminierte, wie schon angesprochen, 2005 in der Spaltung des Dachverbandes der US-Gewerkschaften. Dort sorgte vor allem das Instrument des Trusteeship für große Unruhe. Anders als der Dachverband verfügen Bundesgewerkschaften über die Möglichkeit, ihre Ortsgewerkschaften unter Zwangsaufsicht zu stellen, wenn z.B. Korruption im Spiel ist oder die lokalen Gewerkschaften den Beschlüssen der Bundesversammlung nicht nachkommen. Letzteres war in den 1990er Jahren Anlass für den damaligen Präsidenten der SEIU, John Sweeney, von diesem Instrument Gebrauch zu machen. Nur so konnte der Beschluss der Bundesversammlung, 30% der Ressourcen für Mitgliederwerbung und -organisierung zur Verfügung zu stellen, durchgesetzt werden (Fantasia/Voss 2004: 136, Voss/Sherman 2000). Die Entwicklung in den USA zeigt, wie problematisch die Implementierung von Strategien verlaufen kann, wenn bei einem geplanten Strategiewechsel nicht ausreichend Zeit für die Binnenkommu-

---

[34] Es gibt vergleichsweise wenige Studien, die die Effektivität des Organisierungsmodells untersuchen. Dazu gehören u.a. Bronfenbrenner/Hickey 2003, Bronfenbrenner u.a. 1998, Fiorito u.a. 1994.

[35] Erste Ansätze dazu liefern Sam Luebke und Jennifer Luff (2003) in ihrer Zusammenstellung unterschiedlicher Studien oder auch David Palmer (1999).

[36] Allerdings liegt dieser Kritik eine Rechnung zugrunde, die nur kurzfristig aufgeht. In dem Maße, wie neue Mitglieder ausbleiben, so schreibt Bob Carter (2006) in seiner Entgegnung auf de Turberville, versiegen die Ressourcen der Gewerkschaften. Gerade die vom Stellenabbau besonders betroffenen Gewerkschaften verlieren dadurch langfristig ihre Organisationsmacht und Handlungsfähigkeit.

nikation vorhanden ist. Im schlechtesten Fall führt das zu einer Ablehnung jed-
weder Erneuerung (Danford u.a. 2002). Dieser Problematik muss in der Diskussion um die Übertragung von Strategien sicher größere Aufmerksamkeit gewid-
met werden.

Die skizzierten Einwände benennen Grenzen und Schwachstellen der orga-
nizing-Debatte. Vor allem Freges Kritikpunkte bilden einen guten Ansatzpunkt
für eine Fortführung einer Diskussion, die vorschnelle Begeisterung vermeidet,
ohne schlichter Ignoranz das Wort zu reden. Dabei geht es Kritikern wie Frege
vor allem um eine Ausweitung empirischer Forschungen zum Gegenstand. Frege
möchte die Suche nach innovativen Praktiken nicht auf das Organisationsmodell
begrenzt wissen. Allerdings – und das ist eine gewisse Schwäche ihres Textes –
schwankt sie zwischen einer Kritik an der Rezeption/Debatte (Wissenschaft) und
Kritik am Organisierungsmodell (Gewerkschaften) selbst. Beide Ebenen müssen
jedoch voneinander getrennt werden. Und auch der Vorwurf der Theorielosigkeit
greift allenfalls bedingt, schließt kreatives Handeln doch gerade aus, dass es sich
ohne weiteres in bereits vorhandene theoretische Formeln und Kategorien zwän-
gen lässt. Hinzu kommt, dass das von Frege favorisierte institutionalistische
Konzept (varieties of unionism) aller Differenzierungen zum Trotz unter der
Hand doch immer wieder dazu tendiert, eine Art Pfadhermetik zu konstruieren,
die den Spielraum für „strategic choice" zu eng definiert. Anders gesagt: Unter
den Bedingungen einer tiefen Krise der meisten kontinentaleuropäischen Systeme organisierter Arbeitsbeziehungen fällt es auch unter methodischen Gesichts-
punkten schwer, „pfadkonforme" von „nicht-pfadkonformen" Praktiken zu unterscheiden. Umgekehrt erfordert die Überwindung der tiefen Krise gewerkschaftlicher Repräsentation möglicherweise Lernprozesse, die einen gewissen
Bruch mit der Logik institutionalisierter Praktiken beinhalten. Vor allem aber
liegt auf der Hand, dass es sich bei den im organizing-Modell gebündelten Praktiken bislang allenfalls um zarte Pflänzchen handelt, deren Resultate man präzise
wohl erst mit längerem zeitlichen Abstand wird beurteilen können. Aus diesem
Grund halten wir es für wenig sinnvoll, die organizing-Aktivitäten allzu rasch an
Effizienzkriterien zu messen.[37]

Alles in allem lässt sich festhalten: organizing-Ansätze sind zu einem wichtigen Bezugspunkt sowohl der Debatten unter Gewerkschaftspraktikern als auch
der labor revitalization studies geworden. Dabei zeigt sich, dass der organizing-
Begriff selbst definitionsbedürftig ist. Dort, wo entsprechende Konzeptionen in
die gewerkschaftliche Praxis einsickern, setzen alsbald Definitionsbemühungen,
mitunter auch Definitionskämpfe um das „richtige" Verständnis von organizing

---

[37] So auch Britta Rehder in ihrem Beitrag im Rahmen der Konferenz „Revitalisierung von
Gewerkschaften" am 2. Dezember 2006 in Jena.

ein. Hier wollen wir mit unserer Expertise ansetzen. Bei der nachfolgenden Literaturaufbereitung orientieren wir uns an einem weiten Verständnis von organizing, das entsprechende Ansätze zu einer Art „Bewegungsmodell" von Gewerkschaften ausweitet. In diesem Zusammenhang leuchten wir organizing-Ansätze anhand verschiedener Kriterien genauer aus. Beginnen wollen wir mit den Beziehungen zwischen einfachen Gewerkschaftsmitgliedern und Aktivisten, einer Nahtstelle, die – wie gezeigt (vgl. Kapitel 2.6) – für die Qualität gewerkschaftlicher Repräsentation von entscheidender Bedeutung sein kann.

4.3 Veränderte Beziehungen zwischen Mitgliedern und Funktionären

Strategisch bedeutet organizing, die Organisationsmacht der Gewerkschaften ins Zentrum aller Aktivitäten zu rücken. Organizing-Konzepte zielen, sofern man sie aus dem engen Korsett einer Methode zur Rekrutierung neuer Mitglieder (external organizing) befreit, auch darauf, eine primär passive Repräsentation aufzubrechen und die Gewerkschaftsmitglieder z.b. auf der Betriebsebene aktiv in das System der Interessenvertretung zu integrieren („internal organizing"), um so die Mobilisierungsfähigkeit insgesamt zu erhöhen (Frege 2000: 268, Markowitz 1999, Bronfenbrenner/Hickey 2003, Fiorito 2004). Konstitutives Element eines weiten organizing-Ansatzes ist dementsprechend ein verändertes Verhältnis zwischen Funktionärskörper bzw. aktiven Gewerkschaftern auf der einen und einfachen Mitgliedern auf der anderen Seite. Der Aufbau einer partizipativen „Mobilisierungskultur" gilt in einem Gutteil der LRS-Literatur als geeignetes Mittel, zuvor passive Mitglieder aktiv in die Gewerkschaftsarbeit einzubinden.

Als Hindernis für „internal organizing" benennt Stanley Aronowitz[38] die verbreitete Konsumentenhaltung vieler Mitglieder, die sich nach Jahrzehnten „stellvertretender" Interessenpolitiken in business unions, die Mitgliederbindung durch Serviceleistungen (Beratung, Versicherungen etc.) zu festigen suchten, etabliert hat (Aronowitz 2005: 273). Im Kontrast dazu loben Hans Björkman und Tony Huzzard[39] das schwedische Kundenmodell, das Telefonumfragen nutzt, als einen explizit beteiligungsorientierten Ansatz (Björkman/Huzzard 2005: 84). In den schwedischen Gewerkschaften wurden Customer-Relationship-Management-Systeme eingeführt, wie sie aus der Privatwirtschaft schon länger bekannt sind. Die Etablierung von Call-Centern stellt hier durchaus eine Lösung für spezifische Probleme dar – ein Faktum, das sich auch auf den besonderen

---

[38] Aronowitz versteht seinen Debattenbeitrag in Working USA auch als Plädoyer für eine neue Unabhängigkeit der Gewerkschaften von der Democratic Party.
[39] Die Fallstudie wurde von einem gewerkschaftsinternen und einem externen Forscher durchgeführt. Die Autoren haben dazu sowohl auf Dokumente als auch auf Experteninterviews zurückgegriffen.

politisch-institutionellen Kontext zurückführen lässt: Während die US-amerikanischen Gewerkschaften in einem voluntaristischen System und einem vergleichsweise gewerkschaftsfeindlichen Kontext agieren, sind die institutionellen Absicherungen gewerkschaftlicher Handlungsmacht in Schweden noch weitgehend intakt. Auch das politische Klima ist aufgrund der ausgeprägten antigewerkschaftlichen Einstellungen in den USA nicht vergleichbar. In diesem Kontext stellt eine verbesserte Kommunikationsfähigkeit der Gewerkschaften mittels des Einsatzes moderner Technologien durchaus eine Möglichkeit dar, die nachlassende Präsenz in den Betrieben bis zu einem gewissen Grad zu kompensieren. Die schwedische Praxis bedeutet gerade keine Abkehr vom Dienstleistungsansatz, vielmehr zielt sie auf eine Verbesserung der Dienstleistungsqualität. Dieser Ansatz kann freilich, gerade weil er erfolgreich ist, die Gefahr einer Verstetigung von Konsumentenhaltungen bei den Mitgliedern nicht bannen. Bleibt es bei dieser Art des Verhältnisses von Repräsentierten und Repräsentanten, steht zu befürchten, dass steigende Mitgliederzahlen durchaus mit schwindender Mobilisierungsfähigkeit einhergehen könnten.

Linda Markowitz (1999) hat auf der Basis teilnehmender Beobachtungen und Intensivinterviews mit Beschäftigten sowie Gewerkschaftsoffiziellen anhand von zwei erfolgreichen organizing-Kampagnen (Bob's Grocery Stores (BGS) und Geofelt Manufacturing (GM), eine nach dem partizipationsorientierten organizing- und eine nach dem Service-Modell) untersucht, was geschieht, wenn organizing endet („after organizing ends"). Ihr Befund: Je stärker die Gewerkschaftsmitglieder in Entscheidungsfindungen einbezogen werden, desto eher sind sie in der Lage, ein Selbstbewusstsein als Gewerkschafter („union as workers") zu entwickeln und aktiv zu werden.

„The main difference between the BGS and the GM campaign was the amount of control over the organizing process that the unions gave the workers. Worker at GM participated during the campaign and attained self-efficacy because of it. Even after the campaign, BGS workers were unclear about how the campaign had achieved success. Yet after both campaigns, unions excluded workers from contract negotiations. In response, BGS workers felt defeated and GM workers actively resisted their exclusion. These contrasting responses to similar contract events are comprehensible only when we consider that the workers experienced different organizing campaigns and, hence, developed different skills for interpreting events after the campaigns ended." (Markowitz 1999:12)
[„Der größte Unterschied zwischen der BGS- und der GM-Kampagne war der Grad an Kontrolle, den die Gewerkschaft den Beschäftigten zugestand. Die Beschäftigten von GM partizipierten an der Kampagne und erlangten dadurch Selbstvertrauen. Sogar nach Beendigung der Kampagne war den Beschäftigten von BGS nicht klar, wie die Kampagne zum Erfolg geführt hat. Nach beiden Kampagnen hat die Gewerkschaft die Beschäftigten von den Vertragsverhandlungen ausgeschlossen. Als Reak-

tion darauf fühlten sich die BGS-Beschäftigten hintergangen und die Beschäftigten von GM bekämpften ihren Ausschluss aktiv. Diese unterschiedlichen Reaktionen auf dieselben Vertragsverhandlungssituationen sind nur verständlich, wenn wir berücksichtigen, dass die Beschäftigten unterschiedliche Organisierungskampagnen erlebten und demzufolge unterschiedliche Interpretationsfähigkeiten für die Situation nach Beendigung der Kampagne entwickelten."]

Direkte Mitgliederpartizipation ist demnach ein entscheidendes Element von organizing-Ansätzen, die nachhaltig veränderte Beziehungen zwischen Mitgliedern und gewerkschaftlichen Apparaten anvisieren. Dieses Ziel wird in dem Maße erreicht, wie es gelingt, Solidarisierungen der Gewerkschaftsmitglieder untereinander und damit ihre Bindung an die Gewerkschaft zu stärken.[40]

Auch Christian Lévesque u.a. (2005) haben anhand einer großen, quantitativ angelegten Studie (n=2300 Gewerkschaftsmitglieder) für die kanadischen Verhältnisse belegt, dass trotz steigender Heterogenität der (potenziellen) Mitglieder, deren Einschätzungen über die Sinnhaftigkeit von Gewerkschaften nicht notwendigerweise ins Negative abgleiten müssen. Die Analysen der kanadischen Forschergruppe belegen, dass „union democracy" ein nachhaltiger Schlüssel zur Abwehr von Mitgliederunzufriedenheit sein kann. Mit anderen Worten: Innergewerkschaftliche Demokratie und reale Partizipationsmöglichkeit besitzen die mit Abstand höchste Erklärungskraft (einer großen Zahl getesteter Variablen) bei der Beantwortung der Frage, welche Relevanz die Mitglieder ihrer Gewerkschaft beimessen.

Melanie Simms (2005, 2007) fragt ebenfalls nach den Bedingungen einer nachhaltigen Veränderung der Beziehung zwischen Mitgliedern und Funktionären. Aus diesem Erkenntnisinteresse heraus hat sie mehrere Kampagnen im britischen Dienstleistungssektor untersucht. Eine der interessantesten Fälle ist das organizing in einem Call-Center zwischen 1998 und 2000, das von der Communication Workers Union (CWU) betrieben wurde. Solange die Kampagne lief, galt sie als äußerst erfolgreich. Der CWU gelang es, eine Gruppe von Beschäftigten des Unternehmens zur Mitarbeit zu motivieren. Bemerkenswert an dieser Arbeitsgruppe war ihre hohe Repräsentativität. Entsprechend der Beschäftigtenstruktur des Unternehmens dominierten Frauen, auch Teilzeitbeschäftigte waren vertreten. Geleitet wurde die Kampagne von einer hauptamtlichen Organizerin, die die Sprache der Beschäftigten verstand und die sich geschickt der Vergemeinschaftsrhetorik des Unternehmens zu bedienen wusste. Ihr gelang es, die bis dahin als individuelle Probleme wahrgenommenen Restriktionen und Überforderungen im Arbeitsprozess in kollektive Probleme zu übersetzen. Mit Hilfe

---

[40] „[T]he organizing model aims to increase rank-and-file participation by giving members more responsibility and ownership over the union" (Jarley 2005: 8).

der Aktiven konnte sich die CWU gegenüber den Beschäftigten als relevanter
Akteur im Arbeitsalltag präsentieren. Vor allem beim Gesundheitsschutz, der
Arbeitssicherheit und den Kundenbeziehungen gelang es der Gewerkschaft,
Verbesserungen zu erreichen. Innerhalb der achtzehnmonatigen Kampagne ver-
doppelte sich der Organisationsgrad auf rund 40%, sodass die Gewerkschaft das
Management erfolgreich zu Anerkennungsverhandlungen auffordern konnte.
     Nach dem Ende der Kampagne zeigte sich jedoch relativ schnell die Kurz-
fristigkeit des Erfolgs. Schon während der Verhandlungen über das Anerken-
nungsabkommen löste sich die Gruppe der Aktiven auf. Gewerkschaftsfunktionäre übernahmen die Verhandlungen mit der Geschäftsführung, die meisten
Aktivisten zogen sich zurück. Die neuen Vertretungsstrukturen im Unternehmen
wurden hauptsächlich von Männern und Vollzeitbeschäftigten übernommen,
sodass die Repräsentativität der Interessenvertretung litt. Zugleich sank der Organisationsgrad im Betrieb. Neue Beschäftigte wurden kaum noch als Mitglieder
rekrutiert. Welche Ursachen sind für die fehlende Nachhaltigkeit der organizing-
Kampagne verantwortlich? Simms (2005: 25) stellt fest, dass

> „whilst unions do appear to be able to gain some significant successes during the or-
> ganising phase of campaigns, the lack of attention paid to the management of the
> transition to the representation phase (...) during the complex negotiation of this
> transition, can leave members disengaged."
> [„Gewerkschaften zwar in der Lage zu sein scheinen, in der organizing-Phase von
> Kampagnen signifikante Erfolge zu erreichen; allerdings führt der Mangel an Auf-
> merksamkeit, die man dem (...) Übergang zur Repräsentationsphase widmet, (…)
> dazu, dass Mitglieder nicht integriert bleiben."]

Aus diesem Grund erfüllt die von Simms beschriebene Kampagne nur teilweise
die Kriterien eines nachhaltigen organizing. Die Gründe, die für den schnellen
Erfolg der organizing-Kampagne gesorgt hatten, waren bis zu einem gewissen
Grad auch für das Fehlen einer nachhaltigen Organisationsentwicklung verantwortlich. So spielte die Organizerin eine prominente Rolle bei der inhaltlichen
Gestaltung der Kampagne; sie gab die Themen vor, mit denen die Beschäftigten
mobilisiert wurden. Rückblickend wurde indessen zu wenig Aufmerksamkeit auf
die Vernetzung und dauerhafte Aktivierung der Beschäftigten gelegt. Um einen
nachhaltigen Erfolg zu ermöglichen, müssen die Beschäftigten offenbar in die
Lage versetzt werden, ihre Interessen eigenständig zu artikulieren. Dazu sind
dauerhafte Investitionen der Gewerkschaften in die Vernetzung von Beschäftigten notwendig. Erforderlich ist der ernsthafte Versuch, gemeinsame Interessen
solidarisch über die Grenzen etablierter Organisationsbereiche hinweg zu formulieren. Beide Aspekte fehlten bei der Kampagne der CWU. Rückblickend erscheinen sie aber als zentrale Bedingungen für einen nachhaltigen Erfolg.

Im Einklang mit diesen Befunden identifiziert Paul Jarley (2005) den Ausbau vorhandener Netzwerke und sozialer Bindungen als wichtigen Ansatzpunkt einer auf Dauer angelegten Gewerkschaftsarbeit. Die Ermöglichung horizontaler Beziehungen der Gewerkschaftsmitglieder untereinander ist sicherlich eine wichtige Voraussetzung für die interne Organisierung, doch – und daran knüpft Dan Clawson (2005) in seinem Kommentar zu Jarley an – erfordert dies zugleich die Klärung von Inhalten, Forderungen und Zielen der Gewerkschaftsarbeit als Gegengewicht zu Vereinnahmungs- oder Marginalisierungsbestrebungen, wie sie von der Unternehmens- und Managementseite ausgehen.[41]

Verbesserte Partizipation und Mitbestimmung bei wichtigen Entscheidungen werden von vielen Autorinnen und Autoren als Schlüssel für eine erfolgreiche Ansprache bisher kaum oder gar nicht gewerkschaftlich organisierter Beschäftigter – insbesondere Frauen und Migranten – betrachtet. Sie gelten zudem als Schritte hin zu einer allgemeinen Demokratisierung von Gewerkschaften[42] (etwa Clawson 2005: 41, Lévesque u.a. 2005: 411 ff., Fantasia/Voss 2004: 127 f., Beukema/Coenen 2003: 125, Bronfenbrenner/Hickey 2003, Markowitz 1999, Krupat/McCreery 2001, Milkman/Wong 2001, Briskin 1999). Allerdings darf, auch darauf wird in der Literatur hingewiesen, bei den Demokratisierungsbemühungen die Spezifik von Gewerkschaften nicht verloren gehen. Die Gewerkschaften müssen, so Banks und Metzgar (2005), von anderen Organisationen des Gemeinwesens unterscheidbar bleiben.[43]

---

[41] „[T]he networks are crucial, but with them must also come the training and support to empower workers, and a union structure that not only permits but encourages and indeed requires *workers* to make the key decisions. As Jarley notes, dense networks of strong ties are necessary but not sufficient for strong unions. Networks, even dense networks, can be manipulated and controlled from the top (by the union or the company)." (Clawson 2005: 42)
[„Die Netzwerke sind entscheidend, aber sie müssen mit einer Ausbildung und Unterstützung einhergehen, die die Beschäftigten mit Kompetenzen versieht, sowie mit einer Gewerkschaftsstruktur, die den Beschäftigten nicht nur erlaubt, sondern sie ermutigt (um nicht zu sagen: auf sie angewiesen ist), zentrale Entscheidungen selbst zu treffen. Wie Jarley zu Recht bemerkt: Dichte Netze mit starken Verbindungen sind notwendig, aber nicht hinreichend für starke Gewerkschaften. Auch wenn sie stark sind, können Netzwerke manipuliert und von oben (durch die Gewerkschaft oder das Unternehmen) kontrolliert werden."]
[42] „... the special challenge – and promise – of unions is that they represent black and white, men and women, young and old, Catholics and Protestants and Muslims and Jews, all in one workforce. Creating a sense of community across those borders is a major challenge..." (Clawson 2005: 41).
[„...die besondere Herausforderung und das 'Versprechen' von Gewerkschaften ist, dass sie Schwarze und Weiße, Männer und Frauen, Jung und Alt, Katholiken und Protestanten sowie Muslime und Juden – alle in einer Belegschaft – vertreten. Die große Herausforderung ist es, über all diese Grenzen hinweg einen Sinn von Gemeinsamkeit zu stiften."]
[43] „The focus needs to be on building rank-and-file committees for everything a union does, not on establishing more bowling leagues or mutual-aid activities." (Banks/Metzgar 2005: 27)

Dieser Hinweis berührt ein zentrales Problem aller Bemühungen um eine partizipative Gewerkschaftspolitik. Es leuchtet ein, dass nachhaltiges organizing veränderte Beziehungen zwischen Mitgliedern, Aktivisten und (hauptamtlichen) Funktionären erfordert. Es mag auch sein, dass eine allgemeine Demokratisierung gewerkschaftlicher Strukturen und Entscheidungsprozesse die Mitgliederbindung insgesamt fördert. Völlig unklar ist jedoch nach wie vor, wie und unter welchen Bedingungen sich ein partizipatorischer Politikstil überhaupt durchhalten lässt. Der Hauptgrund für diese Schwierigkeit wurzelt keineswegs nur in der von Frege u.a. monierten Kluft zwischen partizipativer Rhetorik und der häufig durchaus zentralistischen Praxis mancher organizing-Ansätze. Gerade die Schwierigkeiten „after organizing" zeigen, dass es nicht nur schwer, sondern geradezu unmöglich ist, ein hohes Partizipationsniveau von Mitgliedern über längere Zeiträume auf Dauer zu stellen. Generell gilt: Partizipation bedeutet Arbeit – und zwar nicht zuletzt für diejenigen, die partizipieren sollen und wollen. Diese Arbeit können alte wie neue Mitglieder häufig nur auf Zeit, themen- und projektgebunden leisten; sie wollen dies, wenn es wirklich etwas zu entscheiden gibt, aber nicht, um Beteiligungsrituale zu befriedigen. Insofern werden sich auch die intelligentesten organizing-Ansätze immer wieder mit dem Problem konfrontiert sehen, dass stärker partizipative und eher repräsentative Ansätze einander abwechseln und ergänzen müssen. Wie ein solches Wechselverhältnis in unterschiedlichen Organisationskontexten erfolgreich gestaltet werden kann, ist, auch seitens der LRS, noch weitgehend unerforscht.

4.4 Gewerkschaften als soziale Bewegungen

Zu einem weit gefassten organizing-Ansatz gehört, dass Gewerkschaften in einem schwierigen gesellschaftlichen Umfeld die Wirksamkeit ihrer Vertretungspraxis durch eigene Mobilisierungs- und Konfliktfähigkeit im Sinne der Profilierung als soziale Bewegungen zu verstärken suchen. In der aktuellen Debatte dominieren wiederum Beiträge aus dem angelsächsischen Raum. Damit entsteht zuweilen der Eindruck, social movement unionism sei eine Erfindung US-amerikanischer Gewerkschaften. Wie bereits erwähnt (vgl. 3.), wurde dieser Begriff ursprünglich jedoch mit dem Auftreten von neuen, z.T. militanten Gewerkschaftsbewegungen in Brasilien, den Philippinen, Südkorea und Südafrika in den 1980er Jahren geprägt (Waterman 1999, Scipes 1992, Webster 1987, Moody 1999). Durch die Globalisierung des Kapitalismus haben sich im Süden

---

[„Der Fokus muss darauf liegen, Basisgruppen für all das zu gründen, was Aufgabe von Gewerkschaften ist – nicht hingegen darauf, neue Bowlinggemeinschaften oder Selbsthilfegruppen (zu bilden)."]

neue Arbeiterbewegungen entwickelt (Silver 2005), die, so die Vertreter dieses Ansatzes, aufgrund ihrer Klassenorientierung und ihrer Beteiligungskultur einen spezifischen Bewegungscharakter ausprägen, indem sie ihre Kämpfe über die Fabrikgrenzen hinaus organisieren und Bündnisse mit anderen sozialen Bewegungen eingehen. Vor allem die Diskussionen zwischen Peter Waterman, Kim Scipes, Kim Moody und Eddie Webster kreisen um die Frage, inwieweit hier ein völlig neuer Typus von Gewerkschaftsbewegung entstanden ist:

„Social movement unionism is …deeply democratic, as that is the best way to mobilise the strength of numbers in order to apply maximum economic leverage. It is militant in collective bargaining in the belief that retreat anywhere only leads to more re-treats.…It seeks to craft bargaining demands that create more jobs and aid the whole class. It fights for power and organisation in the workplace or on the job in the realisation that it is there that the greatest leverage exists, when properly applied. It is political by acting independently of the retreating parties of liberalism and social democracy, whatever the relations of the union with such parties. It multiplies its political and social power by reaching out to other sectors of the class, be they unions, neighbourhood-based organisations, or other social movements. It fights for all the oppressed and enhances its own power by doing so" (Moody 1997: 5).
[„Social movement unionism ist … zutiefst demokratisch, da dies der beste Weg ist, die Stärke der Massen zu mobilisieren, um den größtmöglichen ökonomischen Einfluss auszuüben. Er ist militant in der Tarifpolitik, in dem Glauben, dass ein Rückzug nur zu immer weiteren Rückzügen führt.… Er versucht, Forderungen aufzustellen, die mehr Arbeitsplätze schaffen und der ganzen Klasse nutzen. Er kämpft für Einfluss und Organisation am Arbeitsplatz in der Erkenntnis, dass dies der Ort ist, an dem die größte Durchsetzungsmacht existiert, wenn sie richtig angewandt wird. Er ist politisch, indem er unabhängig von den zum Nachgeben bereiten Parteien des (Neo)-Liberalismus und der Sozialdemokratie agiert, ganz gleich, welche Verbindungen zu diesen Parteien bestehen. Er vervielfacht seine politische und soziale Macht, indem er sich anderen Bereichen der Klasse zuwendet, seien es Gewerkschaften, Nachbarschaftsorganisationen oder andere soziale Bewegungen. Er kämpft für alle Unterdrückten und fördert dadurch seine eigene Kraft."]

Kritiker dieses hier sehr euphorisch beschriebenen Ansatzes bemängeln indessen, dass sich hinter den vermeintlich neuen Bewegungen eigentlich das „alte" Konzept von „political unionism" verbirgt. Sie sehen kaum Anhaltspunkte, die für einen Paradigmenwechsel sprechen (Neary 2002). Immerhin ist das weit gefasste organizing-Modell auch bei einigen US-Gewerkschaften mit einer deutlichen Abwendung von der Vertretungspraxis der serviceorientierten business union und einer Orientierung auf social movement unionism (SMU) verbunden. Letzterer lässt sich dem Selbstverständnis nach mit Ansätzen, die Bruce Nissen (2003: 133-155) als „value added" oder „mutual gains unionism" (VAU) bezeichnet, nicht begründen (wissenschaftliche Repräsentanten des VAU sind etwa: Kochan/Osterman 1994, MacDuffie 1995 sowie Rubinstein 2001, 2002). Der Wertschöpfungs-Ansatz zielt ebenfalls auf eine Erneuerung gewerk- schaftlicher Praktiken, empfiehlt im Unterschied zum social movement unionism aber, politische Ziele primär auf dem Wege einer vertrauensvollen Kooperation mit den Arbeitgebern zu erreichen. Konfliktorische Interessendurchsetzung sollte daher tunlichst vermieden werden (Nissen 2003: 134). Als Positivbeispiel für labor-management-partnership gilt das Beispiel von Saturn, einem gemeinsamen Projekt von General Motors und der Gewerkschaft United Auto Workers (UAW), mit dessen Hilfe die Autoproduktion kooperativ betrieben und geregelt werden soll (autonome Gruppen, Problemlösungsteams, gemeinsame Komitees von Gewerkschaften und Management). Gewerkschaften treten in diesem Modell als Co-Manager auf und haben bei wichtigen Managemententscheidungen eine Stimme (ebd.: 137). Die Mitglieder votierten bei Wahlen zur Gewerkschaftsfüh- rung immer wieder für dieses Modell (vgl. Zullo 2004: 94).

Dagegen kritisieren Vertreter des SMU-Ansatzes die große Nähe der US- Gewerkschaften zu den Arbeitgebern und die Domestizierung der Gewerkschaf- ten im Rahmen eines business unionism (Nissen 2003: 138). Sie empfehlen eine Ausrichtung an zentralen gesellschaftlichen Themen und priorisieren Gerechtig- keitsfragen gegenüber dem Nachweis wirtschaftlicher Effizienz (Aronowitz 1973 und 2005, Moody 1988, Turner/Hurd 2001). Gewerkschaften müssten den Aus- gegrenzten und Prekarisierten eine Stimme verleihen. Zugleich sei eine Verände- rung gewerkschaftlicher Organisationsstrukturen und -kulturen notwendig. Es gehe um eine umfassende Demokratisierung der Mitgliederorganisation (Nissen 2003: 141). Den Verfechtern des SMU-Ansatzes zufolge stehen der bürokrati- sche Charakter und das Service-Modell der Gewerkschaften einer erfolgreichen Mobilisierungspraxis im Wege. Stattdessen wird eine enge Kooperation mit sozialen Bewegungen als Erneuerungsperspektive empfohlen (ebd.: 140 f.).

Als allgemeine Kennzeichen einer SMU-Gewerkschaft benennen Rick Fan- tasia und Kim Voss (2004: 127-130) sechs Punkte: (1) Gewerkschaften verste- hen sich als solidarische Organisation, die Arbeitern Mittel zur Verfügung stellt, mit deren Hilfe diese Arbeiter ihre Probleme am Arbeitsplatz wie im gesell- schaftlichen Leben gemeinsam lösen können. Die Gewerkschaft ist Mittel, nicht Zweck. (2) SMU steht für die Initiierung von unternehmenszentrierten Kampag- nen, die gravierende Machtungleichgewichte zwischen Unternehmern und Arbei- tenden wenn nötig auch konfliktorisch korrigieren sollen – ein Vorgehen, das im Wesentlichen darauf zielt, bestehende Beziehungsnetzwerke im Unternehmen zu aktivieren und sie durch Druck von außen zu stärken. (3) SMU-Ansätze suchen nach Wegen, die rechtlichen Rahmenbedingungen der NLRB-Anerkennungs- wahlen zu umgehen, um Kollektivvertretungsrechte zu erlangen (z.B. „card-

check recognition"[44]). (4) Im Rahmen von SMU-Ansätzen stehen Gerechtigkeitsfragen und Menschenrechte im Mittelpunkt, um die Verbindung zu sozialen
Bewegungen und Forderungen nach allgemeiner Demokratisierung zu begründen. (5) Aktionsformen und Taktiken sind kein Selbstzweck; vielmehr sollen
möglichst viele erfolgversprechende Praktiken je nach Erfordernissen und konkreter Situation möglichst optimal kombiniert werden. (6) Erfolge wie Misser-
folge der Gewerkschaften lassen sich nur in längeren Zeitintervallen bewerten;
eine Kampagne ist demnach zugleich die Vorbereitung von Nachfolgeaktionen –
ein Ansatz, der eine „Politik des langen Atems" erforderlich macht.

Exemplarisch für den SMU-Ansatz ist das Bündnis „Jobs with Justice" (vgl.
Banks 1990), aus dem später die Kampagne „Justice for Janitors" der Gewerkschaft „Service Employees International Union" (SEIU) hervorgegangen ist.
Nicht zuletzt durch Ken Loachs Film „Bread and Roses" ist diese Kampagne
international bekannt geworden. In Gewerkschaftskreisen und darüber hinaus ist
„J for J" schon seit den Erfolgen in Los Angeles im Jahr 1990 (century city strike) Symbol und Leitbild erfolgreicher Gewerkschaftsarbeit im Niedriglohnsektor.

Entwickelt wurde diese mittlerweile vielerorts erprobte Kampagne in Anlehnung an die „Jobs with Justice"-Kampagnen der 1980er Jahre, in denen Gewerkschaften Bündnisse untereinander und mit Gemeinwesenorganisationen
eingegangen sind, um Druck auf Arbeitgeber ausüben zu können. In der „Justice
for Janitors"-Kampagne wurden die typischen Elemente von social movement
unions angewandt. Eine Besonderheit der corporate campaign bestand darin,
dass der Fokus auf die Kunden der Arbeitgeber, in diesem Fall auf die Gebäude-
eigentümer und deren Mieter, die Auftraggeber der Reinigungsfirmen, gelegt
wurde. Damit hatte die SEIU einen Weg zur Organisierung outgesourcter Betriebe gefunden. Die Reinigungsfirmen mochten zwar wechseln, aber deren Kunden
waren weitestgehend ortsgebunden und nicht verlagerbar. Mit viel Druck wurden
die Kunden darauf verpflichtet, nur Firmen mit der Gebäudereinigung zu beauf-
tragen, die Tariflöhne zahlten. Dies ermöglichte eine fast branchenweite Organisierung der Reinigungskräfte.

Neben und in dieser Unternehmenskampagne gelang es, die bis dahin als
unorganisierbar geltenden Reinigungskräfte, allesamt Immigranten, für die Gewerkschaft zu gewinnen. Direkte Aktionen (Demonstrationen, Sit-ins etc.) waren
ausschlaggebend für die Durchsetzung der Forderungen gegenüber den Gebäu-
deeigentümern. Der Neuaufbau der Gewerkschaft erfolgte trotz heftigen Wider-

---

[44] Bei diesem Verfahren im Rahmen des employee free choice act erkennt das National Labor Relations Board (NLRB) eine Gewerkschaft als Repräsentationsinstanz für Kollektivverhandlungen an,
wenn die Mehrheit der Beschäftigten eines Unternehmens ein Autorisierungsformblatt („card")
unterzeichnet hat.

stands der alten Gewerkschaftsgarde, die am überkommenen Service-Modell und damit ihrer Hausmacht festhalten wollte. Mit der Organisierung der Latinos und der Entwicklung zu einer sozialen Bewegung sahen die etablierten Interessengruppen ihre innerorganisatorische Stellung gefährdet. Erst die Unterstellung der lokalen Gewerkschaft unter die Verwaltung der Bundesgewerkschaft ermöglichte die Durchsetzung des organizing-Modells und damit die organisatorischen Erfolge (vgl. Fantasia/Voss 2004: 134-150, Rudy 2004, Naglo 2003, Dribbusch 1998). Nach dem Modell der „J for J"-Kampagne wurden weitere SEIU-Kampagnen entwickelt, zuletzt „Stand up for Security", in der Angestellte im Objektschutz organisiert werden – eine Kampagne, die international adaptiert und u.a. gegenwärtig von ver.di in Hamburg erprobt wird (vgl. Dribbusch 2006).

Nissen (2003: 143) zeigt, dass sowohl SMU- als auch VAU-Vertreter in der Ansicht übereinstimmen, dass die bisherige Gewerkschaftspraxis in Teilen dysfunktional geworden ist. Obwohl ein direkter Vergleich der beiden Erneuerungs-Varianten schwierig ist, weil Erfolge wie Lohnsteigerungen, veränderte Arbeitsbedingungen u.ä. nicht immer kompatibel sind, gelangt Nissen zu der Auffassung, der SMU-Ansatz sei geeigneter, eine Revitalisierung von Gewerkschaften einzuleiten. Gewerkschaften könnten nicht erfolgreich sein, wenn sie lediglich als bessere Problemlöser mit dem Management konkurrierten und dessen Aufgaben übernähmen;[45] aus diesem Grund würde kein Arbeiter einer Gewerkschaft beitreten.[46] Allerdings schränkt Nissen ein, dass auch der SMU-Ansatz den Hauptimpetus der amerikanischen Gewerkschaften – „righting workplace wrongs" –, nicht aus den Augen verlieren dürfe (ebd.: 147).[47] Die durchschnittliche Politisierung der Arbeiter sei bislang gering und Gewerkschaften dürften nicht über deren Köpfe hinweg Politik machen.

---

[45] Ähnlich argumentieren Cregan (2005: 30) in Bezug auf australische und Danford u.a. (2002: 22) mit Blick auf britische Gewerkschaften.

[46] Sverke/Goslinga (2003) kommen in einer Untersuchung belgischer, italienischer, schwedischer und niederländischer Gewerkschaften zu dem Ergebnis, dass die Bindung der Mitglieder an eine Gewerkschaft in Zeiten prekärer Beschäftigungsverhältnisse signifikant vom Engagement der Gewerkschaft, ihrer „performance", abhängt (ebd.: 262).

[47] Ein ähnliches Plädoyer hält Ost (2002) für die mittel- und osteuropäischen Gewerkschaften. Im Zuge der „doppelten" Transformation haben sich viele mittel- und osteuropäische Gewerkschaften – allen voran die polnische Solidarnosc – zu sozialen und politischen Bewegungen entwickelt, dabei jedoch ihr Kerngeschäft, die Betriebs- und Tarifpolitik vernachlässigt. Gewerkschaften sind zuallererst Organisationen zur Vertretung der ökonomischen Interessen ihrer Mitglieder. Der Fokus auf dieses Organisationsziel darf nicht hinter politischen und sozialen Interessen zurücktreten, so Ost. Deutlich wird an dem Beispiel der mittel- und osteuropäischen Gewerkschaften jedoch auch, dass das Konzept des SMU in unterschiedlichen Kontexten unterschiedliche Bedeutungen haben kann. Die Entwicklung, die Ost (2002) mit dem Konzept des SMU als Bewegungsgewerkschaft beschreibt, entspricht einer Entwicklung hin zu einer Partei. Die Plausibilität seines Plädoyers für eine Konzentration auf ökonomische Ziele ist davon jedoch nicht betroffen.

Die Probleme dieser Argumentation seien hier nur angedeutet: *Erstens* wird nicht zwischen Gewerkschaften im öffentlichen und privaten Sektor differenziert; auch die unterschiedlichen Organisations- und Verhandlungskulturen in Branchen der Privatwirtschaft werden nur partiell reflektiert. *Zweitens* fehlen Informationen über die Willensbildung und die Partizipationsformen an der Basis; weder die VAU- noch die SMU-Richtung verfolgt diese Frage eingehend. *Drittens* fallen Ansätze unter den Tisch, die sich in dem Raster „VAU-SMU" nicht unterbringen lassen. Dabei gibt es durchaus Revitalisierungsbemühungen, deren Erfolge wesentlich auf der Kombination von Elementen einer eher sozialpartnerschaftlichen Gewerkschaftspolitik mit Elementen eines umfassenden organizing-Modells beruhen. Ein Beispiel hierfür sind die Revitalisierungsbemühungen der „Communication Workers of America" (CWA, Katz u.a. 2003). Die CWA wird von Beobachtern häufig als Beispiel für eine business union, eine wertschöpfungsorientierte Gewerkschaft, betrachtet, die partnerschaftliche Beziehungen zum Management verschiedener Telekommunikationsunternehmen unterhält (Nissen 2003: 137). Einigen gilt sie aber auch als eine durchaus konfliktbereite Gewerkschaft, die sich dem organizing in einem umfassenden Sinne zugewendet hat (vgl. Hurd u.a. 2003, vgl. Naglo 2003). Solch widersprüchliche Einschätzungen lassen sich erklären, wenn man die starre Entgegensetzung von VAU- und SMU-Ansätzen aufgibt und sich stattdessen den Wechselwirkungen zwischen beiden Formen der Interessendurchsetzung zuwendet:

„To enhance bargaining leverage (and reduce resource dependence), one of the key ways the CWA is altering its organizational structure through an integration strategy that involves the simultaneous and interactive use of activities in the domains of collective bargaining, politics, and organizing." (Katz u.a. 2003: 588)
[„Einer der zentralen Ansätze der CWA, um ihren Einfluss in Kollektivverhandlungen zu verbessern (und die Abhängigkeit von Ressourcen zu verringern), ist die Veränderung der Organisationsstruktur mittels einer integrativen Strategie, die den simultanen und interaktiven Einsatz von Aktionen in den Feldern der Kollektivverhandlung, der Politik und des organizings vereinigt."]

Um dies zu erläutern, stellen wir zwei Fälle näher vor, die im Telekommunikationssektor und in der Automobilindustrie angesiedelt sind.

Das Beispiel der Communication Workers of America (CWA)
Die Telekommunikationsindustrie gehört zu den Schlüsselsektoren, in denen charakteristische Restrukturierungstendenzen gebündelt auftreten und in marktzentrierten Produktionsregimen (Sauer 2005, Dörre/Röttger 2003) verdichtet werden (vgl. Katz 1997, Sako/Jackson 2006). Die amerikanischen Gewerkschaften wurden mit diesen Entwicklungen vergleichsweise früh konfrontiert. Bereits

1983 kam es infolge der gerichtlichen Zerschlagung des Monopolisten AT&T zu einer Neustrukturierung des Organisationsbereichs. AT&T wurde in mehrere regionale Einheiten aufgeteilt (das so genannte Bell-System), die sich verstärkt mit anderen Wettbewerbern auseinanderzusetzen hatten. Die Restrukturierungen unterminierten das etablierte System zentraler Kollektivverhandlungen, auf welchem die Aushandlungs-Strategien der CWA lange Zeit beruhten. In zentralen nationalen Verhandlungen waren die Entgelte festgelegt und Fragen der Beschäftigungssicherheit ausgehandelt worden, während Themen wie Arbeitszeit, Arbeitssicherheit und Gesundheitsvorsorge Gegenstand lokaler Verhandlungen blieben. Angesichts der Zerschlagung von AT&T forderten die Arbeitgeber nunmehr, die Lohnverhandlungen zu dezentralisieren. Die CWA versuchte, das zweigliedrige Verhandlungssystem zu erhalten, indem sie die Lohnverhandlungen auf die Ebene der neu geschaffenen regionalen Unternehmen verlagerte (Katz u.a. 2003: 577 f.). Zwar gelang es, Lohneinbußen in den organisierten Kernbereichen zunächst zu vermeiden, aber der Organisationsgrad im Telekommunikationssektor sank in der Folgezeit dramatisch: von 56% im Jahr 1983 ging er auf nur noch 24% in 2001 zurück. Vor allem in den neuen Konkurrenzunternehmen und den dezentralen Organisationseinheiten der ehemaligen Monopolisten gelang es der CWA kaum noch, neue Mitglieder zu rekrutieren (ebd.: 576; für eine Beschreibung der parallelen Problematik in Deutschland Aust/Holst 2006: 300 f.). Die CWA reagierte auf diese Herausforderungen mit einer modifizierten Strategie, die als „bargaining to organize" beschrieben werden kann:

> „To organize new members in the Bell companies [...] the union diversified and integrated its activities through wall-to-wall organizing campaigns, member mobilization, negotiated neutrality and card check provisions, political action in the regulatory arena, and mergers with previously independent telephone employee associations." (Katz u.a. 2003: 583)
> [„Um neue Mitglieder bei BELL zur organisieren (...), diversifizierte und integrierte die Gewerkschaft ihre Aktionen über Wand-zu-Wand-organizing-Kampagnen, Mitgliedermobilisierung, verhandelte Neutralität (negotiated neutrality), card check provisions und politische Aktionen in den zuständigen regulativen Arenen sowie über Zusammenschlüsse mit vormals unabhängigen Vereinigungen von Telekommunikationsbeschäftigten."]

Ein wichtiges Element der erfolgreichen strategischen Erneuerung der CWA war die Mobilisierung von Mitgliedern für Organisierungsanstrengungen. Vor allem in großen Unternehmen wurde die Mobilisierung von öffentlichkeitswirksamen Kampagnen unterstützt. Entscheidend für den Erfolg der CWA war jedoch, dass es ihr gelang, Einflussmöglichkeiten im politischen Feld erfolgreich zu nutzen. Auf diese Weise gelang es, sowohl die Interessen der organisierten Kernbelegschaften zu vertreten, als auch nicht organisierte Beschäftigte mit in die Definition der gewerkschaftlichen Ziele einzubeziehen. Erfolgreich war die CWA vor allem damit, institutionelle Organisierungshilfen (neutrality, consent elections, card checks) in den neuen Organisationseinheiten und Subunternehmen auszuhandeln. Die CWA setzte also die Organisationsmacht der gewerkschaftlich organisierten Kernbeschäftigten erfolgreich für verbesserte Organisierungsbedingungen bei den nicht organisierten Beschäftigten in den neuen Unternehmenseinheiten ein. Möglich wurde dies aufgrund des Einflusses der CWA in der politischen Arena. Wegen des spezifischen Regulationsmodus der Telekommunikations-Industrie waren die Unternehmen in den 1990er Jahren bei der Preisgestaltung und der Unternehmensreorganisation wiederholt auf die Zustimmung der CWA im Kongress und auf die Regulationsbehörden angewiesen. In vielen Fällen koppelte die CWA ihre Zustimmung an organisatorische Zugeständnisse der Arbeitgeber, das erleichterte gewerkschaftliche Organisierungsbemühungen und verbesserte die Position der Arbeitnehmerorganisationen in Kollektivverhandlungen:

> „The CWA managed the new environment by making greater use of political activities and linking those activities to collective bargaining and organizing objectives." (Katz u.a. 2003: 579)
> [„Die CWA managte dieses neue Umfeld, indem sie vermehrt politische Aktionen durchführte und diese mit Kollektivverhandlungen und organizing-Forderungen verband."]

In der US-amerikanischen Revitalisierungsforschung wird die CWA häufig als positives Beispiel und Vorbild angeführt (siehe Hurd u.a. 2003, Naglo 2003). Die Bemühungen der CWA beinhalten zweifelsohne innovative Praktiken, von denen gelernt werden kann. Hinsichtlich des Vorbildcharakters der CWA müssen jedoch zwei kontextuelle Einschränkungen gemacht werden: *Erstens* beruhte der Erfolg der CWA vor allem auf der Ausnutzung der politischen Möglichkeiten, die sich der Gewerkschaft boten. Auf andere Branchen können diese Erfahrungen nur begrenzt übertragen werden, denn die Möglichkeit zum „politischen Tausch" ist in der Mehrzahl der Branchen so nicht gegeben. *Zweitens* steht die CWA gegenwärtig angesichts der Fusion von AT&T and SBC, durch die im Grunde AT&T in alter Größe neu entstanden ist, vor neuen Herausforderungen. Offen ist, ob es der CWA erneut gelingen kann, ihre Strategien erfolgreich an die wiederum veränderten Gegebenheiten anzupassen. Erschwert wird dieses Unterfangen vor allem dadurch, dass der politische Einfluss der CWA heute erheblich geringer ist als Mitte der 1990er Jahre.

Das Beispiel der Canadian Auto Workers (CAW)
Ein zweites Beispiel belegt ebenfalls, dass die Entgegensetzung von wertschöpfungsorientierten (VAU) und bewegungsorientierten (SMU) Ansätzen zu kurz
greift. Bei diesem Beispiel handelt es sich um die zumindest teilweise erfolgreichen Revitalisierungsbemühungen der „Canadian Auto Workers" (Holmes
2004). Die CAW war in ihrem Organisationsbereich mit ähnlichen Herausforderungen konfrontiert wie die Gewerkschaften im Telekommunikationssektor:
Vergleichbar mit Prozessen in der europäischen Automobilproduktion bildeten
sich durch eine Restrukturierung der Zulieferbeziehungen auch in der nordamerikanischen Automobilproduktion hierarchisch strukturierte, pyramidale Produk-
tionsnetzwerke heraus (vgl. Caprile/Lorens 2000). Ein wachsender Teil der Produktion wurde von systemischen Zulieferern übernommen, die wiederum die
nachgelagerten Lieferbeziehungen Just-in-Time (JIT) und Just-in-Sequence (JIS)
strukturieren. Für die Gewerkschaften erwiesen sich die Restrukturierungen der
Produktionsbeziehungen als problematisch, weil ihre Organisationsmacht traditionell in den Herstellerbetrieben konzentriert war. Das Outsourcing zu Zulieferbetrieben erhöhte nicht nur die numerische und funktionale Flexibilität in der
Automobilproduktion, sondern senkte auch die Lohnkosten, da in vielen Fällen
tarifvertraglich regulierte Beschäftigungsverhältnisse in den gewerkschaftlichen
Hochburgen durch nicht tarifvertraglich regulierte oder zumindest schlechter
gestellte Beschäftigungsverhältnisse in den Zulieferbetrieben ersetzt wurden:

> „The development of a more pronounced tiered structure to the supplier base has
> produced new lines of potential division within the union which also undermines
> one of the cornerstones upon which unionism was built; namely, solidarity." (Hol-
> mes 2004: 18)
> [„Der Aufbau einer ausgeprägten abgestuften Struktur zu der Zuliefererbasis hat
> neue potenzielle Spaltungslinien innerhalb der Gewerkschaft geschaffen, die mit der
> Solidarität einen der Grundpfeiler des unionism untergraben."]

Als Reaktion auf die Restrukturierungen modifizierte die CAW ihre Interessen-
vertretungsstrategien. Nicht mehr das einzelne Unternehmen fungierte als Organisationsbereich, sondern das gesamte, aus Herstellern und Zulieferbetrieben
bestehende Produktionsnetzwerk:

> „Under satellite bargaining, work outsourced by a company would be treated as ‚sat-
> ellite work' and the union would bargain with the outsourcing company and the
> supplier as if they were part of the same company." (Holmes 2004: 17)
> [„Unter dem Siegel der 'Satelliten-Verhandlung' wurde Beschäftigung, die von ei-
> nem Unternehmen outgesourct worden war, als Satelliten-Beschäftigung behandelt,
> und die Gewerkschaft verhandelte mit dem outsourcenden Unternehmen und dem
> Anbieter, als wären sie Teil des gleichen Konzerns."]

Die Erfolge dieser Strategie können sich durchaus sehen lassen. In mehreren Fällen gelang es der CAW, die Hersteller dazu zu bringen, Druck auf die Zulieferer auszuüben und verhandelte Standards in den Betrieben einzuhalten. Gewerkschaftliche Organisationsbemühungen in den Zulieferbetrieben wurden nicht mehr behindert. In den Verhandlungsrunden 1996 und 1999 gelang es der CAW, mit General Motors, DaimlerChrysler und Ford „codes of conduct" zu vereinbaren, die eine Neutralität der Arbeitgeber gegenüber gewerkschaftlichen Organisationsbemühungen ebenso beinhalteten wie Verpflichtungen der Hersteller, Einfluss auf die Zulieferer zu nehmen. Vor dem Hintergrund des voluntaristischen Systems industrieller Beziehungen in Nordamerika sind vor allem die Organisationshilfen („neutrality agreements", „card check") für die gewerkschaftlichen Bemühungen in den Hersteller- und den Zulieferbetrieben bedeutsam. Der CAW gelang es, ihre Organisationsmacht kooperativ in den Herstellerbetrieben einzusetzen, um die Rekrutierungsbedingungen in den Zulieferbetrieben zu verbessern. Allerdings hinderte der kooperative Ansatz in den Herstellerbetrieben die CAW nicht, auf konfliktorische Organisierungsstrategien in den Zulieferbetrieben zurückzugreifen. Die CAW liefern somit ein gutes Beispiel für innovative Praktiken, die auf einer erfolgreichen Kombination von kooperativen und konfliktorischen Elementen beruhen. In der gegenwärtigen Krise der nordamerikanischen Automobilhersteller verschlechtern sich jedoch auch die Organisierungsbedingungen der CAW. Angesichts rückläufiger Absatzzahlen erhöht sich der Druck auf die Arbeits- und Entgeltbedingungen und in allen Gliedern der Produktionsketten; damit verringert sich der Handlungsspielraum für die partnerschaftlichen Strategien der CAW. In Zukunft wird das konfliktorische organizing von Beschäftigten daher möglicherweise wieder an Bedeutung gewinnen.

Dass sich service- und bewegungsorientierte Ansätze keineswegs ausschließen müssen, ist, nicht zuletzt mit Blick auf die deutsche Situation, eine wichtige Feststellung. Zwar sind Bewegungselemente von einem Teil der deutschen Gewerkschaften niemals völlig aufgegeben worden; die tradierte Praxis erfolgreicher Verhandlungen schließt jedoch eine rasche und vollständige Orientierung an Bewegungspolitik aus. Selbst wenn die deutschen Gewerkschaften wollten, würde es ihnen für einen Schwenk zu militanter Bewegungspolitik an geeigneten Strukturen und sicherlich auch an entsprechendem Personal fehlen. Umgekehrt können wertschöpfungsorientierte Ansätze gegebenenfalls standortpolitische Erfolge wie den Erhalt von Arbeitsplätzen vorweisen, ohne dass dies zu einer organisationspolitischen Stärkung von Gewerkschaften führen muss (Dörre/Röttger 2006). Eine Feststellung Nissens bleibt daher trotz aller Differenzierungen relevant. Sozialpartnerschaft basiert letztlich auf einem relativen Machtgleichgewicht von Kapital und Arbeit. Dieses Gleichgewicht kann nur fortbeste-

hen, wenn auch genügend Mittel vorhanden sind, um Machtressourcen zu reproduzieren, mit deren Hilfe der Ausprägung großer Machtasymmetrien gegebenenfalls wirksam entgegen getreten werden kann (Fichter/Greer 2004: 87, Heery u.a.
2003: 89 f., Danford u.a. 2002, Hyman 1999). Wertschöpfungsorientierte Strategien laufen daher beständig Gefahr, Machtgleichgewichte vorauszusetzen, zu
deren Erhalt sie nur noch begrenzt beitragen (die „Besser-statt-billiger"-
Kampagnen im Organisationsbereich der IG Metall versuchen freilich, dies über
eine wertschöpfungsorientierte Strategie zu verändern). Diese Problematik lässt
sich auch nicht mit salvatorischen Floskeln, etwa der Beschwörung einer prinzi-
piellen Vereinbarkeit von Konflikt und Kooperation, bewältigen. Vielmehr
kommt es darauf an, konkrete „Mischungsverhältnisse" solcher Praktiken in
vergleichbaren Kontexten zu analysieren und hinsichtlich ihres Beitrages zur
Revitalisierung von Gewerkschaften zu bewerten.

4.5 Erneuerung durch Kampagnenfähigkeit

Ein wichtiges Instrument des social movement unionism sind comprehensive
campaigns. Bronfenbrenner und Hickey (2003; 2004) haben am Beispiel US-
amerikanischer Gewerkschaften mit qualitativen und quantitativen Methoden
untersucht, welche Aktionsformen am besten zu gewerkschaftlichen Erfolgen
beitragen. Sie gelangen überraschenderweise zu dem Ergebnis, dass ein positiver
Ausgang nicht so sehr von der Branche oder der Unternehmensstruktur abhängt,
sondern vor allem von der Art der Kampagne und ihrer Intensität beeinflusst
wird. Erfolgreich sind Ansätze, die möglichst viele Instrumente zur Beteiligung
von Mitgliedern und zur Ausübung von Druck auf die Arbeitgeberseite vereinen
(Bronfenbrenner/Hickey 2004: 21 ff.). Comprehensive bedeutet hier so viel wie
verständig, verstehend oder begreifend.[48] Bei einer comprehensive campaign
handelt es sich somit um eine „verstehende Kampagne", in der verschiedene
Elemente zusammengeführt werden, um sich einen Begriff von der Sache, von
der Branche, den Unternehmen und deren spezifischen Problemen zu machen
und danach zu handeln (Schmalstieg 2007b).
      Die Autoren legen Eckpunkte für einen erfolgreichen Wandel der US-
Gewerkschaften, einen „Blueprint for Change" (Bronfenbrenner/Hickey 2004:
37-41), vor[49] – wichtige Punkte daraus sind:

---

[48] Gewöhnlich wird comprehensive campaign mit „umfassender Kampagne" übersetzt (vgl. Dribbusch 2007: 35). Wir setzen bewusst einen anderen Akzent, um das Verstehen der Feld- und Organi-
sationsbedingungen für den Erfolg einer comprehensive campaign zu betonen.
[49] „... union success in certification elections depends on a comprehensive union-building strategy
that incorporates the following ten elements, each of which is a cluster of key union tactics, that we

- die Bereitstellung ausreichender personeller und finanzieller Ressourcen für die Entwicklung und Durchführung von Kampagnen
- eine strategische Ausrichtung der Mitgliederrekrutierung, die auf Recherchen und Analysen von Machtverhältnissen basiert, um so die richtigen organizing-Ziele zu identifizieren und eine Schrittfolge eskalierender Taktiken im Vorhinein festzulegen
- die Implementierung einer Kampagne an der Basis, statt Durchführung von Top-Down-Werbekampagnen
- die Festlegung von Zielen, die erreicht werden müssen, bevor weitergemacht wird, um Verlust und Enttäuschung gering zu halten
- die Entwicklung eines Bewertungssystems zur Einschätzung des Unterstützungsgrades in der Belegschaft
- die Gründung von Bündnissen mit anderen Gewerkschaften sowie Gruppen aus dem Gemeinwesen, der Politik, den Kirchen und anderen Nicht-Regierungs-Organisationen
- die Durchführung von Bildungs- und Trainingsmaßnahmen für Mitglieder und Funktionäre – auch im organizing-Prozess
- die Anpassung von Strategien eventuell aufgrund der Demografie von Belegschaften
- die internationale Bearbeitung von Vertragsverhandlungen in multinationalen Unternehmen durch Gewerkschaften, d.h. Erweiterung örtlicher in transnationale Kampagnen
- die Einbeziehung von Mitgliedern in die Hauptaufgaben der Gewerkschaftsarbeit (Vertragsverhandlungen, politische/legislative Aktivitäten und Mitgliedergewinnung), um nicht nur einzelne Berufsgruppen, sondern die gesamte Firma oder gar die Branche als organizing-Feld ins Visier zu nehmen
- die Unterbindung von Konkurrenzen zwischen Gewerkschaften, um Reibungsverluste bei der Organisierung neuer Branchen und Gruppen zu vermeiden

---

argue are critical to union organizing success in the current environment: (1) adequate and appropriate staff and financial resources, (2) strategic targeting, (3) active and representative rank-and-file organizing, (4) active participation of member volunteer organizers, (5) person-to-person contact inside and outside the workplace, (6) benchmarks and assessments to monitor union support and set thresholds for moving ahead with the campaign, (7) issues which resonate in the workplace and in the community, (8) creative, escalation external pressure tactics involving members outside the workplace, locally, nationally, and/or internationally, (9) building for the first contract campaign." (Bronfenbrenner/Hickey 2004: 21)

Neuere wissenschaftliche Auswertungen der organizing-Kampagnen britischer Gewerkschaften bestätigen im Großen und Ganzen die in den USA gemachten Beobachtungen (Gall 2005, Heery/Simms 2007a, Heery/Simms 2007b, Simms 2005, Simms 2007). In ihrer Auswertung der organizing-Aktivitäten des TUC und der USDAW identifizieren Heery/Simms (2007a) sowohl „interne" als auch „externe" Hindernisse, die einem erfolgreichen organizing im Weg stehen können. Vor allem die internen Hindernisse entsprechen den in den US-amerikanischen Studien gemachten Beobachtungen: Mangelhafte Ressourcenausstattung, fehlende organizing-Tradition, interner Widerstand und vor allem die fehlende Unterstützung durch die Gewerkschaftsführung wurden von den gewerkschaftlichen Organizern als häufig auftretende Probleme benannt (Heery/Simms 2007a: 12-19).

Hinsichtlich der externen Hindernisse erfolgreichen organizings gibt es offensichtlich einen bedeutenden Unterschied zwischen Großbritannien und den USA. Während in den USA eine große Mehrheit der Arbeitgeber gewerkschaftlichen Aktivitäten negativ gegenüber steht, ist das Bild in Großbritannien gemischt (Heery/Simms 2007b: 23). Die empirische Analyse zeigt, dass organizing-Kampagnen in den Betrieben signifikant erfolgreicher sind, in denen die Arbeitgeber keine explizit gewerkschaftsfeindliche Politik verfolgen. Daraus zu folgern, die organizing-Aktivitäten müssten auf bereits gewerkschaftlich organisierte Betriebe und Branchen beschränkt werden, wäre jedoch problematisch. Dies auch, weil die Erhöhung der Repräsentativität ein zentrales Ziel der organizing-Aktivitäten des TUC (Simms 2005, 2007) ist. Daher empfehlen Heery/Simms (2007b: 24) eine „Politik der schrittweisen Grenzverschiebung" („policy of close expansion"),

> „in which unions use existing recognition arrangements as a lever to unionise previously excluded categories of worker or employing units that fall outside recognition arrangements. 'Bargaining to organize', that is using an existing recognition agreement to develop new agreements with the same or associated employers, is an undeveloped tactic in Britain but seems rational, given the importance of employer support for organizing outcomes. It may be of particular assistance to public service unions seeking to unionize sub-contractors."
> [„in der die Gewerkschaften bereits bestehende Einflussfelder als Hebel nutzen, um zuvor ausgeschlossene Beschäftigtengruppen zu organisieren, die außerhalb des bisherigen Einflussfeldes waren. 'Verhandeln um zu Organisieren' – also ein existierendes Einflussfeld zu nutzen, um neue Übereinkünfte mit demselben oder mit verbundenen Arbeitgebern zu entwickeln – ist eine unterentwickelte Taktik in Großbritannien, die allerdings sinnvoll erscheint, wenn man den Beitrag der Arbeitgeber zu Organisierungserfolgen berücksichtigt. Sie könnte insbesondere für Gewerkschaften des öffentlichen Dienstes hilfreich sein, die danach streben, die Unterauftragsnehmer gewerkschaftlich zu organisieren."]

Dieser Ansatz basiert auf einer Umverteilung der Organisationsmacht gewerkschaftlicher Kernbereiche – mit dem Ziel, nicht nur den zahlenmäßigen Organisationsgrad, sondern auch die Repräsentativität der Gewerkschaften zu erhöhen. Ein Vergleich von „internen" und „externen Hindernissen" für erfolgreiches organizing kommt zu dem Schluss, dass beide ungefähr die gleiche Bedeutung besitzen. Den britischen Gewerkschaften schreiben Heery/Simms (2007a: 34) ins Stammbuch, zunächst ihre internen Probleme zu lösen. Denn die Gewerkschaften

> „are not absolutely determined; they can manage themselves and their organisers to push back the boundaries of constraint."
> [„sind nicht vollständig determiniert. Sie können sich selbst und ihre Organizer veranlassen, ihren Spielraum zu erweitern."]

Letztendlich zeigen die zitierten Studien, dass eine halbherzige Hinwendung zum organizing wenig Erfolg verspricht. Organizing wird nur dann zu einer innovativen Praxis, wenn es auf eine umfassende Erhöhung der Organisationsmacht (Mitgliederzahlen plus Repräsentativität) abzielt. In diesem Zusammenhang wird deutlich, dass Kampagnenfähigkeit höchst Unterschiedliches bedeuten kann. Legt man den strengen Maßstab von comprehensive campaigns an, so dürften viele Gewerkschaftsaktivitäten, die unter der Bezeichnung „Kampagne" zusammengefasst werden, ein solches Niveau gar nicht erreichen.

Insofern ist eine Kampagnenorientierung für sich genommen noch kein Indikator für den Übergang zu social movement unionism und nachhaltigem organizing. Vielmehr lassen sich Kampagnen mit durchaus konventionellen Vertretungspraxen verbinden. Systematische Untersuchungen der Kampagnen unterschiedlicher Gewerkschaftsgliederungen stehen noch aus. Das Instrument der comprehensive campaign impliziert nicht zuletzt ein stärker aktionsorientiertes Verhältnis von Wissenschaftlern und gewerkschaftlichen Praktikern. Eine comprehensive campaign erfordert, dass Wissenschaftler und Gewerkschafter gemeinsam zunächst am Verständnis einer Branche oder eines Unternehmens und dessen Beschäftigten arbeiten müssen, um so überhaupt erst die analytischen Grundlagen für eine angemessene organizing-Strategie entwickeln zu können.[50] Auf deutsche Verhältnisse übertragen würde das nicht nur ein erneuertes Set an

---

[50] Das Reden/Anwerben auf „Augenhöhe", ähnlich dem Bourdieuschen „Verstehen", beinhaltet eine Methode, deren Relevanz z.B. für die Werbung neuer Beschäftigtengruppen zu prüfen wäre. Die Gewerkschaftssekretäre hätten sich im Idealfall „an den Ort zu versetzen", den die Beschäftigten im Sozialraum einnehmen. Die Gewerkschafter müssten lernen, zu verstehen, welche Probleme die anvisierten Beschäftigtengruppen aufgrund dieser „Situiertheit" haben. Dieses „Verstehen" wäre die zentrale Voraussetzung für eine Entwicklung angemessener Informations- und Aktionsformen (Schmalstieg 2007a: 3 f.).

Forschungsmethoden bedeuten, sondern auch einen Wissenschaftler-Typus voraussetzen, der bereit wäre, sich auf die „Niederungen" gewerkschaftlicher Basisarbeit einzulassen. Dass ein solcher Wissenschaftlertypus in den Hochschulen entsteht, ist gegenwärtig wohl nur schwer denkbar. Und auch der Typus von gewerkschaftlichem Funktionär oder Gewerkschaftsaktivisten, der Willens und in der Lage wäre, mit solchen Wissenschaftlern zu kooperieren, müsste wohl nicht nur hierzulande erst noch ausgebildet werden.

4.6 Bündnispolitik – eine unterschätzte Ressource?

Ein wichtiger Bestandteil eines weiten organizing-Ansatzes ist coalition building, eine Politik der Bündnisse mit sozialen Bewegungen, deren Ressourcen auch für die Gewerkschaften genutzt werden sollen. Coalition building ist für Bereiche mit bereits stark geschwächten Gewerkschaften unabdingbar, wirft aber bei den Bündnispartnern die Frage nach wechselseitigem Nutzen auf.

Frege, Heery und Turner (2004: 137-158) haben gezeigt, dass Bündnispolitik in allen Gewerkschaftsmodellen eine seit längerem genutzte Strategievariante ist, die vorrangig dazu dient, einen Zugang zu Ressourcen zu verschaffen, über die die Arbeitnehmerorganisationen ansonsten nicht oder nur unzureichend verfügen könnten (ebd.: 139). Allerdings ist Bündnispolitik im Handeln der meisten Organisationen eher zweitrangig und dient vor allem der Unterstützung primärer Gewerkschaftsaufgaben: Mitgliederwerbung und -repräsentation, Auseinandersetzung mit Arbeitgebern und Beteiligung am politischen Prozess (ebd.: 141). Hauptgründe für die Bündnisbildung sind (1) Zugang zu finanziellen und materiellen Ressourcen der Bündnispartner; (2) Zugang zu Mitgliedern der Bündnispartner als neuen potenziellen Gewerkschaftsmitgliedern, (3) Zugang zur fachlichen wie politisch-strategischen Kompetenz der Bündnispartner, die für Gewerkschaftsarbeit relevant und in der eigenen Organisation nicht vorhanden ist; (4) Übertragung des Ansehens von Bündnispartnern auf die Gewerkschaft und (5) Erhöhung der Mobilisierungsfähigkeit durch Einbeziehung von Mitgliedern der Bündnispartner in Gewerkschaftsbelange[51] (ebd.: 139-141).

Bündnisse unterscheiden sich durch die Wahl der Bündnispartner, ihre Dauer, Ziele, Methoden und Erfolgsgrade. Drei Typen der Bündnispolitik werden von Frege u.a. (2004: 142-144) identifiziert: (1) „Vorreiter-Koalitionen", Bündnisse mit Gewerkschaften an der Spitze, in denen Bündnispartner eine nachgeordnete, unterstützende Rolle spielen, (2) Bündnisse zur Verfolgung gemeinsa-

---

[51] „... community-based organizing of new union members often relies on ethnic or faith-based partners to facilitate union access to minority workers" (Frege u.a. 2004: 140). Vgl. Milkman/Wong 2001, Fine 2005.

mer Anliegen („common-cause-coalitions") und (3) integrative Bündnisse, in denen Gewerkschaften die Belange der Bündnispartner unterstützen und Ziele der Partner in die eigene Programmatik und Praxis übernehmen. Darüber hinaus lassen sich Bündnisse nach der Art der Intervention unterscheiden. Es gibt „Einflussbündnisse" („coalitions of influence"), in denen Gewerkschaften mit anderen Insiderorganisationen ihre politische Agenda vorantreiben, und „Protestbündnisse" („coalitions of protest"), mit denen Gewerkschaften ihre Mitglieder und die ihrer Partnerorganisationen mobilisieren, um Druck auf die Regierung auszuüben.

Als Faktoren, die eine Bündnisbildung befördern (ebd.: 145-150), werden identifiziert: (1) schwindende Ressourcen der Gewerkschaften (Koalition wird aus einer Position der Schwäche heraus eingegangen); (2) Erweiterung der politischen Agenda und damit der Interessenvertretung; (3) außergewerkschaftliches Engagement der Gewerkschafter und ein damit (4) kompatibles Selbstverständnis der Organisation; (5) eine Präsenz von Bündnispartnern, die Koalitionen nahe legen und (6) ein bündnisfähiges politisches Umfeld. Bündnispolitik ist in keinem der untersuchten Länder ein primäres Mittel der Gewerkschaftserneuerung. Dennoch gehen die Autoren davon aus, dass Bündnispolitiken an Bedeutung gewinnen werden, weil die Gewerkschaften angesichts ihrer Mitglieder- und Einflussverluste gezwungen sind, neue Taktiken anzuwenden und mit anderen gesellschaftlichen Gruppen zusammenzuarbeiten. In dem Maße, wie sich Gewerkschaften anderen Themen zuwenden und ihre politische Agenda erweitern, wird Solidarität eher auf inklusiven als auf exklusiven Vorstellungen fußen müssen. Die sozio-ökonomischen Transformationsprozesse werden Gewerkschaften ebenfalls verstärkt zu politischen Bündnissen drängen. Das gilt z.B. für Themen wie Globalisierung und internationale Arbeitsstandards, Geschlechterdemokratie, Internationalismus, Umweltbewegungen und Anti-Faschismus.

Doch nicht nur in den westlichen Industrienationen, auch in Ländern mit geringen Arbeitnehmerrechten, etwa in Südkorea (mit Hilfe ethnographischer Fallstudien: Chun 2005; in einem Überblicksartikel: Kim/Kim 2003), den Philippinen (mit einem Kampagnenvergleich: McKay 2006) und beim Sonderfall Hongkong (Beispiele gewerkschaftlicher Entwicklung finden sich in: Hong/Ip 2003), greifen Gewerkschaften in der Hoffnung, ihre Durchsetzungsfähigkeit zu erhöhen, auf Gemeinwesenarbeit zurück.

Mit Blick auf den Zusammenhang von Bündnispolitik und Gewerkschaftserneuerung kann festgestellt werden, dass die Konstitution von Bündnissen oft mit einer Veränderung von Zielen und Taktiken der Gewerkschaften einhergeht. Dennoch ist es schwierig, den genauen Beitrag zu bestimmen, den Bündnispolitiken zur Revitalisierung leisten können. Als innovativ kann die Gründung von Bündnissen betrachtet werden, die den Zugang zu neuen Mitgliedergruppen

Tabelle 4:   Bedeutung von Bündnissen im Ländervergleich

	USA	GB	D	Spanien	Italien
Aktive Bündnis- politik	ja, zunehmend mit Abkehr vom business unionism	ja, aber geringes Ausmaß	ja, vorwiegend zu Fragen außer- halb der gewerk- schaftl. Kern- themen	wenig promi- nent, eher „orga- nische" Gewerk- schaftsbewegung	wenig promi- nent, eher „orga- nische" Gewerk- schaftsbewegung
Themen	- Living Wage - Anti-Sweat Shop - Umweltfragen - Globalisie- rungskritik (Seattle) - Affordable Housing	- Living Wage - Anti-Sweat Shop - Umstrukturie- rung des öfftl. Sektors - Ethical Trade - Rent control	- Umweltthemen - Rechtsextrem - Arbeitslosigkeit - Sozialabbau		
Partner	- Glaubens- gemeinschaften - Gemeinwesen- organisationen - studentische Organisationen - Umwelt- gruppen	- Mieter- organisationen	- antifaschisti- sche Gruppen - Arbeitslosen- initiativen - Umwelt- gruppen - Anti-Globali- sierungsinitiati- ven	breite soziale Basis der Gew., tlw. ergänzt um neue Partner: - Umwelt- gruppen - Einwanderer- organisationen	breite soziale Basis der Gew., tlw. ergänzt um neue Partner: - Umwelt- gruppen - Einwanderer- organisationen - Behinderten- organisationen - Transsexuel- lenbewegung
Art der Unter- stützung	- Bargeld und Essen zur Auf- rechterhaltung von Streiks - Rechtsgutach- ten - Mobilisierung	- Bargeld, Essen zur Aufrechter- haltung v. Streiks - Knowhow Ar- beitsbeding. an- derer Länder - Mobilisierung	- Expertise und Gutachten zu verschiedenen Themen - Mobilisierung		
Häufigste Bündnisse	- Vanguard - Protest	- Vanguard - Protest	- integrativ - Einfluss		
Erklärung für Aus- maß von Bünd- nissen	- lebendige, vielfältige Zivil- gesellschaft - gew.-feindliche Gesetzgebung und Praxen - dezentrale Einflussmög- lichkeiten		- starke sozial- partnerschaft- liche Arrange- ments - vielfältige Zivilgesellschaft	- Mangel an Zivilgesellschaft - postfaschisti- sche Situation - Themen der soz. Bewegun- gen oft Quer- schnittsthemen der Gew.	- Mangel an Zivilgesellschaft - Themen der soz. Bewegun- gen oft Quer- schnittsthemen der Gew.

verbessern (USA, GB) oder die zum Zweck der Kommunikation und Informationsverbreitung (Einbeziehung Dritter, um gewerkschaftsrelevante Informationen zu verbreiten) geschlossen werden.

In den USA ist Bündnispolitik ein Mittel für schwache Gewerkschaften, um überhaupt Zugang zu bestimmten Mitgliedergruppen zu bekommen. In Deutschland sind die Gewerkschaften auch in der Repräsentationskrise nach wie vor stärker als die meisten Bewegungen, sodass ein direkter organisationspolitischer Nutzen von Bündnissen nicht unbedingt gegeben ist. Dennoch bietet Bündnispolitik auch hierzulande unter Umständen ein bislang unerschlossenes Potenzial für die Mitgliedergewinnung, etwa bei bislang vernachlässigten Beschäftigtengruppen im Niedriglohnsektor. So könnte z.b. die Zusammenarbeit mit Eigenorganisationen von Einwanderern und ihren Nachkommen vertrauensbildend wirken und die Mitgliederwerbung voranbringen. Insgesamt steht eine systematische Untersuchung des Stellenwerts von Bündnispolitik (nicht nur) in Deutschland aus. Offen bleibt in den wenigen verfügbaren Untersuchungen, welchen Nutzen die Bündnispartner der Gewerkschaften aus diesen Koalitionen ziehen können. Auch Frege u.a. (2004) beantworten diese Frage nicht. Stattdessen wird Bündnispolitik vor allem unter dem Blickwinkel des Nutzens für die Gewerkschaften betrachtet und insofern als Einbahnstraße konstruiert („rent-a-collar-Phänomen"). Bündnispolitik (von Gewerkschaften) kann jedoch letztendlich nur dann nachhaltig wirken, wenn sie auf Reziprozität gegründet ist.

4.7 Organizing in Bereichen hochqualifizierter und prekärer Arbeit

Weit gefasste organizing-Ansätze können prinzipiell auf unterschiedliche Beschäftigtengruppen zielen. Mit ihrer starken Betonung von Gerechtigkeitsfragen sind sie z.b. bei den überwiegend schwach organisierten Gruppen prekär Beschäftigter einsetzbar. Es gibt aber auch Beispiele für erfolgreiches organizing im Hochqualifiziertenbereich, etwa in der IT-Industrie.

Ein Blick nach Großbritannien verrät, dass britische Gewerkschaften vor einem ähnlichen Dilemma stehen wie die deutschen Arbeitnehmerorganisationen (Heery/Simms 2007a: 25). Kampagnen lassen sich bei der Rekrutierung von neuen Mitgliedern besonders effizient nutzen, wenn sie in bereits gewerkschaftlich organisierten Betrieben stattfinden und auf Arbeitgeber treffen, die sich positiv oder zumindest neutral verhalten. In einer Logik schneller Erfolge liegt es daher nahe, die knappen Ressourcen für Aktivitäten in den gewerkschaftlichen Hochburgen (Branchen und Unternehmen) zu reservieren. Der Krise gewerkschaftlicher Repräsentation ist so jedoch nur begrenzt beizukommen. Weit gefasstes organizing zielt daher stets auch auf eine verbesserte Repräsentativität:

Frauen, ethnische Minderheiten und atypisch Beschäftigte sind wichtige Adressaten der organizing-Aktivitäten britischer Gewerkschaften (Heery/Simms 2007a, 2007b). Innovative Praktiken müssen sich daran messen lassen, ob es gelingt, diese Gruppen stärker zu organisieren – und zwar nicht nur kurzfristig, sondern dauerhaft und nachhaltig.

IT-Organizing
Die Anwendung von organizing-Konzepten in Firmen der so genannten „New Economy" wurde von Gregor Gall (2005) auf der Basis einiger Dutzend Experteninterviews untersucht. Dabei schildert er die besonderen Schwierigkeiten, auf die Gewerkschaften in neuen Branchen mit einem niedrigen Organisationsgrad stoßen. Gall zeigt, dass neben der Dichotomie zwischen Service und organizing tendenziell (nicht notwendig) eine zweite Dichotomie existiert: die zwischen Partnerschaft und Militanz.

Der Service-/Partnerschafts-Ansatz versucht, Allianzen auf der Grundlage von antizipierten Win-Win-Situationen mit den Unternehmen einzugehen. Diese Allianzen sind meist standortbezogen und stehen damit vor dem Problem, selbst zu einem Verstärker zwischenbetrieblicher Konkurrenz zu werden. Kämpferische organizing-Ansätze dagegen sind abhängig von einem hohen Engagement der Gewerkschaftsmitglieder vor Ort, sie benötigen Unterstützung von außen und haben mit gewerkschaftsfeindlichen Haltungen und Aktivitäten der Unternehmer zu kämpfen. Die differierenden Ansätze sind letztlich aber nicht klar voneinander abgrenzbar. Methoden und Taktiken aller genannten Ansätze können ineinander übergehen und sich kreuzen (z.B. organizing-Methoden, um Unternehmen zur Partnerschaft zu drängen). Oft wird Gall zufolge nicht berücksichtigt, dass die (finanziellen, personellen und organisatorischen) Kosten des organizing in der New Economy für Gewerkschaften höher sind als in klassischen Organisationsbereichen: Die Gewerkschaften verfügten dort über weniger Kontakte, eine geringere Basis und es fehlt an Erfahrung. Daher sei es entscheidend, branchenspezifische Strategien zu entwickeln.

Ziel aller Kampagnen in den 13 von Gall untersuchten Firmen war es, eine nachhaltige Stärkung der betrieblichen Gewerkschaftsarbeit zu erreichen. Als Ausgangspunkt der Kampagnen dienten die „Initial Grievance Identification", bei der z.B. Beschwerden über Bezahlung, Belästigungen und Arbeitszeiten gesammelt wurden. In der Mehrzahl der Fälle ist dieser Prozess von Gruppen aus Gewerkschaftern und Nicht-Mitgliedern initiiert worden. Die nächste Stufe bestand in der Kontaktaufnahme mit den Beschäftigten, verbunden mit der Ermittlung von Missständen im Unternehmen (durch Treffen, Sprechstunden, Mapping, Umfragen). Bestimmt werden musste dann durch die Gewerkschafter, zu welchem Zeitpunkt das Ziel der Anerkennung einer Gewerkschaft öffentlich bekannt gemacht werden sollte. Diese Stufe wurde früher erreicht, wenn das Unternehmen über eine zentrale Arbeitsstätte und eine kleine, relativ homogene Belegschaft verfügte. Gall nennt diese Stufe „initial stage". Die Aufgabe besteht hier vor allem darin, „propaganda against the company and for the union" (ebd.: 47) zu betreiben, um überhaupt ein „milieu of support" zu generieren, während im „advanced stage" bereits eine erste „de facto" Gewerkschaftsanerkennung durch Verhandlungen betrieben wird.

In den meisten untersuchten Fällen (10 von 13) wurden die Kampagnen von Hauptamtlichen geleitet. Die rechtlichen Rahmenbedingungen des Employment Relations Act erlauben es Gewerkschaften in Großbritannien, gegen den Willen der Unternehmen als Verhandlungspartner anerkannt zu werden. Oftmals ist dort, wo Gewerkschaften vor jeder „recognition" zunächst Verhandlungen mit dem Unternehmen führen, das eigentliche Ziel, die Mitgliederzahlen so weit zu erhöhen, dass die Gewerkschaften mit einem Antrag auf Anerkennung drohen können, falls es zu keiner freiwilligen Anerkennung kommt. Die formale Anerkennung ist für die Gewerkschaften das Hauptziel. Daraus resultiert eine Schwerpunktsetzung auf Quantitäten; eine möglichst große Mitgliederzahl soll die betriebliche Gewerkschaftsarbeit „less robust" machen. In der Mehrzahl der von Gall untersuchten Fälle geraten die Kampagnen folgerichtig zu einem „numbers game", welches sie für aggressive Gegenreaktionen des Managements anfällig machte. Tatsächlich konnten Anerkennungen nur in jenen Fällen erreicht werden, in denen die Kampagnen von einem starken „workplace unionism" getragen wurden. In keinem der Fälle haben Gewerkschaften dabei auf das Mittel des Arbeitskampfes oder auf eine Partnerschaftsstrategie zurückgegriffen.

Die Aggressivität der unternehmerischen Reaktionen ist nach Gall keine hinreichende Erklärung für Erfolg oder Niederlage gewerkschaftlicher organizing-Kampagnen. Erfolge waren auch in Unternehmen möglich, in denen das Management starken Widerstand gegen die Anerkennung der Gewerkschaft geleistet hat. Entscheidend ist laut Gall hingegen die Frage, ob und wie Gewerkschaften sich selbst in die Lage versetzen, ihre Macht gegenüber den Arbeitgebern zu erhöhen. Antigewerkschaftliche Taktiken in der New Economy unterschieden sich nicht wesentlich von denen in anderen Bereichen, Gewerkschaften seien mit ihnen vertraut. Das bedeute, die Gewerkschaften müssten ihre Mitglieder schon im Vorfeld der Kampagnen stärker gegen Desinformation und Vergeltungsdrohungen, aber auch gegen „substitutionistische" Taktiken der Arbeitgeber immunisieren („inoculation").

Gall bilanziert, dass Gewerkschaftsanerkennung in der New Economy möglich sei, aber zwei Schwalben machten „noch keinen Sommer" (ebd.: 61). Eine gesetzliche Unterbindung von „unfair labour practices" seitens der Unternehmer sei zwingend erforderlich, um die Effekte antigewerkschaftlicher Maßnahmen

einzudämmen. Deutlich werde auch, dass eine Entgegensetzung von Service-
und organizing-Ansätzen nicht fruchtbar sei, beide Ansätze ergänzten sich ge-
genseitig.[52] Ein Gutteil der inneren Dynamiken der von Gall untersuchten organizing-Kampagnen geht auf die spezifischen rechtlichen Rahmenbedingungen
für Gewerkschaftsanerkennung in Großbritannien zurück. Strukturell sind einige
der Fälle jedoch auch für den bundesdeutschen Kontext relevant.

Organizing bei Frauen und prekär Beschäftigten
Eine wichtige Herausforderung der Gewerkschaften besteht nach wie vor darin,
Solidarität über soziale und kulturelle Vielfalt hinweg zu organisieren. Kate
Bronfenbrenner (2005a: 545) hat in ihren Untersuchungen herausgearbeitet, dass
die Organisierungserfolge in mehrheitlich aus Frauen bestehenden Belegschaften
wahrscheinlicher sind als in gemischt-geschlechtlichen oder von Männern dominierten Belegschaften. Sind die Arbeiterinnen zudem „women of color", erhöht
sich der Organisierungserfolg noch einmal signifikant; insbesondere zeigt sich
dies in der Gesundheitsversorgung, in Hotels, in der Nahrungsmittelbranche, bei
Gebäudedienstleistern, Pflegediensten und in der einfachen Manufaktur (2005b:
441 f.). Diese Beobachtung korrigiert das verbreitete Vorurteil, in Segmenten mit
prekärer Beschäftigung und hohen Frauenanteilen sei es für Gewerkschaften
unmöglich, Fuß zu fassen.
       Linda Briskin (1999) zeigt, dass die Organisierung von Frauen zu einer all-
gemeinen Demokratisierung von Gewerkschaften beitragen kann. Dies ist nicht
allein wegen der verbesserten Repräsentationsfähigkeit der Arbeitnehmerorganisationen, vielmehr begünstigt die Organisierung von Frauen die Durchsetzung
demokratischer Umgangsformen in den Gewerkschaften insgesamt. In den europäischen und nordamerikanischen Gewerkschaften habe sich die zweigleisige
Organisierung von Frauen – als Plattform innerhalb der Gewerkschaftsorganisation bzw. ihrer Dachverbände und die separate Organisierung außerhalb der
Gewerkschaft – als erfolgreiches Vorgehen erwiesen. Dieser zweigleisige Weg
habe auch dazu geführt, Aufmerksamkeit auf andere Diskriminierungserfahrun-
gen zu lenken. So seien Themen wie Rassismus, Benachteiligung von Schwulen
und Lesben und Anliegen von Behinderten oft erst auf die Tagesordnung gekommen, als Frauenforen die Sensibilität auch für die spezifische Problematik
dieser Gruppen geschärft hätten (Briskin 1999: 551).
       Die Organisierung von Migranten ist von Gewerkschaften lange Zeit eher
stiefmütterlich behandelt worden. Auf welche Ressourcen- und kulturellen Probleme Gewerkschaften bei einer Neuorientierung ihrer Praxis in diesem Feld stoßen, zeigt der Fallstudienansatz von Jane Holgate (2005). Aufgrund rassistischer

---

[52] Vgl. dazu auch Martens Untersuchung zum Ärztestreik 2007.

Diskriminierungen arbeiten Migranten, „black and ethnic minorities", in Großbritannien oftmals zu schlechteren Bedingungen als ihre in vergleichbaren Positionen beschäftigten weißen Kollegen. Der britische TUC hat aus diesem Grund
zu einem besseren Schutz von Arbeitergruppen mit Migrationshintergrund aufgerufen. Im untersuchten Fall sollten Arbeiter einer Sandwichfabrik organisiert
werden. Die Probleme, auf die die Gewerkschafter dabei stießen, führt Holgate
auf einen Mangel an „kultureller Sensibilität" seitens der Gewerkschaft zurück,
die auf Sprachprobleme nicht eingegangen sei und die Migranten nicht ausreichend informiert habe:

> „There was a sense that the regional official was not confident about dealing with
> equality issues. Yet it was clear that racism was a major issue to many workers. [..]
> Thus, the opportunity to organize around issues that the workers felt to be most im-
> portant to them was lost, and the failure to acknowledge the racialized nature of the
> employment practices at the factory did nothing to build trust and respect in the un-
> ion." (Holgate 2004: 475)
> [„Es gab ein Gefühl, dass der regionale Offizielle nicht wirklich davon überzeugt
> war, sich mit Fragen der Gleichbehandlung zu beschäftigen. Dennoch war klar, dass
> Rassismus für viele Beschäftigte ein wichtiges Thema war. [...] Auf diese Weise
> ging die Möglichkeit verloren, Beschäftigte über Themen zu organisieren, die sie
> selbst für höchst wichtig erachteten und das Versagen, die rassistische Natur von
> Beschäftigungspraxen in der Fabrik anzuerkennen, trug nicht dazu bei, Vertrauen
> auf oder Respekt für die Gewerkschaft zu begründen."]

Zu einer organizing-Praxis entlang der von Arbeitern definierten Probleme hätte
auch gehört, soziale Orte außerhalb des Betriebs in die Gewerkschaftsarbeit
einzubeziehen, also die Arbeiter und ihre „communities" aufzusuchen. Stattdessen habe die Arbeitsteilung zwischen der jungen, weiblichen Absolventin der
organizing-academy des TUC und dem weißen, älteren Gewerkschaftsfunktio-
när, der für die Verhandlungen mit dem Management zuständig war, das organi-
zing-Projekt letztlich torpediert. Es reiche nicht aus, so folgert Holgate, organizing-Konzepte auf die bestehenden Gewerkschaftsstrukturen zu applizieren.
Notwendig sei vielmehr eine Integration des organizing-Gedankens in die Ge-
samtkultur der Gewerkschaften.

Als ständig wiederkehrendes Problem erweist sich für Gewerkschaften, dass
mit sinkender Beschäftigungssicherheit zugleich die Bereitschaft zu einem Ge-
werkschaftsbeitritt abnimmt. In einer Untersuchung der Konsequenzen zuneh-
mender Beschäftigungsunsicherheit kommen Sverke und seine Kollegen (Sverke
u.a. 2004: 147, vgl. Sverke/Goslinga 2003) nach der Auswertung von Umfrage-
daten aus vier europäischen Ländern zu der Schlussfolgerung:

„From our investigations, it can be concluded that job insecurity predicts lower union satisfaction (in two samples), along with weaker union commitment (in one
country) and increased turnover intention (in two samples)."
[„Aus unseren Untersuchungen kann der Schluss gezogen werden, dass (in zwei Fällen) Job-Unsicherheit zu geringerer Zufriedenheit mit Gewerkschaften führen kann,
was mit einer abgeschwächten Bereitschaft, sich der Gewerkschaft gegenüber verpflichtet zu fühlen (in einem Land) und einer wachsenden Wechselabsicht einher
geht."]

Allerdings liefert das Sample mit Befragten aus Belgien, den Niederlanden, Italien und Schweden kein einheitliches Bild. Während in Schweden kein Zusammenhang zwischen Beschäftigungsunsicherheit und Organisierung besteht, ist
ein solcher in Italien vorhanden. In den beiden anderen Ländern lässt sich ein
loser Zusammenhang nachweisen. Unterschiede könnten, so die Autoren, nicht
allein durch unterschiedliche Niveaus von Beschäftigungsunsicherheit in den
Ländern erklärt werden. Entscheidend sei vielmehr, ob die Beschäftigten die
Gewerkschaft für die Beschäftigungsunsicherheit verantwortlich machten:

„[T]o the extent that members hold the union responsible to the experience of job insecurity, they would respond with reduced loyalty and be more inclined to exit from
the union" (Sverke/Goslinga 2003: 261).
[„In dem Maße, in dem die Mitglieder die Gewerkschaft als verantwortlich für die
Erfahrung der Jobunsicherheit betrachten, reagieren sie mit verringerter Loyalität
und vermehrten Überlegungen auszutreten".]

Die bereits angesprochenen empirischen Analysen von organizing-Kampagnen
im Dienstleistungssektor in Großbritannien bestätigen diese Befunde (Simms
2005, Simms 2007, Heery/Simms 2007). Aus gewerkschaftlicher Sicht ist die
Aufrechterhaltung der Repräsentationsbreite von Interessenvertretungsstrukturen
bei prekär Beschäftigten schwieriger als ihr Aufbau. Vor allem der Übergang
von der intensiven Phase des organizings hin zu einer dauerhaften repräsentativen Interessenvertretung auf der betrieblichen Ebene erweist sich als äußerst
problematisch. Während es den Gewerkschaften zumindest in den untersuchten
Fallbeispielen gelungen ist, Beschäftigte verschiedener Gruppen zu mobilisieren,
sinkt die Repräsentanz der Aktivisten nach einer erfolgreichen Etablierung von
Interessenvertretungsstrukturen (Simms 2005). Die Aussagen von Betroffenen,
vor allem Frauen und Teilzeitbeschäftigte, deuten darauf hin, dass es ihnen an
notwendigem Sozialkapital fehlt. Es wäre Aufgabe der Gewerkschaften, die
Beteiligung von Beschäftigten zu fördern, die nicht dem Typus des weißen,
männlichen „Normalarbeiters" entsprechen, der mit einem dauerhaften Vollzeit-
arbeitsverhältnis ausgestattet ist. Werden Kampagnen, die auch von Arbeitgebern
Unterstützung erfahren, mit Kampagnen verglichen, die auf gewerkschaftsfeind-

liche Arbeitgeber treffen, dann fällt auf, dass erstere größere Rekrutierungserfolge bei atypisch Beschäftigten (Teilzeit und Leiharbeit) und auch bei Frauen aufweisen (Heery/Simms 2007: 20 ff.). Dies könnte damit zusammenhängen, dass der Druck, der auf prekär Beschäftigten allgemein lastet (Dörre 2006), in Unternehmen mit aufgeschlossenen Arbeitgebern etwas abgemildert wird.

Während viele europäische Gewerkschaften jahrelang eine reservierte Haltung gegenüber atypischer Beschäftigung an den Tag legten, haben etliche Organisationen mittlerweile spezialisierte Beratungsangebote entwickelt, z.b. für prekäre Soloselbständige (Choi 2003) oder für Leiharbeiter. Als kontinentaleuropäisches Beispiel lassen sich die italienischen Gewerkschaften nennen. Die drei Gewerkschaftsdachverbände haben mit der strategischen Gründung von Gewerkschaften für atypisch Beschäftigte Ende der 1990er Jahre zahlreiche Beratungs- und Unterstützungsangebote entwickelt, die bislang in hohem Maße nachgefragt werden, insbesondere von der Gruppe der prekären Selbständigen (Choi 2004: 428 ff.). Als eine wichtige Dienstleistung ist hier die gewerkschaftliche Unterstützung bei der Steuererklärung zu nennen, die von vielen Mitgliedern genutzt wird – ein weiteres Beispiel, das belegt, wie Serviceangebote und offensives organizing sinnvoll verzahnt werden können. Inwieweit spezifische Gewerkschaftsorganisationen für prekär Beschäftigte auch politische Durchsetzungskraft entwickeln können, ist eine offene Frage (Bologna 2006). Skepsis ist allerdings angebracht. So fehlt es beispielsweise den neuen Selbständigen an der Fähigkeit zum Streik und damit an Durchsetzungsmacht. Unklar ist auch, ob der Aufbau von Beratungskapazität mit einer Ausweitung von Mobilisierungsfähigkeit im prekären Bereich verbunden sein kann.

In diesem Zusammenhang sind die österreichischen Erfahrungen interessant. Dort setzen die Gewerkschaften seit einigen Jahren auf zielgruppenorientierte Ansprache und Vertretung im prekären Bereich. Als Reaktion auf die Veränderungen in der Arbeitswelt hat sich vor allem die Dienstleistungsgewerkschaft GPA bereits Mitte der 1990er Jahre atypischen Beschäftigungsformen, darunter auch den neuen Selbständigen, zugewandt. Im Rahmen einer Organisationsreform 2000 wurden mit den Interessenorganisationen (IGs) Organisationseinheiten etabliert, die die Gewerkschaft nicht nur für neue Zielgruppen öffnen, sondern auch die Anliegen atypisch Beschäftigter in der gesamten Organisation vertreten sollen (vgl. Pernicka 2005: 219 ff.). Als problematisch erweist sich jedoch, dass die Vertreter der verschiedenen IGs bislang kaum Einfluss auf das gewerkschaftliche Kerngeschäft, die Betriebs- und Tarifpolitik, haben. Die Definition von Kollektivinteressen und die Ausrichtung der gewerkschaftlichen Vertretungspraxis werden weiterhin vor allem von den Kernbelegschaften mit Normalarbeitsverhältnissen geprägt.

Fassen wir zusammen: Organizing-Praktiken können in unterschiedlichen Segmenten des Arbeitsmarktes, im hochqualifizierten wie im prekären Bereich, angewandt werden. Ihren Ursprung haben sie jedoch in den wachsenden Segmenten mit unsicherer Beschäftigung, in denen Frauen, so genannte gering Qualifizierte und Migranten zumeist überdurchschnittlich stark vertreten sind. Dass es auch in solchen für Gewerkschaften traditionell schwierigen Bereichen zu Organisationserfolgen kommen kann, ist inzwischen wissenschaftlich belegt. Ob, wie und unter welchen Bedingungen sich solche Organisationserfolge wiederholen und auf Dauer stellen lassen, ist hingehen weitgehend ungeklärt. Angesichts der wachsenden Bedeutung unsicherer Beschäftigungsverhältnisse dürfte sich mit der Frage nach Möglichkeiten einer Selbstorganisation vermeintlich unorganisierbarer Gruppen ein wichtiges Forschungsfeld eröffnen.

4.8 Fazit: Zwei Grundvarianten des Organizing

Die Literaturauswertung hat gezeigt, dass weit gefasste organizing-Ansätze zu einem wichtigen Bezugspunkt sowohl der praxisorientierten Gewerkschafts- als auch der internationalen wissenschaftlichen Debatte geworden sind. Gleichwohl, auch das wird deutlich, handelt es sich keineswegs um eine beliebig praktizierbare Generallösung für sämtliche gewerkschaftliche Organisations- und Mobilisierungsprobleme. Betrachtet man die internationale Forschungsliteratur, so zeigt sich rasch, dass organizing nicht viel mehr als eine Sammelbezeichnung für höchst unterschiedliche Praktiken und Diskussionen darstellt. Als kleinster gemeinsamer Nenner unterschiedlicher Praktiken bleibt die Ausrichtung gewerkschaftlicher Aktivitäten auf eine Wiederherstellung oder Erweiterung gewerkschaftlicher Organisationsmacht. Jenseits dieses kleinsten gemeinsamen Nenners verdichtet sich der Eindruck organisationaler und begrifflicher Heterogenität. Manches, was im angelsächsischen Sprachraum als innovative Praxis gilt, ist aus der Perspektive der deutschen und kontinentaleuropäischen Gewerkschaften eher eine Selbstverständlichkeit. Andere Erfahrungen, etwa der Kampf um die Gewerkschaftsanerkennung, erscheinen wiederum derart spezifisch, dass eine einfache Übertragung dieser Praktiken von voluntaristischen angelsächsischen auf stärker institutionalisierte kontinentaleuropäische Systeme organisierter Arbeitsbeziehungen sich von selbst verbietet.

Sucht man etwas Licht ins Dunkel zu bringen, so lassen sich aus der gesichteten Literatur idealtypisch zwei Grundvarianten des gewerkschaftlichen organizing skizzieren (Tabelle 5). Das weit gefasste Modell korrespondiert mit einer grundlegenden Transformation des Selbstverständnisses und der politischen Ausrichtung der praktizierenden Gewerkschaften. Bei der engen Fassung von organizing-Konzepten handelt es sich demgegenüber eher um Ergänzungsstrategien, die die eingeschliffenen Kollektividentitäten, Organisationsstrukturen und die mit ihnen korrespondierenden Praxisformen weitgehend unberührt lassen.

Natürlich, auch das dürfte deutlich geworden sein, beinhaltet dieses Schema nicht mehr als eine grobe Klassifizierung disparater organizing-Ansätze. Es bietet eine Orientierung für wissenschaftliche Suchstrategien. Bei der Mehrzahl der empirisch vorfindbaren Ansätze, auch darauf haben wir hingewiesen, dürfte es sich um Mischformen dieser beiden Grundvarianten handeln.

Letzteres gilt z.B. für US-amerikanische „organizing-Gewerkschaften" wie die SEIU, die eindeutig eine Mischform zwischen einem „weiten", bewegungsorientierten Ansatz und einem engen, mit zentralistischen Praktiken kombinierten organizing-Konzept verkörpern. In der künftigen Debatte wird es zudem notwendig sein, stärker zwischen einem wissenschaftlich-konzeptionellen organizing-Modell und den empirisch erfassbaren organizing-Praktiken einzelner Gewerkschaften zu unterscheiden. Nach unserer Auffassung ist ein reduzierter organizing-Begriff, der wesentlich auf ein – inhaltlich neutrales – Set an Methoden und Rekrutierungstechniken zielt, wissenschaftlich weniger interessant. Stattdessen plädieren wir in Anlehnung an Voss, Sherman, Frege u.a. für eine vorläufige Begriffsdefinition, die explizit auf eine Kombination von Inhalten (Priorität von Gerechtigkeitsthemen gegenüber wirtschaftlicher Effizienz), organisatorisch-politischen Formen (direkte Mitgliederpartizipation) und Methoden (Kampagnenorientierung, Bündnispolitik etc.) abstellt. Wir verwenden diese weite organizing-Definition, weil sie Zusammenhänge zwischen der Revitalisierung gewerkschaftlicher Organisationsmacht und anderen Dimensionen gewerkschaftlicher Erneuerung betont. Dabei geht es uns jedoch keinesfalls um eine dogmatische Begriffsverwendung, sondern um eine vorläufig Orientierung für empirisch ausgerichete Suchstrategien, deren Ergebnisse dann zu neuen, präziseren Begriffsdefinitionen führen werden. Aus einer solchen Perspektive heraus wollen wir nachfolgend auf innovative Praktiken deutscher Gewerkschaften zugreifen.

Tabelle 5:   Die beiden Grundvarianten des Organizing

	Organizing weit	Organizing eng
Ausrichtung	Priorisierung von Gerechtigkeitsthemen gegenüber wirtschaftlicher Effizienz; Kombination mit zentralen gesellschaftlichen Themen, political unionism	Inhaltlich eher neutral, gegebenenfalls auch mit wertschöpfungsorientierten Ansätzen kombinierbar
Ziel	Stärkung gewerkschaftlicher Organisationsmacht zur Korrektur von Machtasymmetrien und Gesellschaftsveränderung; offensive Ausrichtung auf Organisationserfolge in bislang schwach organisierten Gruppen (prekär Beschäftigte, Frauen, hoch qual. Angestellte)	Mitgliederrekrutierung zur Stärkung gewerkschaftlicher Organisationsmacht; tendenziell Konzentration auf gewerkschaftliche Kerngruppen; allenfalls vorsichtige Ausweitung
Gegnerbezug	Bedeutsam, eher oppositionell und konfliktorientiert; entscheidend sind aber Abstimmung auf soziale Felder und Strategiemix	Nicht entscheidend, auch kooperativ möglich; zentral sind Strategievielfalt und – wissenschaftlich informierte – Abstimmung von Taktiken und Methoden auf die Besonderheiten des Feldes
Methoden, Mittel	Kampagnenorientierung, deren Praxis auch die gewerkschaftlichen Arbeitsstrukturen nachhaltig verändert	Kampagnenorientierung mit eher instrumentellem, teilweise professionalisiertem Charakter; teilweise Koexistenz mit der Routineorganisation
Träger	Scharniergruppen zwischen sozialen Bewegungen und Funktionärsapparat, aktive Mitglieder, unterstützt durch Zentrale	Vor allem Haupt- und ehrenamtliche Fuktionäre, teilweise professionelle Organizer
Organisation, Partizipation	Neue Formen direkter Partizipation, Demokratisierung und Dezentralisierung von Entscheidungsstrukturen bis hin zu „Mitgliederselbstbestimmung"	Selektiver Einsatz direkter Partizipation, Einbindung in hierarchische Entscheidungsstrukturen
Bündnisse	Bündnispolitik zur Erhöhung der Konfliktfähigkeit, Priorität bei Protestbündnissen	Eher instrumenteller Charakter von Bündnispolitik, keine Priorität bei Protest- oder Einflussbündnissen
Probleme	Hohe Maßstäbe für strategischen Organisationswandel und gewerkschaftliche Erneuerung; Limitierung der Konfliktfähigkeit; z.T. intensive Ressourcennutzung ohne kurzfristige Erfolge; schwach entwickelte Partizipationsbereitschaft von Mitgliedern	Tendenziell Reduktion auf ein Set an Methoden, technokratischer Charakter, Organizing als Selbstzweck, Limitierung der Kooperationsfähigkeit; drohender Rückfall in Organisationsroutine; dominante Stellung des Apparates gegenüber den Mitgliedern

5 Organizing – eine Option für die deutschen Gewerkschaften?

Thesen:

1. Weit gefasste organizing-Ansätze aus voluntaristischen Arbeitsbeziehungs-Systemen lassen sich nur in stark modifizierter Form auf deutsche Verhältnisse übertragen. Das spricht nicht gegen Lernprozesse und aktives Erproben solcher Ansätze durch heimische Gewerkschaften, wohl aber gegen naive „Best-Practice-Strategien".
2. Bei den deutschen Gewerkschaften lassen sich „ältere" und „neuere" Kampagnenorientierungen unterscheiden. Vom Ideal einer comprehensive campaign sind diese Ansätze jedoch überwiegend weit entfernt. Ein wichtiger Mangel ist, dass der Gedanke „Mitglieder werben Mitglieder" in diesen Kampagnen bislang kaum zum Tragen kommt.
3. In Deutschland muss eine Erneuerung gewerkschaftlicher Politik mit einer Veränderung im „Kerngeschäft", der arbeits-, betriebs- und tarifpolitischen Praxis, einhergehen. Hier finden sich Ansätze, die in gewisser Weise in die Richtung einer Beteiligungs-Gewerkschaft zielen, ohne dass sie bewusst vom Organisierungsmodell lernen.
4. Anders als in den angelsächsischen Kapitalismen sind die Gewerkschaften in Deutschland unweigerlich in die Transformation des Wohlfahrtsstaates einbezogen. Präsent sind sie allerdings primär bei von sozialem Abstieg bedrohten Gruppen, die von rekommodifizierenden Sozialpolitiken überwiegend Nachteile erwarten. Angesichts schwindender Einflussmöglichkeiten konventioneller politischer Lobbyarbeit fällt es den Gewerkschaften schwer, diese Gruppen angemessen zu vertreten.

Ungeachtet der praktischen Vielfalt und der begrifflichen Diffusität bleibt als Faktum, dass vielversprechende Berichte Gewerkschafter in den Metropolen wie auch in Schwellenländern veranlasst haben, organizing-Ansätze aus dem angelsächsischen Raum auf ihre spezifischen nationalen, lokalen und sektoralen Bedingungen zu übertragen. Dass dies angesichts der Verschiedenheit der institutionellen Rahmenbedingungen und der unterschiedlichen Gewerkschaftstraditionen nicht ohne Widersprüche, Brüche und Friktionen bleiben kann, liegt auf der Hand. Nachfolgend wollen wir daher zunächst das Problem der Übertragbarkeit literaturgestützt diskutieren (5.1), um anschließend einige ausgewählte Praktiken der deutschen Gewerkschaften zu inspizieren, die beanspruchen, innovative Problemlösungen für unterschiedliche Politikbereiche darzustellen. Ohne Anspruch auf Vollständigkeit sind dies Kampagnenorientierung (5.2), Kämpfe für Sozialtarifverträge (5.3), beteiligungsorientierte Betriebspolitiken (5.4), Interessenvertretung prekär Beschäftigter (5.5) sowie political action am Beispiel der Arbeitsmarktpolitik (5.6).

5.1 Probleme der Übertragbarkeit

Bei der Übertragbarkeitsdiskussion muss zwischen zwei Problemkreisen unterschieden werden. Ein erstes Problembündel resultiert aus der unzureichenden Umsetzung von organizing-Konzepten. Davon zu unterscheiden sind strukturelle Barrieren, die inkompatiblen sozio-ökonomischen und institutionellen Faktoren in den jeweiligen Ländern geschuldet sind. Wir gehen zunächst auf Literatur ein, die den ersten Problemkreis thematisiert.

Umsetzungsprobleme
Der Sammelband von Peter Fairbrother und Charlotte Yates (2003) illustriert ausführlich die Schwierigkeiten bei der Implementierung von organizing-Strategien in Neuseeland, Australien, Kanada und Großbritannien. In diesen Ländern wird explizit nach US-amerikanischem Vorbild gearbeitet, teilweise gar mit konkreter Unterstützung von US-Gewerkschaften. Eigene organizing-Aktivitäten reichen vom Aufbau spezieller Akademien zur Ausbildung von Organizern bis hin zur Durchführung von Kampagnen, die meist jedoch relativ bescheidene Ergebnisse brachten. Fairbrother und Yates führen die ernüchternde Bilanz zum Teil auf die unzureichende Umsetzung von organizing-Ansätzen infolge von innerorganisatorischem Widerstand, dem Ausblenden spezifischer Kontextbedingungen oder dem Festhalten an traditionellen Repräsentationsstrukturen zurück.

„Several unions, using the lexicon of the organizing model, tried to impose new organizing initiatives and strategies on to union branches and activists. Yet, (...) any simple imposition of this model was fraught with problems, most notably membership, staff and leadership resistance. In some places, the result has been adaptation of the model to fit varying union and national historical and institutional legacies. Elsewhere, in other unions, the organizing model has failed to take root at all or has been adopted in a piecemeal fashion. (...) many unions saw these new models of organizing as simply an effective means to mobilize both organized and unorganized workers as dues payers for the status quo rather than sincere effort to build real membership participation and ownership of their union." (Fairbrother/Yates 2003: 23).

[„Einige Gewerkschaften, das Lexikon des organizing-Modells nutzend, versuchten, neue organizing-Initiativen und Strategien bei einzelnen Gewerkschaftsabteilungen und Aktivisten einzuführen. Bislang waren alle einfachen Übertragungen mit Problemen überfrachtet, insbesondere mit dem Widerstand der Mitglieder, Beschäftigten und führenden Funktionäre. An einigen Orten war das Ergebnis eine Anpassung des Modells an variierende gewerkschaftliche, nationale, historische und institutionelle Wurzeln. (...) in anderen Gewerkschaften, konnte sich das organizing gar nicht verankern oder wurde nur bruchstückhaft adaptiert. (...) viele Gewerkschaften sahen diese Organisierungsmodelle eher als effektive Mittel um organisierte und unorganisierte Beschäftigte als Beitragszahler für den Status Quo zu gewinnen, denn als ernsthafte Versuche, eine wirkliche Mitgliederbeteiligung und Wiederaneignung der Gewerkschaften aufzubauen."]

In Neuseeland und Kanada haben einige Einzelgewerkschaften organizing-Strategien praktiziert, dafür jedoch nicht die Unterstützung des Dachverbands erhalten. Das innerorganisatorische Dilemma mündete in widersprüchliche Strategieansätze und führte zu einer verstärkten Konkurrenz der Einzelgewerkschaften untereinander:

„[T]he result has been a less coordinated, more diffuse approach and strategy. In Canada in particular, this localization of responsibility for organizing has led to growing rivalry and competition between unions, a situation that although not apparently detrimental to organizing success has further eroded that strategic capacity of labor federations, most notably the Canadian Labour Congress (CLC)." (Fairbrother/Yates 2003: 25)

[„Das Ergebnis war ein wenig koordinierter, eher diffuser Ansatz. Insbesondere in Kanada hat diese Zentralisierung der Verantwortung für organizing zu wachsender Konkurrenz und Rivalität zwischen den Gewerkschaften geführt, eine Situation, die zwar nicht unbedingt schädlich für den Organisierungsprozess sein muss, aber die strategischen Kapazitäten der Dachverbände schwächt, in besonderem Maße die des Canadian Labour Congress (CLC)."]

Eine andere Schwäche betrifft die unzureichende Einbindung von Mitgliedern in den Erneuerungsprozess. Es fehlt an hauptamtlichen Funktionären, an Multiplikatoren, die in den Betrieben für die Verankerung der Organisation sorgen könnten. In Australien war dies nach Einschätzung von Gerard Griffin, Rai Small und Stuart Svensen die Ursache für den Misserfolg der organizing-Ansätze des Dachverbandes ACTU.

„Regardless of the strength of the organizing model as a concept, it will fail in prac-
tice if members are not involved in broader debates about its implementation and
implications." (Griffin u.a. 2003: 95)
[„Ungeachtet der Stärke des organizing Modells als Konzept, wird es in der Praxis
scheitern, wenn die Mitglieder nicht in breitere Debatten über seine Implementierung und die Folgen einbezogen werden."]

Inwieweit die organizing-Aktivitäten in Australien tatsächlich gescheitert sind,
ist allerdings in der Literatur umstritten. So verweisen Griffin und Moors (2004:
51) darauf, dass organizing in der von ihnen untersuchten Gewerkschaft zu einem integralen Bestandteil der Organisationskultur geworden ist und dass die
Beteiligung der Mitglieder stark zugenommen hat. Offensichtlich sind die Unterschiede innerhalb der einzelnen Gewerkschaften beträchtlich. Ein Bekenntnis der
Dachverbände zum organizing reicht allein noch nicht aus, auch auf der Ebene
der Industriegewerkschaften und vor allem bei den vor Ort handelnden Mitgliedern muss die Überzeugung vorhanden sein, organizing sei der richtige Weg zur
Erneuerung der Gewerkschaft.
    Bemerkenswert ist, dass die Erfahrungen mit organizing-Konzepten in den
Ländern mit voluntaristischen Arbeitsbeziehungs-Systemen erheblich differie-
ren. In Neuseeland und Großbritannien haben die Dachverbände zum Teil mit
radikalen Umstrukturierungen versucht, organizing einzuführen – und zwar ohne
die dominante Politik der Sozialpartnerschaft aufzugeben.

„In making explicit the strategy of 'organizing for partnership' in this way, the poten-
tial bifurcation, inherent in attempts either to inject a radical agenda to organizing a
partnership or a partnership for partnership's sake approach, is resolved in favour of
a more radical version of social partnership unionism. However, the danger remains
that 'movement' will be subordinate to 'partnership' since it is partnership; that is the
object of union activity in this scenario, rather than organizing per se." (Fairbrother/Stewart 2003: 173).
[„Indem man das 'organizing for partnership' in dieser Weise hervorhebt, wird die
Entscheidung ('organizing a partnership' entweder eine radikale Agenda zu verpas-
sen oder Partnerschaft nur um der Partnerschaft Willen zu praktizieren) aufgelöst
zugunsten einer grundlegenderen Variante von sozialpartnerschaftlichem unionism.
Es bleibt die Gefahr, dass die 'Bewegung' (movement) dem 'partnership' untergeord-
net wird, weil es die Partnerschaft ist, die das Ziel von Gewerkschaften in diesem
Szenario darstellt und weniger das organizing per se."]

Die eigentliche „Kunst" besteht offenbar darin, Kooperationsprozesse in den
Unternehmen, dort, wo sie mit einem Gewinn an Machtressourcen für gewerkschaftliche Interessenvertretung verbunden sind, ebenso erfolgreich zu praktizieren wie die Mobilisierung von Widerstand und Gegenwehr in sozialen Bündnis-

sen. Strategische Flexibilität ist, das jedenfalls impliziert die Forschungsliteratur, zwingende Bedingung für Erfolg. Das spricht sowohl gegen die Selbstbeschränkung der strategischen Ausrichtung auf Sozialpartnerschaft als auch gegen eine starre Entgegensetzung von „partnership" und „social movement unionism".

Strukturelle Barrieren
Über Umsetzungsprobleme hinaus stößt eine Adaption von organizing-Praktiken auch auf strukturelle Schwierigkeiten, die sich vor allem aus der unterschiedlichen institutionellen Einbindung der Gewerkschaften in die nationalen Industrielle-Beziehungen-Systeme ergeben.

Besonderheiten der Mitgliederrekrutierung resultieren in Deutschland aus dem System dualer Interessenrepräsentation, das die Position der Betriebsräte prominent gewichtet und ihnen eine besondere Rolle bei der Ansprache potenzieller Gewerkschaftsmitglieder zuweist. Mitgliedergewinnung hat für deutsche Gewerkschaften bislang auch deshalb eine vergleichsweise untergeordnete Rolle gespielt, weil die institutionelle Einbindung der Gewerkschaften in das stark verrechtlichte System der industriellen Beziehungen lange Zeit keiner starken Mitgliedermobilisierung bedurfte (Behrens 2005). Zwar kommt der Mitgliederwerbung laut Fege (2000) infolge der Repräsentationskrise nunmehr eine größere Bedeutung zu. Die Autorin hält eine partielle Adaption von innovativen Werbepraktiken allerdings für wahrscheinlicher als eine umfassende Übernahme des organizing-Modells. Ein Wiederaufleben der Gewerkschaften als soziale Bewegung schließt sie aus. Letztlich gelangt Frege zu dem Schluss, ein simpler Transfer des Organisierungsmodells sei weder realistisch noch wünschenswert. Bei der Adaption von organizing-Ansätzen handele es sich allenfalls um eine kurzfristige „Ersatzlösung für eine schwindende Institutionalisierung von Gewerkschafts- und Arbeitnehmerrechten" (ebd. 2000: 278).

Diese Kritik leuchtet ein, soweit sie auf die angelsächsische Spezifik von organizing-Praktiken abhebt. Sie tendiert jedoch implizit dazu, die institutionelle Robustheit des deutschen Systems organisierter Arbeitsbeziehungen noch immer zu überschätzen. Das ist problematisch, weil die Krise gewerkschaftlicher Repräsentation auch in Deutschland einen kritischen Punkt erreicht hat, an dem anhaltende Mitgliederverluste in eine irreversible Schwächung institutioneller Arbeitermacht umzuschlagen drohen (Dörre 2007). In einer solchen Situation liegt es nahe, dass die Gewerkschaften zunächst an bewährten institutionellen Praktiken festhalten, weil ihnen der institutionelle Rahmen noch immer eine Macht beschert, die sie organisatorisch gar nicht mehr besitzen. Derartige Diskrepanzen zwischen institutionalisierter Verhandlungs- und Organisationsmacht lassen sich nur überbrücken, wenn die wirtschaftlichen und politischen Eliten die Repräsentationsfunktion von Gewerkschaften nicht grundlegend in Frage stellen. Die schwelenden Diskussionen um die Mitbestimmung und das Tarifsystem deuten indessen an, dass ein solcher Bestandsschutz für Gewerkschaftsmacht auch in Deutschland nicht mehr gewährleistet ist. Eine weitere Zuspitzung der Krise gewerkschaftlicher Repräsentation dürfte früher oder später dazu führen, dass die institutionelle Verhandlungsmacht allmählich auf das rückläufige Niveau gewerkschaftlicher Organisationsmacht zurückgestutzt werden soll.

Auch deshalb sind die deutschen Gewerkschaften gut beraten, wenn sie sich bei der Suche nach innovativen Praktiken nicht vorschnell auf vermeintlich pfadkonforme Lösungen festlegen lassen. In der gegenwärtigen Situation bezeichnet der institutionelle Rahmen der organisierten Arbeitsbeziehungen einen wichtigen Ausgangspunkt für Lernprozesse, Prognosesicherheit für Entwicklungen in der Zukunft bietet er nicht. Naheliegend ist allerdings, dass eine Erneuerung gewerkschaftlicher Politik in Deutschland mit einer Veränderung im „Kerngeschäft" der arbeits-, betriebs- und tarifpolitischen Praxis einhergehen muss. In diesem Zusammenhang lautet unsere These, dass wir es in vielen Bereichen bereits mit Praxisformen zu tun haben, die Elemente des organizing aufgreifen, ohne dass sie bewusst vom „Organisierungsmodell" lernen. Solche Praktiken wollen wir nachfolgend exemplarisch untersuchen.

5.2 Kampagnenorientierung deutscher Gewerkschaften

Seit einiger Zeit sind auch in Deutschland Kampagnen als gewerkschaftliche Aktionsform in der Diskussion über die Revitalisierung von Gewerkschaften präsenter geworden. Zu nennen sind u.a. die LIDL-Kampagne, die Schlecker-Kampagne und die Wanderarbeiter-Kampagne. Bei diesen Aktionsformen muss zwischen reinen Organisierungskampagnen mit dem Ziel der Mitgliedergewinnung und Kampagnen (corporate campaigns), die ein bestimmtes Unternehmen unter Druck setzen wollen, unterschieden werden. Zwei Dinge gilt es dabei zu beachten: Erstens sind nicht alle Bemühungen, die als Kampagnen bezeichnet werden, auch comprehensive campaigns. Zweitens haben deutsche Gewerkschaften auch in der Vergangenheit bereits zeitlich befristete, gezielte Versuche unternommen, mit Hilfe spezifischer Organisationsstrukturen einzelne Unternehmen oder Branchen gewerkschaftlich zu organisieren, ohne dass diese Bemühungen zum damaligen Zeitpunkt als Kampagnen bezeichnet worden wären. Dennoch lässt sich unseres Erachtens aus einer Analyse dieser Organisierungsprojekte einiges über die Chancen und Probleme von Kampagnen als Aktionsformen deutscher Gewerkschaften lernen.

Im Folgenden werten wir die wissenschaftliche Literatur zu vergangenen und zu aktuellen kampagnenähnlichen Aktionsformen aus. Ergänzend wird auf primäre Informationsquellen zurückgegriffen, um eine Einschätzung der Kampagnenqualität zu ermöglichen. Zwei Kampagnen im Dienstleistungssektor werden eingehender behandelt. Wir betrachten zunächst das Projekt „Call Center", das von der DPG 1999 ins Leben gerufen und von ver.di bis 2003 weitergeführt worden ist. Das Organisierungsprojekt der DPG fungiert als Beispiel für eine Kampagne, die von deutschen Gewerkschaften zeitlich vor der Rezeption der amerikanischen Debatte durchgeführt worden ist. Es folgt die LIDL-Kampagne, die von ver.di seit 2004 praktiziert wird. Die LIDL-Kampagne ist ein Beispiel für einen aktuellen Versuch, der explizit vom US-amerikanischen Vorbild inspiriert worden ist. Die Analyse beider Kampagnen ergänzen wir durch Informationen zu weiteren Kampagnen-Beispielen.

Frühe Kampagnen: das Beispiel des DPG-Projekts „Call Center" (1999-2003)
Seit Mitte der 1990er Jahre nutzen deutsche Gewerkschaften als Reaktion auf Strukturwandel und Mitgliederverluste kampagnenartige Aktionsformen. Eine der ersten Kampagnen war die Schlecker-Aktion der Gewerkschaft Handel, Banken, Versicherungen (HBV). Die HBV hatte bereits 1994/1995 mit Aktivitäten gegen die Drogeriekette Schlecker erste Erfahrungen mit einer öffentlich angelegten Kampagne gemacht, die auf eine starke Beteiligung der Beschäftigten setzte und die „Erschließung weißer Flecken", also Betriebsratsgründungen in mitbestimmungs- und gewerkschaftsfreien Bereichen, zum Ziel hatte. Im Rahmen der Schlecker-Kampagne kam es bundesweit zu Betriebsratsgründungen und mittlerweile gibt es bei Schlecker etwa 100 Betriebsräte (Huhn 2001, Schreieder 2007). Allerdings ist die wissenschaftliche Auseinandersetzung mit dieser Kampagne begrenzt (Ausnahme: Bormann 2007).

Wesentlich umfangreicher ist die Forschungsliteratur zum Projekt „Call Center", das 1999 von der DPG ins Leben gerufen und von ver.di bis 2003 weitergeführt wurde (Holtgrewe/Kerst 2002; Aust/Holst 2006; Holst u.a. 2007). Organisatorischer Hintergrund der Projektarbeit war der Verbundprozess, der schließlich 2001 zur ver.di-Gründung führte. 1997 entschlossen sich HBV, DPG und IG Medien, als Reaktion auf die sich verändernden Branchengrenzen in einem Verbund enger miteinander zu kooperieren. Organisationspolitisch spielten die so genannten „Branchenprojekte" eine Schlüsselrolle im Verbundsprozess. Durch eine Zusammenarbeit der Einzelgewerkschaften sollten Kooperationsmuster eingeübt und neue Aktionsformen ausprobiert werden. Zu den ersten Branchenprojekten zählten neben einem Projekt in den Direktbanken auch Aktivitäten in Telekommunikations-, Informationstechnik-, Datenverarbeitungs- und Medienunternehmen (T.I.M.), aus denen heraus sich das DPG-Projekt „Call Center" entwickelte.

Das „Call Center"-Projekt wurde vom DPG-Hauptvorstand 1999 ins Leben gerufen, um die bis dahin weitgehend „vertretungsfreien" Call-Center in der Telekommunikationsbranche gewerkschaftlich zu organisieren. Die Herausforderung bestand für die DPG darin, sich innerhalb kürzester Zeit von einer Behörden- in eine Branchengewerkschaft zu wandeln und nicht nur die Folgeunternehmen der Bundespost, sondern auch die neuen Konkurrenzunternehmen gewerkschaftlich zu organisieren (Aust/Holst 2006: 300 f.). Unter den deutschen Gewerkschaften entdeckte die DPG die Bedeutung des Themas „aktive Mitgliederwerbung" vergleichsweise früh. In ihrer Mitgliederzeitschrift „Gewerkschaftliche Praxis" wurde das Thema Mitgliederwerbung immer wieder aufgegriffen, um einen Bewusstseinsbildungsprozess sowohl bei Funktionären als auch bei einfachen Mitgliedern in Gang zu setzen. Mitgliederwerbung sollte zu einem zentralen Ziel der Organisation gemacht werden (Holst u.a. 2007: 14 ff., Behrens u.a. 2002: 5 f.).

Um die Call-Center in der Telekommunikationsbranche zu organisieren, stattete die DPG das Projekt mit einer eigenen Organisationsstruktur und mit eigenen personellen und finanziellen Ressourcen aus. Die in den Folgeunternehmen der Bundespost, Deutsche Telekom und Postbank, etablierten Call-Center stellten für die DPG kein spezifisches Problem dar, obwohl der Organisationsgrad auch hier vergleichsweise gering blieb. Aufgrund der starken Stellung der Personalräte und später der Betriebsräte gelang es der DPG, erheblichen Einfluss auf die Arbeits- und Entgeltbedingungen sowie die technisch-organisatorische Gestaltung der Arbeitsprozesse zu nehmen (Aust/Holst 2006: 298 ff.). Als problematisch erwiesen sich jedoch die Call-Center bei den bisher nicht organisierten Konkurrenzunternehmen sowie den unabhängigen Dienstleistungsunternehmen. Die Konkurrenz zwischen den Telekommunikationsunternehmen und vor allem das Outsourcing von einfachen Dienstleistungen schwächte die Durchsetzungsfähigkeit der DPG und später ver.dis in den Telekom-Tarifverhandlungen erheblich.

> Dem Projekt lag „eine betriebsrats- und tarifvertragsorientierte Organisationsstrategie [zugrunde]. Durch intensive Betreuungsarbeit durch hauptamtliche Funktionäre sollten kurzfristig in den Call-Centern Betriebsräte etabliert werden. Langfristig sollten die laut Gewerkschaftswahrnehmung prekären Beschäftigungsverhältnisse in den Unternehmen durch Tarifverträge normalisiert werden." (Aust/Holst 2006: 301).

Ziel des Projekts war es, mit den Tarifverträgen nicht nur den Wettbewerb zwischen den Telekommunikationsunternehmen zu regulieren, sondern auch den über Benchmarkprozesse konstituierten virtuellen Wettbewerb zwischen den unabhängigen Dienstleistungsunternehmen und den internen Call-Centern der Telekomunternehmen einzuschränken.

Nach der ver.di-Gründung im Jahr 2001 wurde das Projekt mit Mitteln des Innovationsfonds im Fachbereich Besondere Dienstleistungen weitergeführt. Ein Innovationsfonds wurde etabliert und mit zwei Prozent der jährlichen Beitragseinnahmen ausgestattet, um die Branchenprojekte des Verbundprozesses weiterführen zu können und Kampagnen zu finanzieren, die ver.di „zukunftsfähig" machen sollen. Im Unterschied zu DPG-Zeiten wendete sich das Projekt nach seiner Eingliederung in die Organisationsstrukturen von ver.di nur noch an die unabhängigen Dienstleistungsunternehmen. Die internen Call-Center der Telekom-Unternehmen sind dem Fachbereich Telekommunikation zugeordnet worden, sodass die gewerkschaftliche Betreuungsarbeit des branchenübergreifenden Phänomens Call-Center infolge der Fachbereichsstrukturen stark segmentiert ist. 2003 wurde das Projekt aufgrund der Mittelknappheit der Organisation eingestellt, ohne dass nennenswerte Organisationserfolge erzielt werden konnten (Aust/Holst 2006: 301 f.). Als problematisch erwies sich die Betriebsratsfixierung des Projekts: Zwar gelang es der DPG und später ver.di, Betriebsräte in vielen größeren unabhängigen Dienstleistungsunternehmen zu etablieren, aber Mitglieder wurden im Rahmen des Organisationsprojekts kaum rekrutiert. In der Tradition der deutschen Gewerkschaften verließ sich das Projekt zur Mitgliederrekrutierung auf die Betriebsräte, alternative Rekrutierungsversuche wurden nicht unternommen. Diese Beschränkung auf den in den Kernbereichen gewerkschaftlicher Organisation erfolgreichen Mechanismus hat sich als fatal erwiesen. Unter den Bedingungen eines innerbetrieblichen Legitimitätsdefizits der betrieblichen Mitbestimmung in den neuen Dienstleistungsunternehmen hat dies zwangsläufig zu einer Überforderung der Betriebsräte in den betreffenden Unternehmen geführt:

„Denn in einem betrieblichen Kontext, der von einer Betriebsrats- und Gewerkschaftsfeindlichkeit der Geschäftsführung, aus intern gespaltenen Betriebsratsgremien und einer Belegschaft mit geringer Betriebsbindung geprägt wird, ist der Aufwand für das einzelne Betriebsratsmitglied vergleichsweise hoch, Mitglieder zu werben und als ‚Gewerkschafter im Betrieb' der Gewerkschaft zu dauerhafter personalisierter Präsenz im Betrieb zu verhelfen." (Holst u.a . 2007: 60).

Fazit: Das Projekt „Call Center" von DPG und später ver.di kann als Organisierungskampagne verstanden werden, da es über eigene Organisationsstrukturen sowie finanzielle und personelle Ressourcen verfügte, zeitlich befristet war und eine klar definierte Strategie verfolgte. Allerdings handelte es sich nicht um eine „verstehende", „umfassende" Kampagne. Vielmehr repräsentierte die Kampagne eher die modifizierte Fortsetzung der etablierten und routinisierten Praktiken. Organisierung hatte in der DPG einen hohen Stellenwert, allerdings nur im engen Sinne von Mitgliederwerbung. Das Verhältnis zwischen Organisation und (potenziellen) Mitgliedern blieb hingegen unverändert und alternative Strategien jenseits der Betriebsratsunterstützung wurden nicht verfolgt. Letztendlich ist das Projekt erfolglos geblieben: Weder der DPG noch ver.di gelang es in den Call Centern, ausreichend Mitglieder zu rekrutieren, um als Gewerkschaft handlungsfähig zu werden (vgl. dazu auch: Dörre/Röttger 2006: Kapitel 8).

Aktuelle Kampagnen: Das Beispiel LIDL (seit 2004)
Die LIDL-Kampagne startete im Dezember 2004 mit der Veröffentlichung des „Schwarzbuch LIDL", in dem die Autoren Hamann und Giese die Arbeitsbedingungen der rund 30.000 Beschäftigten in über 2.500 Filialen in Deutschland offen legten (Hamann/Giese 2004). Hintergrund der Kampagne waren fehlgeschlagene Versuche, sich in der expandierenden Einzelhandelsbranche zu verankern. Die Rahmenbedingungen im filialisierten Einzelhandel sind für Gewerkschaften extrem ungünstig, der hohe Konkurrenzdruck in der Branche schlägt sich in niedrigen Personalkosten und einer Ausweitung von prekären Beschäftigungsverhältnissen nieder (Dribbusch 2003). LIDL und der Schwarz-Konzern sind aufgrund ihrer besonders aggressiven Expansionsmaßnahmen europäischer Marktführer im Discount-Bereich und spielen damit eine Vorreiterrolle bei der Durchsetzung von arbeitspolitischen Standards. Aus diesem Grund wurde LIDL zum Ziel einer ver.di-Kampagne.

Bewusst inspiriert vom organizing-Ansatz amerikanischer Gewerkschaften, beschreitet ver.di mit der LIDL-Kampagne neue Wege der Kampagnen- und Organisierungspolitik (Schreieder 2007). Ein bundesweites Kampagnenteam, bestehend aus einer hauptamtlich beschäftigten Sekretärin und drei freien Mitarbeiterinnen, organisiert und koordiniert die Aktivitäten. Die Finanzierung der Kampagne erfolgt aus den Fachbereichs- und Fachgruppenbudgets sowie zusätzlichen Mitteln des ver.di-Aktions- und Kampagnenfonds (Matrai 2006). Der Schwerpunkt der Aktivitäten (Basisarbeit, Filialbesuche) liegt dabei auf der bezirklichen Ebene. Einzelne Bezirke wurden als Schwerpunkte ausgewählt, um dort Aktionen zu konzentrieren. Zur Unterstützung gab es zahlreiche Trainings- und Weiterbildungsmaßnahmen für hauptamtliche Funktionäre und ehrenamtlich Aktive.

In einem Bündnis mit Attac, christlichen Gruppen und anderen NGOs ist eine groß angelegte Presse- und Öffentlichkeitskampagne gegen LIDL initiiert worden, in der Bürger anhand des Themas „Menschenwürde am Arbeitsplatz" auf ihre aktive Rolle als Konsumenten angesprochen wurden. Eine besondere Form von Bündnispolitik stellt das Patenschaftskonzept dar. Hierbei erklären sich lokale oder überregionale Prominente zu Paten und demonstrierten öffentlich ihre Unterstützung für die Kampagne. Gegebenenfalls sollten diese Paten für öffentlichkeitswirksame Aktionen zur Verfügung stehen, etwa bei Filialschließungen oder Kündigungen aufgrund von gewerkschaftlichen Aktivitäten. Eine andere Form der Patenschaft ist eine Filialpatenschaft, die ehrenamtlich Aktive, Betriebsräte oder Kollegen aus anderen Unternehmen (z.b. Schlecker) sowie Mitglieder aus anderen Gewerkschaften übernehmen können. Solche Patenschaften sollen, z.b. durch regelmäßige Besuche, dem Aufbau von Vertrauensbeziehungen zu Beschäftigten dienen (Matrai 2006):

> „In der LIDL-Kampagne übernehmen Mitglieder aller ver.di-Bereiche neue Aufgaben bei der Organisierung von Belegschaften. Dadurch werden bisherige Aufgabenverteilungen in der Organisation verändert, da bislang fast ausschließlich hauptamtliche Gewerkschaftssekretäre/-innen neue Betriebe organisierten." (Schreieder 2007)

Des Weiteren wurde ein Online-Blog zur Kampagne eingerichtet, der bis zum Frühling 2005 über 160.000 Nutzer zählte und sowohl als Forum für LIDL-Beschäftigte als auch als Informationsquelle für Interessierte dient. Ver.di nutzt hier erstmals neue, elektronische Kommunikationsformen, wie Blogs (Redlich 2006, Schreieder 2005a). Ein weiteres Novum der LIDL-Kampagne ist die bewusst europäische Ausrichtung, die sich in der Veröffentlichung des Schwarzbuchs LIDL Europa 2006 und einer konkreten Zusammenarbeit mit Handelsgewerkschaften in Europa sowie mit der UNI Handel ausdrückt (Matrai 2006, Redlich 2006).

Anders als bei organizing-Ansätzen ist die Mitgliedergewinnung kein direktes Ziel der Kampagne; Mitgliederwerbung soll vermittelt über die Gründung von Betriebsräten erfolgen:

> „Aus Erfahrung mit anderen Filialunternehmen wissen wir, dass sich mit der Wahl von Betriebsräten noch mehr Verkäufer/-innen entscheiden werden, in ver.di Mitglied zu werden." (Schreieder 2007)

Seit Beginn der Kampagne ist denn auch eine positive Mitgliederentwicklung nicht nur bei LIDL, sondern auch bei Schwarz-Unternehmenstöchtern zu beobachten (Matrai 2006, Schreieder 2007). Das Ziel einer flächendeckenden Betriebsratsgründung ist allerdings fehlgeschlagen. Dies wird seitens ver.di auf den massiven Unternehmenswiderstand gegen Betriebsratsgründungsversuche zurückgeführt. Jeglichen gewerkschaftlichen Aktivitäten begegnete der Konzern bislang mit massiven Einschüchterungen, Kündigungen und Filialschließungen. Dennoch wertet ver.di die Kampagne als Erfolg, weil bereits erste Verbesserungen der Arbeitsbedingungen durchgesetzt werden konnten. So gelang es, eine breite Öffentlichkeit über die Arbeitsbedingungen bei LIDL zu informieren und die Gewerkschaft wieder als moralisch integere, gesellschaftlich engagierte Kraft wahrnehmbar zu machen (Schreieder 2007).

Fazit: Die konkreten Ziele der LIDL-Kampagne, die Etablierung von Betriebsräten, sind nur teilweise erreicht worden. Dennoch kann das Beispiel als konsequenter Versuch der Implementierung einer neuen Kampagnenpolitik, die sich am organizing-Ansatz orientiert, ihn aber den hiesigen Bedingungen in einem spezifischen Unternehmen anpasst, betrachtet werden:

> „In der LIDL-Kampagne versteht sich organizing als Gewerkschaftsbildung über die Wahl von Betriebsräten und damit einhergehend gewerkschaftlicher Organisierung der Beschäftigten." (Schreieder 2007)
> „Die Durchführung der ver.di-Kampagne bei LIDL zeigt, dass zumindest bei einem Teil der deutschen Gewerkschaften ein Krisenbewusstsein vorhanden ist und dass es gegenüber neuen Kampagnenkonzepten [...] neue und größere Offenheiten gibt als noch vor wenigen Jahren." (Matrai 2006: 63)

Allerdings sind gemessen am amerikanischen organizing-Modell einige Defizite festzustellen: Im Vorfeld gab es keine uneingeschränkte Unterstützung durch den Dachverband (DGB, ver.di) und dementsprechend eine schlechte Ressourcenausstattung (Einstellung von professionellen Organizern, ausreichend Mittel zur Bekämpfung des massiven Widerstands seitens des Schwarz-Konzerns). Auch wurden die Beschäftigten im Vorfeld nur unzureichend in die Konzeption und Planung der Kampagne einbezogen. Somit entsprach die finanzielle, personelle und zeitliche Ausstattung der Kampagne nicht dem anspruchsvollen Maßstab einer comprehensive campaign (Matrai 2006). Offen bleibt die Frage, inwieweit das Verfehlen wichtiger Ziele auf diese Defizite zurückzuführen ist.

Vergleich früher und aktueller Kampagnen
Ein Vergleich der beiden Kampagnen zeigt, dass die deutschen Gewerkschaften schon vor der Rezeption der angelsächsischen Debatte Kampagnen als spezifische Aktionsform genutzt haben. Kampagnen galten als zeitlich befristete Organisierungsbemühungen in gezielt ausgewählten Unternehmen oder Branchen; sie verfügten über eigene Organisationsstrukturen und Ressourcen. Der Vergleich der LIDL-Kampagne und des Projekts „Call Center" zeigt aber auch, dass die deutschen Gewerkschaften sehr wohl von den amerikanischen Vorbildern und den eigenen Erfahrungen gelernt haben. Im Unterschied zum „Call Center"-Projekt wurden bei der LIDL-Kampagne systematisch Schulungsmaßnahmen für haupt- und ehrenamtliche Funktionäre durchgeführt, die unternehmensspezifisches Wissen vermittelten. Auf diese Weise sollte ein einheitliches Vorgehen im gesamten Bundesgebiet ermöglicht werden. Darüber wurde auch der Bündnisgedanke implementiert. Ver.di kooperiert nach angelsächsischem Vorbild bei einer gewerkschaftspolitischen Kernaufgabe mit anderen Organisationen, um die Öffentlichkeitswirksamkeit der Kampagne zu erhöhen. Ein weiterer Unterschied

besteht sowohl in der Einbindung der Mitglieder als auch in der Ansprache der
Beschäftigten. Die LIDL-Kampagne setzt auf starkes ehrenamtliches Engagement der Mitglieder, die aufgerufen werden, als Filialpaten aktiv zu werden oder
als Konsumenten Druck auszuüben („Mitmachgewerkschaft"). Die Kampagne
zielt aber auch auf den stetigen Aufbau und die Herstellung von persönlichem
Kontakt und Vertrauen zu den Beschäftigten. Diese Zielsetzung wurde allerdings
erst zu einem Zeitpunkt proklamiert, als die Kampagne schon angelaufen war.

Abschließend sei auf eine weitere Gemeinsamkeit beider Kampagnen hingewiesen, die zugleich einen deutlichen Unterschied zu comprehensive campaigns markiert. Keine der Kampagnen wendete sich zwecks Mitgliederrekrutierung direkt an die Beschäftigten oder bezieht die Beschäftigten in die
Konzeption der Kampagne mit ein. Im Sinne der traditionellen Praktiken deutscher Gewerkschaften zielte sowohl das Projekt „Call Center" als auch die
LIDL-Kampagne vorrangig auf die Etablierung von Betriebsräten. Im Projekt
„Call Center" sollten diese dann in einem zweiten Schritt die Rekrutierung für
die Gewerkschaften übernehmen. Die „Macher" der LIDL-Kampagne erwarteten
darüber hinaus die Senkung der Eintrittshemmschwelle bei den Beschäftigten.
Angesichts der Schwierigkeiten, in denen sich die betrieblichen Interessenvertretungen vielerorts befinden, sind jedoch Zweifel angebracht, ob diese strategische
Ausrichtung Erfolg versprechend ist. Die bisherigen Kampagnen haben allem
Anschein nach bislang nur zu geringen Rekrutierungserfolgen geführt. Bei abschließenden Einschätzungen ist allerdings Vorsicht geboten: Es fehlt an wissenschaftlichen Analysen, die den Zusammenhang zwischen Erfolgsbedingungen
und realen Ergebnissen einzelner Kampagnen zureichend thematisieren.

5.3 Erneuerung im Kerngeschäft – vom Wettbewerbspakt zur Mitgliederbeteiligung

Gerade für Deutschland wäre es fatal, wollte man die Suche nach innovativen
Handlungsstrategien der Gewerkschaften auf die Verbreitung und die bewusste
Übernahme von Elementen des organizing-Ansatzes reduzieren. In der jüngeren
Vergangenheit lassen sich im Kernfeld gewerkschaftlicher Interessenvertretung
jedoch Veränderungen beobachten, die von sich aus zu aktivierenden Mitglie-
derpolitiken drängen. Erosion und Flexibilisierung von Flächentarifverträgen
bewirken, dass die konkrete Wirksamkeit und Ausgestaltung kollektiver Regelungen zunehmend von der gewerkschaftlichen Organisations- und Mobilisierungsfähigkeit auf betrieblicher Ebene abhängt. Seit längerem gibt es nach den
offiziellen regionalen Tarifverhandlungen eine „zweite Runde" in den Betrieben,

die die Verhandlungsergebnisse der „ersten Runde" erheblich zuungunsten der Beschäftigten korrigiert (vgl. die Beiträge in: Huber u.a. 2006).

Nach Ansicht wissenschaftlicher Beobachter hat die lange Periode des Co-Managements und der betrieblichen Wettbewerbspakte nicht nur zu einer wachsenden Kluft zwischen gewerkschaftlicher Politik und tariflichen Regelungen einerseits sowie betrieblichen Regelungspraktiken andererseits geführt. Die faktische Dezentralisierung der Regelungspraktiken provoziert zunehmend auch Legitimationsdefizite der betrieblichen Interessenvertretungen. Dem versucht vor allem die IG Metall in einigen Bezirken mit einer aktivierenden Mitgliederpolitik zu begegnen. Die Folgen für die organisierten Arbeitsbeziehungen (nicht nur) im Betrieb könnten gravierend sein:

> „... es zeichnet sich ab, dass die betriebliche Mitbestimmung vor einem Strukturwandel steht und die Dekade des Co-Managements ihrem Ende entgegen sieht. Es ist gut vorstellbar, dass die Beschäftigten, die einmal über ein betriebliches Bündnis abstimmen durften, auf dieses Recht nicht mehr verzichten werden. Den Wandel könnte man zusammenfassen als einen Prozess, in dem nicht mehr die Integration von Belegschafts- und Unternehmensinteressen höchste Priorität im Handeln des Betriebsrates besitzt, sondern die angemessene Repräsentation der Beschäftigten. So wie ein Mitgliedsverband zwischen Mitgliedschafts- und Einflusslogik pendelt, so deutet sich an, dass betriebliche Interessenvertretungen nach einer Phase des kooperativen Co-Managements nun vermehrt in eine basisorientierte Interessenvertretung hineinsteuern." (Rehder 2006: 242)

Ließe sich dieser Befund erhärten – und einiges spricht dafür (Candeias/Röttger 2007) –, so wäre das eine Entwicklung, die gleichsam aus dem Zentrum des deutschen Systems dualer Interessenrepräsentation heraus eine ähnliche Richtung einschlüge, wie sie weit gefasste organizing-Konzepte aus dem angelsächsischen Sprachraum ebenfalls nahe legen. Es handelt sich freilich nicht um eine Adaption „fremder" Modelle; die Triebkräfte partizipativer, mitgliederorientierter Ansätze erwachsen aus den Schwachstellen der eigenen Vertretungspraxis.

Davon zeugt z.B. die bislang noch kaum erforschte Praxis der Sozialtarifverträge. Ein „Modellfall", den wir im Rahmen eines größeren Forschungsprojekts erhoben haben, ereignete sich an der Ostsee bei der Firma Heidelberger Druckmaschinen. „Passion for print" lautet der Slogan des Traditionsunternehmens aus Heidelberg; auch am Kieler Standort gingen die Beschäftigten ihrer Arbeit lange Zeit in dem Bewusstsein nach, einem besonderen Unternehmen anzugehören. Sie produzierten Maschinen für die Druckindustrie. Zur Sicherung ihrer Arbeitsplätze hatten sie 2003 eine Standort- und Beschäftigungssicherungs-Vereinbarung abgeschlossen, die erhebliche Verzichtsleistungen für die Beschäftigten beinhaltete. Schon im März 2003 folgte dann der Schock. Die Firmenleitung kündigte an, weitere 200 Millionen Euro einsparen zu wollen, die Produktion digitaler Druckmaschinen sollte in die USA verlagert werden, 770 von knapp 1.500 Beschäftigten standen vor der Arbeitslosigkeit.

Die Interessenvertretung stand vor der Frage, ob sie erneut nachgeben solle, um Arbeitsplätze zu retten oder ob es sich empfehle, hart zu bleiben und Widerstand zu riskieren Die Belegschaft bei Heidelberger entschied sich für die Option Konflikt. Verlagerungen oder Werkschließungen werden normalerweise über Sozialpläne abgewickelt: „Der Betriebsrat tritt auf den Plan und verhandelt den Interessenausgleich". Doch „dann sind die Gewerkschaften außen vor", beklagt ein Gewerkschaftssekretär. In Kiel wählte man einen anderen Weg. Man setzte auf die Beschäftigten, sie sollten unmittelbar an der Auseinandersetzung beteiligt werden. Die Betriebsräte reizten ihre Rechte aus, sie hielten z.B. während der Arbeitszeit Versammlungen ab. Als das Betriebsratsbüro bei einer dieser Versammlungen aus allen Nähten platzte, verlegten die Betriebsräte die Versammlung in die Kantine. Man diskutierte, entwickelte gemeinsam Strategien und Forderungen. Der Effekt: „Die Leute empfanden, dass sie endlich mal gefragt wurden". Selbst in Bereichen, „die sonst weiße Flecken der Gewerkschaftsarbeit sind", z.B. bei gut bezahlten Angestellten in Forschung und Entwicklung, war die Mobilisierung erfolgreich, immer mehr Belegschaftsmitglieder strömten in die IG Metall. Der Organisationsgrad stieg von 28 auf 67%. Gleichzeitig machten die Betriebsräte extensiven Gebrauch von ihren Informationsrechten, Kollegen aus dem Controlling berichteten über die wirtschaftliche Lage, von außen wurde eine Unternehmensberatung hinzugezogen, das Ergebnis dieser Expertisen war eindeutig: Die Firma arbeitete profitabel.

Die Konsequenz für Interessenvertretung und Belegschaft: Gemeinsam mit der Gewerkschaft wollte man eine tarifliche Auseinandersetzung führen und keine erneute Betriebsvereinbarung abschließen, wie die faktisch wertlose Standort- und Beschäftigungssicherungsvereinbarung von 2003. Stattdessen forderte eine betriebliche Tarifkommission eine deutliche Verlängerung der Kündigungsfristen, um den Zeitpunkt der Schließung hinauszuzögern. Außerdem standen Qualifizierungsmaßnahmen, die Fortzahlung der Vergütung für zwei volle Jahre sowie Abfindungen in Höhe von zwei bis drei Monatsentgelten pro Beschäftigungsjahr im Forderungskatalog der Belegschaft.

Rechtlich war das problematisch. Das Arbeitsrecht sieht nicht vor, dass die Beschäftigten einer einzelnen Firma während der Friedenspflicht Tarifforderungen stellen. Die Strategie der Kieler war insofern etwas vollkommen Neues, eine „kleine Revolution". Aus der Sicht der Manager war sie sogar rechtswidrig, schließlich darf gegen eine unternehmerische Entscheidung, die eine Betriebsschließung ja darstellt, nicht zum Streik aufgerufen werden, schon gar nicht von Betriebsräten. Zusammen mit dem Unternehmerverband Nordmetall lehnte die

Firmenleitung die Forderungen ab. Aber die Beschäftigten machten ihre Drohung wahr. Sie entschieden sich mit 99% Ja-Stimmen für einen Streik um einen Sozialtarifvertrag. Während der nächsten sechs Wochen war der Betrieb fest in ihrer Hand, „die Geschäftsleitung kam gar nicht mehr in den Betrieb, hat aber brav weiter die Löhne bezahlt". Später bestätigte das Arbeitsgericht in Kiel die Rechtmäßigkeit des Streiks.

Es mag absurd klingen, wenn Beschäftigte eine Firma, die sie angeblich nicht mehr braucht, mit einem Streik zwingen wollen, eine Standortschließung oder -verlagerung aufzugeben. Doch auch in diesem Fall können Streiks, die zu Produktionsausfällen führen, Druck erzeugen. Die Firma verpasst Termine, außerdem entsteht öffentlicher Legitimationsbedarf. Die Medien werden aufmerksam und es drohen empfindliche Kratzer am Image des Unternehmens. Genau das versuchten die Beschäftigten von Heidelberger Druckmaschinen zu nutzen. Sie setzten nicht mehr ausschließlich auf das bewährte Mittel der Stellvertreterpolitik, sondern initiierten eine lokale Bewegung, die über das Unternehmen hinaus ausstrahlte. Jeden Tag versammelten sich Hunderte von Menschen vor den Werkstoren, sie kamen von benachbarten Betrieben und aus anderen Städten. Man knüpfte Bündnisse mit Kirchen und Kommunalpolitikern. Gemeinsam organisierten Interessenvertretung und IG Metall die Demonstration „Kiel steht auf", bei der 7.000 Menschen auf die Straße gingen. Im Veranstaltungszentrum „Pumpe" fand ein großes Solidaritätskonzert statt. Für Gewerkschafter und Betriebsräte war das eine wichtige Erfahrung, die belegte, „dass es sich lohnt, sich nicht einfach so zu fügen", sondern auch mal „aufmüpfig" zu sein und „sich zu wehren" (eine Betriebsrätin).

Am Ende konnten die Entlassungen nicht verhindert werden, der Fertigungsbereich des Kieler Betriebs wurde geschlossen. Doch immerhin konstatierten die Beschäftigten, dass sie einige ihrer Forderungen realisiert hatten. Der Vorsitzende des Betriebsrats freut sich, dass „der Streik im Volumen des ausgehandelten Ergebnisses noch einige Millionen gebracht" hat. Vor allem aber sei der „Zusammenhalt gestärkt" worden, „die Leute haben sich nicht so ohnmächtig gefühlt, sondern konnten etwas gegen die Erpressungs-Situation unternehmen". Dass Beschäftigte direkt einbezogen und gefragt wurden, dass sie reale Entscheidungs- und Partizipationsmöglichkeiten hatten, machte die neue Erfahrungsdimension dieses Konflikts aus.

Obwohl die Hauptforderung nicht durchgesetzt werden konnte, war die Auseinandersetzung in Kiel so etwas wie eine Initialzündung für eine neue „Kultur der Beteiligung", die sich die lokale IG Metall inzwischen auch offiziell auf die Fahnen geschrieben hat. Diese Strategievariante, die zunächst an der Ostsee erprobt wurde, bot später auch Orientierung für andere Konflikte. Als im Jahr 2005 der Chiphersteller Infineon in München und Electrolux, der Mutterkonzern des Küchengeräteproduzenten AEG, in Nürnberg ebenfalls mit Verlagerungen und Werksschließungen drohten, gingen Gewerkschafter und Betriebsräte einen ähnlichen Weg: Sie beteiligten die Beschäftigten an der Auseinandersetzung und organisierten Solidarität in den jeweiligen Städten. Sie forderten einen Sozialtarifvertrag, eine Idee, die noch wenige Jahre zuvor undenkbar gewesen wäre. Tatsächlich gelang bei der AEG und bei Infineon der Abschluss von Sozialtarifverträgen. Betriebliche Tarifbewegungen und Streiks für Sozialverträge, sind, das hat zuletzt das Landesarbeitsgericht in Kassel entschieden, rechtlich zulässig. Die juristische Seite ist jedoch nur das eine. Als nicht minder wichtig erscheinen die Überwindung der „Einflusslogik" bloßer Stellvertreterpolitik und die stärkere Einbindung der Gewerkschaftsmitglieder, der „Kampf um die Köpfe" der Beschäftigten. Hier war der Konflikt an der Ostsee in gewisser Weise stilbildend (zu frühen Beispielen aus dem Raum Nürnberg vgl. Dörre/Röttger 2006). Ob und in welchem Maße sich solche Erfahrungen verallgemeinern lassen, ist eine offene, bislang noch kaum untersuchte Frage.

Fakt ist, dass die deutschen Gewerkschaften Beteiligungsansätze gegenwärtig aus einer Position der Defensive heraus entwickeln. Ein lokaler Gewerkschaftssekretär schildert die Lage in den Betrieben mit folgenden Worten:

„Das Betriebsverfassungsgesetz (BVG) ist zur Zeit noch das einzige, das eine gewisse Sicherheit bietet. Aber die Anzahl der Betriebe, in denen das BVG erkämpft werden muss, nimmt ständig zu. In der Praxis kriege ich drei Dinge immer wieder vorgeführt: Erstens die Selbstverständlichkeit, dass Tarifverträge und Gesetze akzeptiert werden in den Betrieben, ist nicht mehr vorhanden, bis hinein in Großbetriebe. Sie müssen mit großer Mühe tagtäglich wieder erkämpft werden, wenn Geschäftsführungen wechseln erst recht. In einer ganzen Reihe von Klein- und Mittelbetrieben wird das BVG einfach außer Kraft gesetzt, und wenn sich die Kollegen nicht wehren, dann bleibt das auch so. In großen und einigen mittleren Betrieben können wir es teilweise unter großer Kraftanstrengung wieder in Kraft setzen. Der Tarifvertrag wiederum war für die Kollegen immer noch der Schutz des ‚darunter geht's nicht' – dieser Schutz hat Löcher bekommen. Da haben wir teilweise sogar selber mitgemacht, in Sanierungsfällen oder ‚Erpressungssituationen' ist es auch schwierig, das zu vermeiden. Nur was wir im Zuge von Insolvenzverhinderung oder in der Insolvenz an Regelungen getroffen haben, wird mittlerweile zum üblichen Verhalten der Geschäftsführungen, die an die Belegschaften herantreten und sagen: ‚Wenn die Rendite x nicht erreicht wird, haben wir ein Problem und das Problem müsst ihr mit Geld ausfüllen.' Auf der einen Seite macht das Belegschaften sauer, die sich dann mit einer anderen Stärke wehren. Auf der anderen Seite kann man manchmal nicht mehr trennen zwischen wirklichen Problemfällen, reiner Erpressung, Kaschierung eigener Probleme, Nachahmereffekten. Ich habe Geschäftsführer in Verhandlungen, die mir sagen: ‚Ich wär' doch blöd, wenn ich das jetzt nicht auch versuche. Bei Daimler, Opel, Siemens, da hat die IG Metall das auch gemacht – warum soll ich das nicht auch kriegen?'. Wenn ich dann antworte, was das denn soll, dass so die Belegschaft nur sauer gefahren wird, Motivation ist doch ein größerer Gewinnbringer als der Vorteil aus einem halbierten Weihnachtsgeld – da gibt es den ein oder anderen, der dann nachdenkt, vor allem wenn die Kollegen sich wehren. Das Problem ist nur: Die Angst in den Betrieben ist riesig. Wir haben hier eine Arbeitslosigkeit oberhalb von 15%."

Besser lässt sich die gewerkschaftliche Problemlage in vielen Branchen und Regionen nicht beschreiben. Wo stilprägende Unternehmen das Streben nach kurzfristiger Gewinnmaximierung in einer Weise exekutieren, die mehr und mehr zu Lasten der gesamtwirtschaftlichen Effizienz und der Innovationsfähigkeit geht, macht es offenbar Sinn, dass Gewerkschaften in diese Lücke stoßen.

„Besser statt billiger", der Slogan einer Kampagne des IG Metall-Bezirks NRW, zielt genau auf diesen Sachverhalt. Sicher bleiben entsprechende Ansätze zunächst in der Logik einer „kompetitiven Solidarität". Sie zielen auf den betrieblichen „Wertschöpfungspakt". Die Verknüpfung von ökonomischer Effizienz mit der Fähigkeit zu intelligenter Regulation gehörte lange Zeit zu den – auch international anerkannten – Stärken der deutschen Gewerkschaften. Unter den neuen Bedingungen müssen die Gewerkschaften aber mehr denn je damit rechnen, dass die Stimme gesamtwirtschaftlicher Vernunft bei Konzernspitzen und Unternehmensleitungen kein Gehör findet. Eine zentrale Bedingung, um ihr im Konzert der Standortklagen wieder mehr Gehör zu verschaffen, ist die Revitalisierung der Gewerkschaften in den Betrieben. Dazu soll eine aktivierende, beteiligungs- und mitgliederorientierte Gewerkschaftspolitik beitragen. Diese aktivierende Betriebspolitik muss sich zunächst in Abwehrkämpfen bewähren. Doch selbst in der Defensive lässt sich die Mitgliederbasis an wichtigen Entscheidungsprozessen beteiligen.

In einigen Regionen sind Mitgliedsgewerkschaften wie die IG Metall dazu übergegangen, betriebliche Wettbewerbspakte, die Konzessionen der Belegschaften beinhalten, in eigens einberufenen Mitgliederversammlungen zur Diskussion zu stellen. Teilweise orientieren sie sich dabei an einem fixen Quorum (z.B. 80% Zustimmung). Ohne eine entsprechende Legitimation werden Konzessionsentscheidungen nicht gefällt. Ein anderes Mittel sind Ergänzungstarifverträge, in denen Abweichungen von der Fläche geregelt werden. Ähnlich wie die Mitgliederversammlungen sorgt die Nutzung dieses Instruments dafür, dass die Gewerkschaften unmittelbar in betrieblichen Aushandlungsprozessen präsent sind. Im Falle des Ergänzungstarifvertrags führen betriebliche Tarifkommissionen die Verhandlungen. Die Monopolstellung der Betriebsräte in der betrieblichen Arena wird aufgebrochen und relativiert. Soweit die Interessenvertreter mit einem gewerkschaftlichen Selbstverständnis agieren, empfinden sie dies eher als Entlastung; Konflikte bleiben dennoch nicht aus. Vieles deutet darauf hin, dass das gewerkschaftliche „Kerngeschäft", die Tarifpolitik, einem grundlegenden

Wandel unterworfen ist. Flächentarifverträge schreiben nicht mehr Mindestnormen fest, die – abhängig von der gewerkschaftlichen Stärke – in den Unternehmen überboten werden können. Vielmehr werden die Kollektivverträge mehr und mehr zu Orientierungsgrößen für Aushandlungen, die Abweichungen auch nach unten regeln sollen. In dieser Konstellation spricht einiges dafür, dass die Entwicklung einer betriebsnahen Tarifpolitik, die auf eine Aktivierung der Mitglieder zielt, zu einer gewerkschaftlichen Überlebensfrage geworden ist. Verbreitungsgrad und Auswirkungen beteiligungsorientierter Tarifpolitiken sind bislang noch kaum untersucht (vgl. Candeias/Röttger 2007). Es liegt jedoch auf der Hand, dass ein Bedeutungszuwachs dezentraler Regelungen nicht nur das Tarifsystem, sondern auch die Gewerkschaften selbst verändern wird. Hier öffnet sich zugleich ein wichtiges Feld für eine zeitgemäße Gewerkschaftsforschung.

5.4 Partizipative Betriebspolitik – zur Bedeutung „hybrider" Beteiligungsformen

Neue Entwicklungen gibt es auch in der Betriebspolitik. Interessant sind Praktiken, die die Novellierung des Betriebsverfassungsgesetzes (BVG) nutzen, um direkte Beschäftigtenpartizipation zu motivieren. Die deutsche Betriebsverfassung zeichnet sich traditionell durch ein Übergewicht an repräsentativen Teilhabeformen aus. Zeitweilig flammten jedoch immer wieder Kontroversen über eine „Mitbestimmung am Arbeitsplatz" auf. In der jüngeren Vergangenheit haben Betriebsräte und Gewerkschafter immer wieder die Erfahrung machen müssen, dass Beschäftigtenpartizipation für höchst unterschiedliche Ziele und Betriebspolitiken genutzt werden können. Orientieren sich unternehmerische Beteiligungskonzepte in all ihren Schattierungen am Primat der Wirtschaftlichkeit, gilt für Beschäftigten- bzw. Arbeitnehmerpartizipation geradewegs das Gegenteil. Gleich ob sie in Entwürfe einer antagonistischen Gesellschaft oder in das Modell kooperativer Interessenregulierung eingebettet ist – von Arbeitnehmerbeteiligung kann sinnvoll nur gesprochen werden, sofern Partizipation dazu beiträgt, Asymmetrien im lohnabhängigen Arbeitsverhältnis zu korrigieren und damit auch die Stellung der Lohnabhängigen in der Gesellschaft zu verbessern. Grundsätzlich lässt sich delegierte Partizipation, die von Repräsentanten der Arbeitnehmer (z.B. Betriebsräte) ausgeübt wird, von direkter Partizipation, die z.B. Arbeitskollektive oder einzelne an ihrem Arbeitsplatz wahrnehmen, unterscheiden.

Mit der Durchsetzung partizipativer Managementkonzepte ist der Beteiligungsbegriff zu einem festen Bestandteil eines „neuen Geists des Kapitalismus" (Boltanski/Chiapello 2003) geworden. Unternehmerische Beteiligungskonzepte zielen auf eine Selbstaktivierung der Beschäftigten für betriebliche Rationalisie-rungsziele, kurz: auf „Rationalisierung in – begrenzter – Eigenregie". Damit kehrt sich die Subjekt-Objekt-Logik tayloristisch geprägter Arbeitsteilung teil-weise um. Während verdrängte Fähigkeiten wie die Produktionsintelligenz, das informelle Erfahrungswissen, die Kreativität und selbst die Emotionalität der operativ Arbeitenden rehabilitiert werden, geraten mit den Experten und Kontrol-leuren die mittleren Ränge der Firmenbürokratie ins Visier der Rationalisierung. In ihren Formen und Mitteln an Entwürfe zu einer „Mitbestimmung am Arbeits-platz" erinnernd, wie sie Ende der 1960er, Anfang der 1970er Jahre diskutiert wurden, verfolgen unternehmerische Beteiligungsansätze schon auf der paradig-matischen Ebene einen anderen Zweck. Für sie rechtfertigt sich die Beteiligung von Beschäftigten an Entscheidungsprozessen, die zuvor allein der Hierarchie oblagen, nur in dem Maße, wie Partizipation nachweislich der wirtschaftlichen Effizienzsteigerung der Betriebe dient.

In diesem Kontext mussten Gewerkschaften und Betriebsräte immer wieder die Erfahrungen machen, dass lediglich gewährte, aber rechtlich nicht abgesi-cherte Partizipationsmöglichkeiten nicht auf Dauer gestellt werden konnten (Dörre 2002). Trotz problematischer Voraussetzungen wurden zumeist informel-le oder über Betriebsvereinbarungen abgesicherte Formen direkter Partizipation etabliert, die sich auf höchst unterschiedliche betriebliche Themenfelder bezie-hen. Diese Beteiligungsformen stellen teilweise ein Terrain für Vertrauensleute-körper dar, weil es sich um Felder handelt, die der direkten Kontrolle und Ein-flussnahme durch (Bereichs-)Betriebsräte entzogen sind. Zudem rekrutieren Gewerkschaften neue Vertrauensleute häufig gerade aus jenen Teilen der be-trieblichen Mitgliedschaft, die zuvor über projektförmige Teilhabe integriert worden sind. Die BVG-Novellierung hat solchen Ansätzen neue rechtliche Mög-lichkeiten eröffnet. Die Gewerkschaften hatten sich frühzeitig in den Reformulie-rungsprozess des Gesetzes eingeschaltet und unter anderem auch Vorschläge zur abgesicherten Verbreiterung direkter Partizipationsmöglichkeiten entwickelt. Zwei Veränderungen spielen dabei eine wichtige Rolle.

Die *erste* Neuerung ist die Bestimmung des § 28a, der die „Übertragung von Aufgaben auf Arbeitsgruppen" regelt. Dieser Neuerung stehen die Gewerk-schaften allerdings skeptisch gegenüber, da den weder durch eine Wahl noch eine innere Geschäftsordnung legitimierten Arbeitsgruppen weitgehende Rechte wie die Möglichkeit zum Abschluss von Vereinbarungen mit dem Arbeitgeber eingeräumt werden, ohne dass der Betriebsrat dies dann noch beeinflussen kann. Moniert wird zudem die fehlende Absicherung der Arbeitsgruppenmitglieder in Konfliktfällen.

Als *zweite* Modifikation ist die Einfügung des § 80, 2 (3) zu nennen. Dort heißt es:

„Soweit es zur ordnungsgemäßen Erfüllung der Aufgaben des Betriebsrats erforderlich ist, hat der Arbeitgeber ihm sachkundige Arbeitnehmer als Auskunftspersonen
zur Verfügung zu stellen; er hat hierbei die Vorschläge des Betriebsrats zu berücksichtigen, soweit betriebliche Notwendigkeiten nicht entgegenstehen."

Interessant ist, dass dieser Ansatz den bekannten externen nun auch interne
Sachverständige (einzelne Beschäftigte) zur Seite stellt; die Regelung zielt somit
im Grunde auf eine Erweiterung der Sachverständigennutzung. Es handelt sich
um einen Versuch, institutionalisierte Mitbestimmung und (projektförmige)
Partizipation miteinander zu kombinieren. Die gesetzlichen Bestimmungen ermöglichen eine hybride Konstruktion (Brinkmann/Speidel 2006), die zwei formal bislang oft unverbundene Welten zusammenfügt und den Gewerkschaften
vermittelt über die Betriebsräte potenziell eine neue Form der Gewinnung bzw.
Aktivierung von Mitgliedern ermöglicht. Indem das Initiativrecht beim Betriebsrat belassen wird, hält der eingefügte Satz zwar an der Logik der einheitlichen
Interessenrepräsentation fest, eröffnet aber gleichzeitig ein weites Feld für projektförmige Partizipationsmodelle, die sich inhaltlich wiederum auf die Erfüllung
von Betriebsratsaufgaben beziehen.

Die IG Metall hat in einem Vorstandsprojekt die Möglichkeiten dieses Ansatzes ausgelotet. In einer Reihe von Pilotbetrieben wurden auf der Basis des §
80 Abs. 2 Satz 3 betriebliche Partizipationsprozesse zu so unterschiedlichen
Themenfeldern wie betrieblicher Arbeits- und Gesundheitsschutz, ERA, Arbeitszeit, Prämienlohn, Qualifizierungsbedarf etc. in Gang gesetzt. Dabei zeigte sich,
dass allein die Existenz einer gesetzlichen Absicherung oft schon ausreichte, um
Partizipationsprozesse in Belegschaften zu starten, die in den Jahren zuvor von
Managementseite noch abgelehnt wurden. Die Gewerkschaftsseite strebte an, mit
den angestoßenen Prozessen Mitglieder zu aktivieren, neue Mitglieder zu gewinnen und die Vertrauensleutearbeit zu stärken, indem „die Interessen der Beschäftigten nach Beteiligung, Mitentscheidung und dem Wunsch ‚ernst genommen zu
werden'" (Becker/Thomas 2005: 209) aufgegriffen wurden.

Das Beispiel VEM Sachsenwerk Dresden
Konzeption und Durchführung des Beteiligungsprojekts „Erarbeitung einer Be-
triebsvereinbarung zur Gestaltung der betrieblichen Arbeitszeit" in der VEM-
Sachsenwerk GmbH in Dresden mit 450 Beschäftigten gelten als vorbildliche
Anwendung des § 80 Abs. 2 Satz 3 (vgl. Becker/Thomas 2005; Gramm 2005).
Der Betriebsrat verfolgte und erreichte in diesem Fall dreierlei: die grundlegende
Überarbeitung einer veralteten Arbeitszeitregelung und – übergeordnet – eine
Wiederannäherung von Belegschaft und Betriebsrat sowie einen erhöhten Zu-
spruch zur IG Metall insbesondere über die verbesserte Vertrauensleutearbeit.

Für ein beteiligungsorientiertes Vorgehen der Beschäftigten waren die Ausgangsbedingungen im VEM-Sachsenwerk eher schlecht. Nach dem Austritt des Unternehmens aus dem Arbeitgeberverband im Jahr 2000 spaltete sich die Belegschaft in eine kleine kämpferische und eine größere Fraktion, die das Vorgehen der Geschäftsleitung hinnahm. Ein von der Leitung des Vertrauenskörpers organisierter Warnstreik brach zusammen, nachdem die Geschäftsleitung mit Betriebsstilllegung gedroht hatte. In der Folge traten zahlreiche Beschäftigte aus der IG Metall aus; die Christliche Gewerkschaft Metall (CGM) erreichte bei den Betriebsratswahlen 2002 mehrere Betriebsratssitze. Der Betriebsrat reagierte auf die verhärteten Fronten und tiefe Verunsicherung in der Belegschaft mit einer offensiven Strategie der Öffentlichkeitsarbeit und des persönlichen „Mitarbeitergesprächs". In seinem Bemühen, verloren gegangenes Vertrauen wieder zu gewinnen, beschloss man, die Belegschaft in die Neugestaltung der Arbeitszeit unmittelbar einzubinden. Unter Rückgriff auf den § 80 Abs. 2 Satz 3 sollte – so die Zielsetzung – eine umfassende Betriebsvereinbarung über die betriebliche Gestaltung der Arbeitszeit erreicht werden sowie die Einbindung „sachkundiger Arbeitnehmer" in den Vertrauenskörper und die generelle Stärkung der IG Metall im Sachsenwerk.

Charakteristisch für das innovative Vorgehen des Betriebsrats im VEM-Sachsenwerk ist die hochgradig durchorganisierte und konsequent umgesetzte Konzeption des Beteiligungsprojekts. Der Betriebsrat reichte einen formellen Antrag auf Freistellung sachkundiger Arbeitnehmer bei der Werksleitung ein und setzte auf diesem Weg die projektbezogene Freistellung von insgesamt 14 Auskunftspersonen durch, darunter zehn Vertrauensleute und vier „Neue". Diese wurden im Rahmen eines Workshops für ihre Aufgabe als Bindeglied zwischen Betriebsrat und Beschäftigten besonders qualifiziert. Die Beschäftigten bekamen die Gelegenheit, mittels Fragebogen (vom Betriebsrat entworfen) ihre Wünsche bezüglich einer verbesserten Arbeitszeitorganisation zu kommunizieren. Eine Auswertung der Erhebung, an der die Auskunftspersonen beteiligt waren, wurde zeitnah öffentlich gemacht, um den Beschäftigten Ergebnisse vorzustellen und ihnen so die Relevanz direkter Beteilung vor Augen zu führen. Auf der Grundlage der Fragebogenergebnisse erarbeitete der Betriebsrat einen Entwurf für eine Betriebsvereinbarung zur Neuregelung der Arbeitszeit, der in Abstimmung mit den Auskunftspersonen in Abteilungsversammlungen mit den Beschäftigten diskutiert wurde. Im Anschluss daran kam es zu ersten Verhandlungen mit der Geschäftsführung. Nach betriebsratsinternen Beratungen über die Verhandlungsergebnisse und während der Betriebsversammlungen, in deren Rahmen die Belegschaft unterrichtet wurde, gelang die Unterzeichnung der so legitimierten Betriebsvereinbarung.

Aus Sicht der Projektinitiatoren haben die Beschäftigten geradezu darauf gewartet, stärker in konzeptionelle Prozesse eingebunden zu werden. Nachhaltige Beteiligungsprojekte sollten demnach über den engen Kreis der Auskunftspersonen mit möglichst vielen Beschäftigten durchgeführt werden: „Dafür muss der Betriebsrat generell bereit sein, seine Arbeitseinstellung und -praxis zu ändern: Statt eine Interessenvertretung für, sollte er stärker eine Interessenvertretung mit den Beschäftigten umsetzen" (BRV Sachsenwerk). Im Lichte der Erfahrungen des Sachsenwerks bedeutet die vermeintliche Abgabe von Machtbefugnissen und Kompetenzen der gewählten Interessenvertretung an die Belegschaft real einen Zuwachs an Akzeptanz, Kompetenz und Gestaltungskraft für den Betriebsrat. Der Vertrauenskörper konnte durch das Beteiligungsprojekt stabilisiert werden. Bereits ausgetretene IG Metall-Mitglieder machten ihren Schritt rückgängig und kehrten in die Gewerkschaft zurück (vgl. Papier zum Beteiligungsprojekt des VEM Sachsenwerks, präsentiert auf der 18. Vertrauensleutekonferenz der IG Metall).

Erkenntnisse und Schlussfolgerungen
Das Sachsenwerk-Beispiel ist sicherlich ein ambitionierter Einzelfall. Obwohl in anderen Betrieben längst nicht immer alle Ziele verwirklicht werden konnten und auch der Weg über eine Betriebsvereinbarung zu den sachkundigen Beschäftigten nur in zwei Fällen zu realisieren war, wurde auf der Gewerkschaftsseite doch ein positives Resümee der Projektaktivitäten gezogen – insbesondere weil der Mitgliederrückgang in den Projekt-Betrieben durchweg gestoppt werden konnte. Die stärkere Einbindung in Betriebsratsbelange versetzte die Beschäftigten offenbar in die Lage, Felder mitzugestalten, die sie unmittelbar betreffen und verschaffte damit auch der Gewerkschaft einen deutlichen Prestigegewinn. Interessenvertretungsarbeit und betriebspolitische Initiativen der IG Metall verloren für die Beschäftigten auf diese Weise ihren formellen, mitunter abgehobenen Charakter. Die Betriebsräte berichteten von ausnahmslos positiven Reaktionen der Beschäftigten auf das Partizipationsangebot und einer hohen Bereitschaft, sich als betriebliche Experten einzubringen: „Endlich fragt ihr uns!" – so das knappe Resümee der auf stärkere Berücksichtigung ihrer Kompetenzen und Sichtweisen bedachten Beschäftigten.
Die Nutzung hybrider Beteiligungsformen durch Betriebsräte und Gewerkschaften zeichnete sich durch folgende Merkmale aus:

- *„Herr-des-Verfahrens"*: das Initiativrecht und die „ultimate political control" liegen bei den gewählten Organen;
- *strategische Initiativfähigkeit*: eigene Themen können platziert werden; dies stellt einen Weg aus der betriebspolitischen Defensive dar;

▪ *Distanzabbau*: Beschäftigte werden näher an die gewerkschaftliche Betriebspolitik und die Betriebsratsarbeit herangeführt, was im besten Fall zu einer Abkehr von der Stellvertreterpolitik führen kann;

▪ *Entlastung*: nach einem Arbeitsanstieg für alle Akteure zu Beginn der Beteiligungsprojekte erfolgt eine Entlastung durch Verteilung der Arbeit auf viele Schultern;

▪ *Ausweitung der Mitbestimmung*: durch Themen wie Gesundheitsschutz öffnen sich weit mehr als kleine, begrenzte Felder; bis hin zu Arbeitsorganisation, Personalentwicklung, Weiterbildung etc. ergeben sich erweiterte Einfluss- und Gestaltungsmöglichkeiten;

▪ *Ausdifferenzierung von Mitbestimmung*: kleinteiligere Themen können bearbeitet und gestaltet werden;

▪ *Heterogenitätskompetenz*: neue Personengruppen können in ihren spezifischen Problemlagen erschlossen und zur Mitarbeit und Mitgliedschaft gewonnen werden;

▪ *Dynamisierung von Mitbestimmung*: es kann schneller auf akute Umbrüche reagiert werden;

▪ *Gesetzliche Absicherung*: das Verfahren selbst und die Teilhabe der Beschäftigten sind gesetzlich abgesichert und können nicht, wie in partizipativen Ansätzen früher oft praktiziert, nach Belieben entzogen werden; wo nötig können sie auch gegen den Willen des Managements durchgeführt werden.

Trotz dieser offenkundigen Vorteile lässt sich indessen nicht übersehen, dass solche Beteiligungsmöglichkeiten allenfalls in einer kleinen Zahl von Nutzerbetrieben Anwendung finden. Fehlende Kenntnisse über die neuen Möglichkeiten stehen ihrer Verbreitung ebenso im Weg wie eingeschliffene Routinen repräsentativer Interessenvertretungsorgane, die gelegentlich auch einen damit verbundenen Macht- und Kontrollverlust befürchten. Doch das allein ist noch keine zureichende Erklärung für ungenutzte Beteiligungspotenziale. In den meisten Projektbetrieben der IG Metall hat sich der Ansatz nicht auf Dauer stellen lassen; die genauen Ursachen sind unklar. Gegenwärtig wird der Beteiligungsansatz in drei Unternehmen im Zusammenhang mit betrieblicher Gesundheitsprävention erneut getestet (Becker u.a. 2007). Fakt ist jedoch, dass die Ansatzpunkte für Arbeiter- und Beschäftigtenpartizipation unter den Bedingungen des „Finanzmarktkapitalismus" auch wissenschaftlich noch nicht zureichend durchdrungen sind.

5.5 Selbstorganisation der Prekären

Folgt man wichtigen Stimmen in der sozialwissenschaftlichen Debatte (Bourdieu 2000, 1997: 307 ff., Castel 2005), so ist Prekarisierung gleichbedeutend mit sozialer Desorganisation. Laut Bourdieu ermöglicht erst ein halbwegs fester Arbeitsplatz mit einem Minimum an sozialer Sicherheit ein planerisches Zukunftsbewusstsein und damit eine Rationalisierung der Lebensführung, die ihrerseits eine wesentliche Voraussetzung für organisiertes, selbsttätiges Interessenhandeln ist: „Parallel zu festen Arbeitsplätzen und regelmäßigem Lohn kann sich ein rationales und offenes Zeitbewusstsein herausbilden; Handlung, Urteil und Wunschvorstellungen können sich dann um einen Lebensplan herum organisieren" (Bourdieu 2000: 113). Hingegen bringe ständige Unsicherheit eine „systematische Desorganisation des Verhaltens, der Einstellungen und der Ideologie mit sich" (Bourdieu 2000: 103 ff.). Die damit verbundene Demoralisierung schwäche die Fähigkeit zu solidarischem Interessenhandeln. Stattdessen schwankten subproletarische Gruppen zwischen resignativer Gewöhnung an die Situation, der Flucht in Traumwelten und impulsiven Revolten, die sich durch „Richtungslosigkeit" auszeichneten. Aus eigenen empirischen Erhebungen (Brinkmann u.a. 2006, Dörre 2006) wissen wir, dass damit reale Tendenzen benannt sind, die wir gegenwärtig auch in den entwickelten Kapitalismen finden. Wie gezeigt, gibt es aber auch Gegentendenzen. Organizing-Ansätze können, das belegt die vorliegende Literatur, zur Entfaltung gewerkschaftlicher Organisationsmacht in Gruppen beitragen, die lange Zeit als „unorganisierbar" galten. Eine Voraussetzung ist, dass die Gewerkschaften die Besonderheit der Interessenlagen von Beschäftigten in unsicheren Arbeitsverhältnissen anerkennen. Offenkundig sind Flexibilisierung und Prekarisierung Strukturmerkmale von Arbeitsgesellschaften, die sich unter dem Druck des zeitgenössischen Finanzmarktkapitalismus entwickeln. In einer Gesellschaft mit hoher struktureller Arbeitslosigkeit sind prekäre Beschäftigungsverhältnisse für viele die einzige Möglichkeit, den Lebensunterhalt zu verdienen. Diese Realität dürfen die Gewerkschaften nicht verkennen, wollen sie bei prekär Beschäftigten Fuß fassen.

Eine Politik der Anerkennung besonderer Interessenlagen prekär Beschäftigter bedeutet vor allem, darauf weisen die vorliegenden Forschungen hin, mit dafür Sorge zu tragen, dass die Interessen der „Verwundbaren" nicht völlig aus der politischen Willensbildung ausgegrenzt werden. Welchen politischen Ausdruck Prekarisierungsprozesse annehmen, ist noch weitgehend unerforscht. Aus den USA wissen wir, dass die Wahlbeteiligung mit sinkenden Einkommen und abnehmender Integration in die Arbeitswelt rückläufig ist. Hier wird eine expansive Zunahme prekärer Beschäftigung über „selbstgewählte" politische Ausgrenzung reguliert. Für Frankreich mutmaßt Robert Castel (2005), dass Gruppen im sozialen Abstieg dazu tendieren, ihre Konkurrenzen mit dem Mittel des Ressentiments auszutragen. Castel sieht hier ein wichtiges Reservoir rechtspopulistischer Orientierungen. Dem stehen Hinweise gegenüber, denen zu Folge prekär Beschäftigte sich eher durch die politische Linke repräsentiert sehen (Paugam 1998). In unseren eigenen Untersuchungen (Dörre/Krämer/Speidel 2004, 2006a, 2006b) wird – etwa bei den ostdeutschen Leiharbeitern – eine diffuse Wut auf die gesamte politische Klasse spürbar, die sich politisch in höchst unterschiedliche Richtungen entladen kann. Fremdenfeindlichkeit, Rassismus, übersteigerter Nationalismus und Offenheit für rechtspopulistische Anrufungen stellen eine mögliche Orientierung dar, die durch Prekarisierungserfahrungen zumindest verstärkt werden kann (Dörre/Krämer/Speidel 2004; Flecker/Hentges 2004).

Es lassen sich aber auch andere politische Verarbeitungen sozialer Unsicherheit feststellen (Artus 2007). Eine politische Kultur der Selbstorganisation und der Widerständigkeit vorausgesetzt, ist es keineswegs ausgeschlossen, dass prekär Beschäftigte Präferenzen für kollektive Handlungsstrategien entwickeln. Wollen sie derartiges fördern, ist offenbar nötig, dass die Gewerkschaften spezifische Organisationsangebote für prekär Beschäftigte schaffen. Wie schon angesprochen, haben einige große italienische Gewerkschaften diesen Weg offenbar bereits beschritten. Bei den Prekären verzeichnen sie vergleichsweise große Mitgliederzuwächse (Choi 2004: 428 ff.). Dies auch, weil sie über ein ausgereiftes Beratungs- und Dienstleistungssystem verfügen, das auf die Problematik unsicherer Beschäftigungsverhältnisse zugeschnitten ist. In Italien bieten die großen Gewerkschaftsverbände inzwischen spezifische Organisationsangebote für Leiharbeiter, abhängig Selbständige und Heimarbeiter an. Gegenüber allzu euphorischen Bewertungen sei aber auch hier angemerkt, dass diese Praktiken noch relativ unerforscht sind. Berichte italienischer Gewerkschafter klingen weit weniger euphorisch, als es die vorliegende Literatur vermuten lässt (kritisch: Bologna 2006); solide Forschungsergebnisse existieren kaum.

Ein Punkt lässt sich jedoch festhalten. Wer alle Energie darauf verwenden muss, erst einmal über den Tag zu kommen, der erwartet von den Gewerkschaften zunächst Hilfe bei der Absicherung von Grundbedürfnissen und speziell darauf ausgerichtete Angebote. Wird die besondere Lebenssituation prekär Beschäftigter aufgegriffen, ist eine gewerkschaftliche Organisierung durchaus möglich.[53] Voraussetzung ist, dass die Gewerkschaften sich des wachsenden Sektors

---

[53] Das gilt im Übrigen nicht nur für die wachsenden Gruppen prekär Beschäftigter. Betrachten wir noch einmal das Beispiel des Dortmunder Technologieparks mit seinen ca. 8.500 Beschäftigten in klein- und mittelbetrieblichen Strukturen (IT, Mikrosystemtechnik). Hier handelt es sich um eine räumliche Konzentration von Arbeitskräften, die den Dimensionen eines Großbetriebs entspricht. Wollen die Gewerkschaften Fuß fassen, sind konzentrierte Aktivitäten der Mitgliedsgewerkschaften nötig. Im Grunde würde man für ein solches Technologiezentrum einen Gewerkschaftssekretär benötigen, der dauerhaft präsent ist, der Vertrauensbeziehungen aufbaut, Hilfestellungen beim Auf-

unsicherer Beschäftigung überhaupt annehmen. Dazu müssen sie ihren großbe-trieblichen, auf standardisierte Beschäftigung gerichteten „Isomorphismus" (Bol-tanski/Chiapello 2003: 336) überwinden und gezielt Formen der Selbstorganisa-tion im prekären Bereich fördern. Interessant ist, dass einige Gewerkschaftsglie-derungen inzwischen dabei sind, prekär Beschäftigte als Zielgruppen für organi-zing, Selbstaktivierung und Mitgliedergewinnung zu entdecken. Die Bedeutung, die das Mindestlohnthema inzwischen für die Mehrzahl der DGB-Gewerk-schaften erlangt hat, ist hier ein Signal. Klar ist aber auch, dass selbst die nach wie vor überaus ungewisse Durchsetzung einer gesetzlichen Mindestlohnrege-lung das gewerkschaftliche Repräsentationsdefizit im prekären Bereich nicht automatisch beseitigen würde.

Hier setzen gewerkschaftliche Aktivitäten an, die auf die allmähliche Über-windung des Repräsentationsdilemmas zielen. Im Organisationsbereich der IG Metall zielen solche Aktivitäten vor allem auf die Leih- und Zeitarbeit. Vorder-gründig betrachtet, handelt es sich bei der Zeitarbeit in Deutschland noch immer um eine relativ selten angewandte und zudem hoch regulierte Beschäftigungs-form. Sie ist die am seltensten anzutreffende flexible Beschäftigungsform auf dem Arbeitsmarkt. 2004 nutzten 3% der Betriebe dieses Instrument. Der Einsatz von Leiharbeit hängt stark von der Konjunktur ab. Die Zahl der eingesetzten Leiharbeiter ist zumeist nicht hoch, vier von fünf Betrieben mit Leiharbeit setzen maximal fünf Leiharbeitskräfte ein. Dennoch wäre es grob fahrlässig, von einem bloßen Randphänomen zu sprechen. Gegen eine Verharmlosung spricht bereits die expansive Dynamik dieser Beschäftigungsform. Bis Mitte der 1990er Jahre ist der Anteil der Leiharbeiter an den sozialversicherungspflichtigen Beschäftig-ten in etwa gleich geblieben (1995 ca. 0,6%); seither hat er sich deutlich erhöht. 2004 gab es in Deutschland rund 400.000 Leiharbeiter, das sind 1,5% aller sozi-alversicherungspflichtig Beschäftigten. Binnen weniger Jahre hat sich die abso-lute Zahl der Leiharbeiter somit mehr als verdoppelt. Und die Dynamik hält weiter an, 2006 waren im Jahresdurchschnitt etwa 600.000 Leiharbeiter beschäf-tigt. Berücksichtigt man die Fluktuation, kommt man wahrscheinlich auf ca. eine Million Beschäftigte der Zeitarbeitsbranche, die damit an der Beschäftigtenzahl gemessen eine der größten Branchen überhaupt ist.

Die insgesamt noch immer niedrige Leiharbeitsquote darf nicht den Blick dafür verstellen, dass einzelne Vorreiterbetriebe einen intensiven Gebrauch von dieser Beschäftigungsform machen. So hatten 2004 rund 40% der relevanten Einsatzbetriebe mit mehr als zehn Beschäftigten einen Leiharbeiteranteil von mindesten 10%. Bei größeren Betrieben (über 150 Beschäftigte) belaufen sich

---

bau von Interessenvertretungen gewährt und Ansprechpartner für viele kleine Alltagsprobleme ist (Dörre/Röttger 2006). Von einem solchen Schritt sind die Gewerkschaften aktuell jedoch weit ent-fernt.

die Intensivnutzer auf rund 10% der Einsatzbetriebe – bei leicht wachsender Tendenz. Hier spielt Leiharbeit eine zentrale Rolle im betrieblichen Flexibilisierungshandeln: Auftragsspitzen und andere Engpässe werden grundsätzlich auch unter Einsatz von Leiharbeit bewältigt. Das Segment der Intensivnutzer rekrutiert sich vor allem aus hochtarifigen Fertigungsbetrieben des verarbeitenden Gewerbes mit hohem Anteil an stark zerlegter manueller Fertigung (z.b. Automobilindustrie und Zulieferer) sowie aus bestimmten Dienstleistungsbereichen. Lohnkostensenkung und Tarifunterwanderung, aber auch der vergleichsweise einfache Kapazitätsrückbau im Falle rückläufiger Auslastung sind die Hauptmotive für den Einsatz von Leiharbeitern (Promberger u.a. 2005). In mehr als einem Viertel der Nutzerbetriebe verdrängt Leiharbeit reguläre Beschäftigung. Optimistische Annahmen über die beschäftigungsfördernde Wirkung von Leiharbeit bestätigen sich nicht; stattdessen muss davon ausgegangen werden, dass Leiharbeit „zumindest in Teilbereichen ein enormes Armuts- und Abstiegsrisiko birgt" (ebd.: 13).

Ging es beim Einsatz von Zeitarbeitern zunächst um das Abfedern von Produktionsspitzen und personellen Engpässen, zeigt sich inzwischen ein anderer Trend. In vielen Regionen gibt es Vorreiterbetriebe, in denen Leiharbeiter Kernfunktionen übernehmen. Im BMW-Werk Leipzig z.B. liegt der Leiharbeiteranteil bei über 30%; ihr Einsatz erstreckt sich über alle Bereiche vom Band bis zum Büro. Entscheidend ist, dass der Grundsatz „gleiches Geld für gleiche Arbeit" in keinem dieser Bereiche realisiert ist. Die Leiharbeiter werden nach BZA-Tarif bezahlt und erhalten z.T. bis zu 50% weniger Geld als die fest Angestellten[54]. Damit steht das BMW-Werk für einen Trend, der nicht nur aus der gewerkschaftlichen Perspektive Anlass zur Beunruhigung bietet (zu kritischen Stimmen aus der Wirtschaft: Handelsblatt, 30.05.07). Faktisch entstehen selbst innerhalb formal intakter Tarifverträge zwei Klassen von Arbeitnehmern. Das bleibt auch für die fest Angestellten nicht folgenlos. Zwar sehen Mitglieder der Stammbelegschaft in den Leiharbeitern zunächst einen schützenden Personalpuffer, der im Falle eines kurzfristigen Auftragseinbruchs dazu beitragen kann, die bestehenden Arbeitsplätze der fest Angestellten zu sichern. Doch zugleich beschleicht die Stammbeschäftigten ein diffuses Gefühl der Ersetzbarkeit, wenn sie an die Leistungsfähigkeit der Externen denkt. Denn „das ist eben das, was mir manchmal schlaflose Nächte bereitet, weil, wenn das jetzt schon so gut läuft, was ist dann einmal in zehn Jahren, dann sind wir Auslaufmodelle, wir fest Angestellten",

---

[54] Inzwischen hat die IG Metall eine Regelung durchgesetzt, die für Leiharbeiter bei BMW gleiches Geld für gleiche Arbeit vorsieht. Allerdings hat der Konzern wenig später die Streichung von ca. 8.000 Stellen bekannt gegeben, betroffen sind vor allem Leiharbeiter. Die Maßnahme ist mit Steigerung der Rendite vor Steuern von acht auf zwölf Prozent begründet worden.

gibt ein befragter fest Angestellter seine Befürchtungen preis (Dörre/ Krämer/Speidel 2004). Gerade weil sich die prekär Beschäftigten im unmittelbaren Erfahrungsbereich der über Normarbeitsverhältnisse Integrierten bewegen, wirken sie, das jedenfalls legen unsere Erhebungen nahe, als ständige Mahnung. Fest Angestellte sehen, dass ihre Arbeit zu gleicher Qualität auch von Personal bewältigt werden kann, welches für die Ausübung dieser Tätigkeit Arbeits- und Lebensbedingungen in Kauf nimmt, die in der Stammbelegschaft kaum akzeptiert würden. Offenkundig wirken Prekarisierungsängste disziplinierend – und das selbst bei gewerkschaftlich zu weit über 90% organisierten Stammbelegschaften, denen auch in Spitzenzeiten nur eine kleine Minderheit an Leiharbeitern gegenüber steht. Die ständige Konfrontation mit prekärer Beschäftigung senkt Ansprüche an gute Arbeit. Denn wo die Existenz unsicher geworden ist, treten Entfernung zur Arbeit, Monotonie oder schlechte Behandlung als Gründe für Unzufriedenheit subjektiv in den Hintergrund; es dominiert die Sorge um den Erhalt ihres Arbeitsplatzes, so widerwärtig er auch sein mag. Unsere eigenen Untersuchungen sprechen dafür, dass auf diese Weise arbeitspolitischen Gestaltungsansätzen, die an qualitativen Arbeitsansprüchen ansetzen, allmählich der Boden entzogen wird. Es setzt sich ein Trend zur Produktion „gefügiger Arbeitskräfte" (Boltanski/Chiapello 2003) durch, der die gewerkschaftliche Mobilisierungsfähigkeit erheblich schwächen könnte.

Aus diesem Grund sehen auch große Gewerkschaften wie die IG Metall inzwischen Handlungsbedarf. Leiharbeit und prekäre Beschäftigung sind eben längst kein „Randgruppenproblem" mehr. Es geht auch um die Interessen der Stammbeschäftigten, um die Handlungsfähigkeit der Gewerkschaften insgesamt. Ein Projekt des IG Metall-Bezirks NRW zielt daher darauf, die Betriebsräte in den entleihenden Firmen zu sensibilisieren, um dem Grundsatz „gleiches Geld für gleiche Arbeit" wieder Nachdruck zu verleihen. Ein aktives Werben um Zeitarbeiter und gezieltes „Organisieren" gehören ebenfalls zu diesem Ansatz. Auch der IG Metall-Bezirk Berlin/Brandenburg/Sachsen bemüht sich um neue Wege bei der Organisierung von Zeitarbeitern. Ein „Sozialreport Zeitarbeit" (Handelsblatt, 30.05.07) hat in der Öffentlichkeit hohe Wellen geschlagen und heftige Reaktionen der Zeitarbeits-Lobby ausgelöst. Das Projekt „Gute Arbeit" beim Vorstand der IG Metall (Detje/Pickshaus/Urban 2005) setzt ebenfalls einen Schwerpunkt bei prekärer Beschäftigung und Leiharbeit. Bei all diesen Bemühungen ist aber vorerst unklar, ob das gewerkschaftliche Kalkül aufgeht.[55] In-

---

[55] Die Unsicherheit beginnt schon bei den möglichen Forderungen. Betriebliche Maximalquoten für Leiharbeiter und wirksame Mindestlöhne in diesem Segment werden ebenso diskutiert wie ein attraktives gewerkschaftliches Serviceangebot, etwa Informationen über die Seriosität von Personaldienstleistern, betriebliche Rankings etc.

wieweit sich aus diesen zarten Pflänzchen tatsächlich erfolgreiche Ansätze zur Neukonstituierung gewerkschaftlicher Organisationsmacht entwickeln, wird sich erst im Zeitverlauf zeigen können. Schwierigkeiten und Chancen solcher Ansätze auszuloten und ihre Ergebnisse zu bewerten, könnte eine wichtige Aufgabe einer auf hiesige Praktiken ausgerichteten Revitalisierungs-Forschung sein.

5.6 Gewerkschaften und Political Action – das Beispiel Sozial- und Arbeitsmarktpolitik

Die Erforschung der Selbstorganisationspotenziale prekär Beschäftigter impliziert unweigerlich, auch die Arena des politischen Tauschs, der Bündnisse und des unkonventionellen coalition building genauer in den Blick zu nehmen. Dies kann, wie schon bei den anderen Politikfeldern, nur exemplarisch und skizzenhaft geschehen. Zur Verdeutlichung der Problematik beziehen wir uns nachfolgend auf das Beispiel Arbeitsmarkt- und Sozialpolitik. Im Mainstream der arbeitsmarktpolitischen Debatte gelten die Arbeitsmarktstrukturen des „rheinischen Kapitalismus" seit längerem (Albert 1992) als verkrustet, überreguliert und wenig dynamisch (Sinn 2004, dazu kritisch: Köhler/Struck 2004, Bosch 2004). Entsprechende Urteile zielen auch auf die Arbeitsverwaltungen und die lange Zeit verfolgten Arbeitsmarktpolitiken, samt deren korporatistischer Einbettung (Trampusch 2003).

Die „Gesetze für moderne Dienstleistungen am Arbeitsmarkt", auch als Hartz-Gesetze bekannt, markieren hier eine Zäsur. Anspruch der Reformen ist es, reale oder vermeintliche Flexibilisierungsdefizite am Arbeitsmarkt zu beheben. Während die Grundintention der Hartz-Reformen, die „Basisphilosophie" des Forderns und Förderns, eher dem skandinavischen Sozialmodell (Koistinen/Sengenberger 2002, Esping-Andersen 1996, Giddens 2001) entlehnt ist, verläuft die Reformpraxis bislang auf einem Pfad, der das Fordern gegenüber dem Fördern betont. Auch aus diesem Grund sind die überkommenen korporatistischen Steuerungen von Arbeitsmärkten und Arbeitsmarktpolitik in Bewegung geraten. Das gilt vor allem für die Ebene der Arbeitsamtsbezirke und Regionen.

Lange Zeit war die korporatistische Steuerung von Arbeitsmärkten und Arbeitsmarktpolitik ein integraler Bestandteil regionaler Governance (Voelzkow 1998: 48 ff.). Korporative Bündnisse haben gerade im Bereich der Arbeitsmarktpolitik über Jahrzehnte hinweg ein solches Eigenleben geführt, dass sie selbst die Inszenierung zusätzlicher korporativer Strukturen (Bündnis für Arbeit) als störend empfinden mussten (Trampusch 2003: 99 f.). Im Zuge der Umsetzung der Hartz-Reformen werden etablierte Bündnisse nicht nur „harten Belastungsproben" ausgesetzt; es entstehen neue institutionelle Arrangements und Organisationsformen (etwa die Arbeitsgemeinschaften, die von Arbeitsverwaltung und lokaler Politik gebildet werden und die ALG-II-Kunden betreuen). Ihnen obliegt die Umsetzung der Politik des „Forderns und Förderns" am regionalen Arbeitsmarkt. Erste Forschungsergebnisse (Dörre u.a. 2007) sprechen dafür, dass sich in den arbeitsmarktpolitischen Netzen veränderte Machtverteilungen zwischen den korporativen Akteuren durchsetzen. Vor allem die Repräsentanten „schwacher Interessen" – etablierte Bildungsträger, soziale Einrichtungen und auch die Gewerkschaften – verlieren an Einfluss. Damit gelangen die Gewerkschaften in eine problematische Situation. Die von ihnen lange Zeit favorisierten arbeitsmarktpolitischen Instrumente und Organisationsformen, z.B. Beschäftigungs- und Transfergesellschaften, Qualifizierungsmaßnahmen, ABM u.ä., verlieren ihre Wirksamkeit. Die Einflussmöglichkeiten der Gewerkschaften auf die Arbeitsmarktpolitik werden beschnitten und auf den Status gewährter Informationsrechte zurückgestutzt. Zugleich entsteht im Bereich der Langzeitarbeitslosen und prekär Beschäftigten aber ein enormer Beratungs- und Vertretungsbedarf, dem sich die Gewerkschaften nur um den Preis eines Verlusts an Glaubwürdigkeit verschließen können.

Faktisch geraten die Gewerkschaftsrepräsentanten in den Regionen damit in eine schwierige Situation. Einerseits sind sie daran interessiert, verbliebene Einflussmöglichkeiten zu nutzen, andererseits setzen sie sich damit der Gefahr aus, für offensichtliche Fehlschläge der Arbeitsmarktpolitik mit verantwortlich gemacht zu werden und so die Legitimation für Kritik und glaubwürdige Opposition zu verlieren. Diese Problematik prägt sich in den Regionen unterschiedlich aus. Während es im Westen der Republik (z.B. Dortmund, Recklinghausen, Bremen, Bremerhaven) nach wie vor zentralisierte, korporatistische Netzwerke gibt, in denen die Gewerkschaften ihren – insgesamt abnehmenden – Einfluss zumindest informell geltend machen können, ist dies in den von uns untersuchten Ost-Regionen (Jena, Saale-Orla) so schon nicht mehr der Fall. In den hier existenten Personen- (Jena) oder Positionsnetzwerken (Saale-Orla-Kreis) sind die Gewerkschaften als relevante, durchsetzungsfähige Akteure kaum noch präsent. Für alle untersuchten Fälle gilt, dass neben den Gewerkschaften die Sozial- und wohl auch die Arbeitsämter/Regionalagenturen an Einfluss verloren haben.

Hinter dem schwindenden Gewerkschaftseinfluss macht sich freilich ein anderes Problem bemerkbar. In den Regionen setzen sich durchaus unterschiedliche Leitbilder der Arbeitsmarktpolitik durch – eine Vielfalt, die politische Handlungsspielräume signalisiert. So folgen Bremen und Bremerhaven noch immer dem Leitbild der sozialen Stadt. Jena dagegen setzt völlig ungebrochen auf Effizienz-/Leistungsorientierung und Bestenvermittlung. Ein ähnliches Leitbild wird im Saale-Orla-Kreis stark durch die Idee einer Verbindung von sozialer

Verantwortung und Effizienz in Politik und Verwaltung überformt. Jedes dieser Leitbilder impliziert unterschiedliche Ausprägungen der regionalen Arbeitsmarktpolitik, auf die die Gewerkschaften konzeptionell jedoch kaum Einfluss nehmen.

Hier zeigt sich exemplarisch eine Problematik, die das Agieren der Gewerkschaften in der Arena des politischen Tauschs insgesamt betrifft. Offenkundig funktionieren die gewohnten Mechanismen politischer Lobbyarbeit nicht mehr. Das Scheitern der nationalen und regionalen „Bündnisse für Arbeit" (Heinze 2006), den Musterbeispielen für „Einflussbündnisse", ist auch ein Beleg für schwindende Gemeinsamkeiten zwischen Gewerkschaften und politischen Eliten (Streeck 2005).

Für die Gewerkschaften selbst bedeutet dies, dass die Spannungen zwischen system- und sozialintegrativen Funktionen zunehmen. Wie im Betrieb kann die Favorisierung der „Einflusslogik" dazu führen, dass die Mitgliederbindung nachlässt. Denn aus der Perspektive abstiegsbedrohter Gruppen erscheinen (nicht nur) die Arbeitsmarktreformen wesentlich als Maßnahmen zur „Enteignung sozialen Eigentums" (Castel 2005, Harvey 2005). Auf die Negativutopie einer radikalisierten Marktgesellschaft reagieren „schwache" Interessengruppen und ihre gewerkschaftlichen Repräsentanten, indem sie bestehende Sicherungssysteme mit Zähnen und Klauen verteidigen. Sofern sie der Unendlichkeit sozialer Landnahmen vorbeugen wollen, besitzen Verteidigungshaltungen durchaus etwas Rationales. Dies, zumal sie häufig der Erfahrung entspringen, dass mit dem Wort „Reform" ein Abbau des Sozialstaates gemeint ist. Dennoch verhelfen entsprechende Strategien allenfalls zu Zeitgewinnen. Längerfristig nehmen sie in Kauf, dass Arbeitswelt und kollektive Sicherungssysteme immer weiter auseinander driften.

Angemessener wäre eine Strategie, die auf eine Stärkung des Sozialen zielt, indem es sich der Risiken einer fragmentierten Arbeitsgesellschaft annimmt und „die Markthegemonie" auf neue Weise „begrenzt" (Castel 2005: 134). Den Gewerkschaften fällt es jedoch erkennbar schwer, entsprechende Positionsbestimmungen überhaupt vorzunehmen und neue, innovative Formen der Einflussnahme zu entwickeln. Begriffe wie der des „konstruktiven Vetospielers" (Urban 2005a, 2006a, 2006b), der seine Oppositionsrolle wahrnimmt, ohne sich notwendigen Veränderungen zu verschließen, deuten eine Suchbewegung an. Eine Lösung der Problematik beinhalten sie noch nicht. Entscheidend scheint zu sein, dass sich Gewerkschaften sukzessive von Formen politischer Lobbyarbeit verabschieden, die in postkorporatistischen Zeiten ihre Wirksamkeit mehr und mehr verliert (Lessenich/Nullmeier 2006, Schröder 2006). Um an Einfluss zu gewinnen, ist es wichtig, dass Gewerkschaften wieder zu Laboratorien für neue Ideen und Reformvorschläge werden. Dies setzt Offenheit auch für abweichende Ideen voraus, die sich mitunter in einem Spannungsverhältnis zur gewerkschaftlichen Programmatik bewegen. Solche Ideen, die sich mit dem Umbau des Wohlfahrtsstaates befassen, werden seit geraumer Zeit in unterschiedlichen Kontexten entwickelt, mit den Gewerkschaften jedoch überwiegend nicht in Verbindung gebracht. Zugleich verlieren die Gewerkschaften offenbar auch an Expertenwissen, das zu gestalterischen Interventionen überhaupt erst befähigt. Dies ließe sich durch eine Bündnis- und Kooperationspolitik ändern, die auf neue Mischformen von Oppositions- und Einflussbündnissen zielt. Für den Bereich der Arbeitsmarkt- und Sozialpolitik würde das nicht nur bedeuten, systematisch mit kritischen Wissenschaftlern zusammen zu arbeiten, wie es in Ansätzen (Arbeitsmarkt-Monitoring) bereits geschieht; es müssten auch strategische Kooperationen mit zivilgesellschaftlichen Gegenbewegungen entwickelt werden.

Unsere Forschungen zeigen, dass Gegen- oder Protestbewegungen im Bereich der Arbeitslosen und Ausgegrenzten häufig nur schwach entwickelt sind. Es existieren jedoch viele Einrichtungen mit Kompensations-, Wohlfahrts- und Beratungscharakter, zwischen denen bislang kaum Kontakte bestehen. In Bremen z.b. gibt es gewachsene, zum Teil institutionalisierte Formen (Selbsthilfe-, Beratungs- und Informationsstrukturen wie Solidarische Hilfe, Projektgruppe Tenever, AGAB, Arbeit und Zukunft Bremen Nord), die Möglichkeiten der Information, Betreuung, aber auch Protestformierung bieten. Sie sind aber traditionell eher auf Kompensation und Kanalisierung ausgerichtet. In Bremerhaven existieren mit der Solidarischen Hilfe, Bali, und dem Erwerbslosenkreis der IG Metall ähnliche Formen, die zum Teil als Ableger aus Bremen entstanden sind. Auch in Jena bestehen mit MobB und dem Kreis der Erwerbslosen bei der IG Metall, Selbsthilfeinitiativen und der Ombudsstelle (semi-kommunale Beratungsinstitution) ebenfalls eher kompensatorisch ausgerichtete Einrichtungen. Selbst im Saale-Orla-Kreis gibt es einzelne lokale Initiativen mit deutlicher Wohlfahrtsausrichtung. Bedenkt man, dass allein in Berlin ca. 160 Initiativen existieren, die sich mit Beratung für Langzeitarbeitslose und ALG-II-Beziehern beschäftigten, die z.T. Protestaktionen entwickeln, aber auch Alternativkonzepte z.B. für die Arbeitsgelegenheiten entwickeln, wird das Potenzial deutlich, das selbst in diesem Bereich „schwacher Interessen" existiert.

Eine strategische Kooperation gestaltet sich häufig schwierig, aber die Gewerkschaften könnten die Wirksamkeit ihrer – unterentwickelten – Vertretungspraxis beträchtlich erhöhen, wenn sie den Brückenschlag zwischen der Welt der Beschäftigten und der Welt der Dauerarbeitslosen und Ausgegrenzten gezielter und mit größerem Aufwand betreiben würden. Erst ein solcher Brückenschlag würde es sinnvoll machen, so genannte Outsider nach dem Vorbild der Niederlande zumindest symbolisch an Tarifverhandlungen und -politiken zu beteiligen,

um so eine Kompensation für die schwindende Wirksamkeit politischer Lobbyarbeit zu erreichen.

6 Strategic Unionism – ein Forschungsprogramm

Fassen wir zusammen: Unsere sicherlich mit zahlreichen Lücken versehene Darstellung hat gezeigt, dass sich als Reaktion auf die tiefe Krise gewerkschaftlicher Repräsentation in vielen Feldern Praxisformen entwickeln, denen eine innovative Qualität bei der Erneuerung gewerkschaftlicher Organisationsmacht und Interessenpolitik zugesprochen wird. Solche Praktiken sind inzwischen Gegenstand einer international vergleichenden Forschung, die „strategies for union revitalization in a globalizing economy" (Frege/Kelly 2004, Hyman 2001) beobachtet. Forschungen zu den „varieties of unionism" sind von der Debatte um organizing und social movement unionism inspiriert worden, aber insgesamt doch breiter ausgerichtet und stärker an institutionalistischen Theorieansätzen orientiert. Demgegenüber gehen Studien, die in einem engeren Sinne auf social movement unionism fokussieren, primär der Frage nach, ob Gewerkschaftskonzeptionen, wie sie ursprünglich in sich entwickelnden Staaten (Brasilien, Südkorea, Südafrika) entstanden sind (z.b. Moody 1997, Waterman 2002: 102-116), einen völlig neuen Typus des unionism darstellen. Ohne die Besonderheiten nationaler Arbeitsbeziehungs-Systeme zu ignorieren, sucht diese Forschungsrichtung nach Möglichkeiten und Grenzen einer Ausbreitung und Verstetigung bewegungsorientierter Gewerkschaftsmodelle. In ihren Implikationen zielen entsprechende Ansätze somit stärker auf transnationale Lernprozesse, die einem social movement unionism jenseits institutioneller Besonderheiten zum Durchbruch verhelfen könnten.

Beiden Richtungen ist gemeinsam, dass sie den Schwerpunkt der Forschung weg von der Krise gewerkschaftlicher Repräsentation hin zu Formen und Praktiken gewerkschaftlicher Erneuerung verschieben. Anhand des Themenkreises „organizing, participation, social movement unionism, comprehensive campaigns und coalition building" haben wir zeigen können, dass zu jedem dieser Themenfelder inzwischen eine ausdifferenzierte Forschungsliteratur vorliegt, die ein intellektuelles Bezugssystem für entsprechende Praktiken bietet. Diese Forschung hat nicht nur ein ansehnliches theoretisches Niveau erreicht, sie basiert zumindest teilweise auch auf einer soliden empirischen Grundlage. Selbst in den USA, beileibe keine Hochburg von Arbeiterbewegungen und Gewerkschaften, haben die labor revitalization studies Eingang in die Welt der referierten Journale und der Fachverbände gefunden. In Deutschland gibt es als Reaktion auf eine

Landnahme, die institutionelle und Organisationsmacht zunehmend brüchig werden lässt, zwar ebenfalls Praktiken, die auf eine Erneuerung der Gewerkschaften zielen; Forschungen, die dafür ein intellektuelles Bezugssystem bieten könnten, sind jedoch rar.

Dieses Missverhältnis, das inzwischen auch von Gewerkschaftsrepräsentanten beklagt wird (Urban 2006, 2007b), äußert sich in einem doppelten Dilemma. Einerseits werden Praktiken wie „organizing" und „comprehensive campaigns" im Umfeld einiger Gewerkschaften relativ unreflektiert aus ihren ursprünglichen Kontexten herausgelöst und adaptiert; andererseits fehlt es an Forschungsansätzen und Forschergruppen, die überhaupt in der Lage wären, solche Adaptionsversuche kritisch zu beleuchten. Dies mag auch mit dem Faktum zusammenhängen, dass Gewerkschaftsforschung im engeren Sinne in Deutschland keine disziplinäre Heimat besitzt. Entscheidend ist aus unserer Sicht jedoch etwas anderes. Es gibt hierzulande bislang keine gezielte intellektuelle Orientierung an, aber auch keine systematische Förderung und Unterstützung von wissenschaftlichen Suchstrategien, die ähnlich dem Anliegen der labor revitalization studies innovative Praktiken der Gewerkschaftserneuerung ins Zentrum der Analyse rücken.

Hier möchten wir mit unseren abschließenden Bemerkungen ansetzen. Wir plädieren dafür, eine Forschung zu „strategic choice" zu etablieren. Ohne die akute Krise gewerkschaftlicher Repräsentation und deren Ursachen zu ignorieren, sollte vorsichtig zugunsten von Forschungen umgesteuert werden, die anhand innovativer Praktiken Erneuerungspotenziale von Gewerkschaften ausloten. Wir betrachten es nicht als unsere Aufgabe, konkrete Forschungsprogramme zu präsentieren. Stattdessen beschränken wir uns auf einige forschungsstrategische Überlegungen, die möglicherweise zur Konzeption entsprechender Programme anregen können.

6.1 Warum über Gewerkschaften forschen?

Beginnen wir mit einer Grundfrage. Warum soll man Gewerkschaften und ihre Praktiken überhaupt zum Forschungsgegenstand machen? Aus unserer Sicht gibt es dafür neben den bereits angeführten Argumenten einen systematischen Grund, den Boltanski/Chiapello (2003) in ihrer Studie zum „Neuen Geist des Kapitalismus" klar benennen. Die Autoren verweisen auf eine eigentümliche Diskrepanz. Obwohl sich die reichen Gesellschaften des Westens durch eine Wiederkehr sozialer Unsicherheit auszeichnen, gelingt es der wissenschaftlich gestützten Sozialkritik nicht, eine Entwicklung einzudämmen, „die sich vor allem für diejenigen negativ auswirkt, die ohnehin über die geringsten (wirtschaftlichen, schulischen, sozialen) Ressourcen verfügen" (ebd.: 309). Boltanski/Chiapello lassen keinen Zweifel daran, dass die „Schwierigkeiten, in denen die Sozialkritik steckt", eng mit der „Schwächung der Gewerkschaftsbewegung" und einer nachlassenden „Virulenz der Kritik" an den kapitalistischen Unternehmen zusammenhängen (ebd.). Zwar sorgten die Transformationen des Kapitalismus für Klagen und Empörung, doch die Institutionen der Arbeitswelt seien offenkundig nicht in der Lage, diesen Grundformen der Gesellschaftskritik adäquat Ausdruck zu verleihen, sie in Protest und organisiertes Handeln umzuwandeln. Insofern erweise sich die Schwäche der Gewerkschaften zugleich als Symptom und Ursache der Krise, in der sich die Sozialkritik allgemein befinde.

Aus der Diagnose von Boltanski/Chiapello folgt, dass sich Gewerkschaften und kritische Sozialwissenschaften in einer wechselseitigen Abhängigkeit befinden. Wissenschaftliche Stimmen, die sich um eine Erneuerung der Sozialkritik bemühen, werden kaum Gehör finden, wenn Kritik nicht über reale Träger in der Gesellschaft verfügt. Hier sind die Gewerkschaften trotz ihrer aktuellen Schwäche nicht zu ersetzen. Ohne sie und ihre alternativen Darstellungen aus Arbeitnehmersicht könne, so Boltanski/Chiapello (ebd.), eine Kritik der neuen Arbeitswelt nur schwer formuliert werden. Gewerkschaften seien nach wie vor die einzigen kollektiven Akteure, die Entwicklungen am Arbeitsplatz, im Unternehmen und auf nationaler Ebene problematisieren könnten. Ohne sie sei „Gegenexpertise" kaum zu leisten. Folgt man diesen Überlegungen, sind die Gewerkschaften trotz der zahlreichen strukturellen und hausgemachten Probleme noch immer nicht *irgendein*, sondern der für die gesellschaftliche Relevanz einer erneuerten Sozialkritik *zentrale, derzeit nicht ersetzbare* Akteur. Dieser Akteur benötigt jedoch ein intellektuelles, auf empirische Forschung gestütztes Bezugssystem, das ihm dazu verhelfen könnte, die anhaltenden Transformationen von Gesellschaft und Arbeitswelt zu entschlüsseln und sie in produktive Handlungsanforderungen zu übersetzen.

In diesem Punkt treffen sich die Überlegungen von Boltanski/Chiapello mit einem Anspruch, den auch die labor revitalization studies formulieren. Versuche, diesen Anspruch in Forschung zu übertragen, hätten in Deutschland zunächst jene Ressentiments und Stigmatisierungen zu durchbrechen, die mit einer – und sei es allein thematischen – „Gewerkschaftsnähe" im akademischen Raum inzwischen vielfach verbunden sind. Ein derartiges Unterfangen wird nur erfolgreich sein können, wenn Forschung auf einem Niveau betrieben wird, die in der Welt der Rankings, Exzellenz-Initiativen und referierten Journale empirisch wie theoretisch satisfaktionsfähig ist. Ohne entsprechende Förderung auch, aber eben nicht allein aus den gewerkschaftsnahen Stiftungen wird eine solche Zielsetzung ein hoffnungsloses Unterfangen bleiben. Nicht minder wichtiger wäre ein wechselseitiger produktiver Austausch zwischen kritischen Sozialwissenschaftlern

und reflektierten Praktikern – ein Austausch, der die Autonomie und Eigenstän-
digkeit der sozialen Felder, auf denen beide Seiten agieren, nicht in Frage stellen
dürfte, der aber doch wechselseitige Lernprozesse in Gang setzen müsste, die für
einen solchen Forschungsansatz unabdingbar wären.

6.2 Was erforschen?

Doch was soll eine Forschung über Gewerkschaften eigentlich genau herausfin-
den? Bei der Beantwortung dieser Frage stoßen wir zunächst auf eine Schwäche
der vorliegenden LRS-Literatur. Ein Großteil der Forschungen konzentriert sich
auf gewerkschaftliche Handlungsstrategien, das Thema, ob und warum Lohnab-
hängige Gewerkschaften überhaupt benötigen, wird zumeist aber nur indirekt
bearbeitet. Im Unterschied zu dieser Engführung plädieren wir für einen weiter
gefassten Untersuchungsansatz, der strategic unionism in den Kontext einer
Erneuerung von struktureller, organisationaler und institutioneller Macht von
Lohnabhängigen (Silver 2005, Dörre 2007) rückt. Ein solcher Ansatz müsste in
mehrfacher Hinsicht über die „varieties of unionism" und damit über eng organi-
sationsbezogene Analysen hinausgehen.

Erstens hätte er zunächst nach der Produktionsmacht, nach den Arbeitsbedingungen, Lebensverhältnissen und Bewusstseinsformen spezifischer Arbeit-
nehmergruppen zu fragen. Dabei könnte er in modifizierter Form an die Arbei-
terbewusstseinsforschung der Industriesoziologie in den späten 1960er und frühen 1970er Jahren anknüpfen (Deutschmann 2002). Dies freilich mit veränderten
Zielgruppen, ohne Ausrichtung an Technikdeterminismen oder antiquierten Vorstellungen von Klasseneinheit, aber mit einem klaren Blick für die neuen Seg-
mentationslinien am Arbeitsmarkt. Vor allem die spannungsreichen Beziehungen
zwischen Stammbelegschaften einerseits, flexibel und prekär Beschäftigten sowie Erwerbslosen beiderlei Geschlechts andererseits, bedürfen wissenschaftlicher Aufmerksamkeit. Gegenwärtig wird eine bewusstseinsorientierte Perspektive allein von der Umfrageforschung (zuletzt: Neugebauer 2007) oder der Milieu-
forschung (Vester/Teiwes-Kügler 2007, Vester u.a. 2007) verfolgt. Für das Ausloten gewerkschaftlicher Organisierungs- und Handlungspotenziale reichen solche Querschnitts-Forschungen indessen nicht aus. Gefragt wären eher Fallstudien und qualitativ ausgerichtete, vergleichende Untersuchungen zu spezifischen
Schlüsselgruppen von Lohnabhängigen, ihren wechselseitigen Wahrnehmungen
und Beziehungen. Solche Forschungen dürften sich nicht ausschließlich auf den
Arbeitsplatz und die Fabrik beziehen, sondern hätten auch Lebens- und Konsum-
stile, soziale Netze und Familien sowie Veränderungen im Bildungsprozess zu
analysieren. Beaud/Pialoux haben mit ihrer bereits zitierten Peugeot-Studie einen

Standard für eine entsprechende Forschung gesetzt, der in Deutschland noch Seinesgleichen sucht. *Zweitens* hätte ein solches Forschungsprogramm unterschiedliche Quellen und Ressourcen von „Arbeitermacht" zu analysieren, d.h. es müsste auch solche Formen kollektiven Handelns erfassen, die eher als „labor unrest" zu bezeichnen sind. International ausgerichtet und an der Identifikation „neuer Arbeiterbewegungen" interessiert, könnte ein solcher Strang an eine bereits etablierte Bewegungsforschung anknüpfen, die ursprünglich alternative soziale Bewegungen zum Gegenstand hatte. In diesen Kontext würden Forschungen gehören, die sich mit der Herausbildung und dem Wandel eines social movement unionism in sich entwickelnden Ländern wie Brasilien, China oder Russland befassen. Es wäre aber auch nach Chancen und Grenzen eines Transfers solcher Gewerkschaftskonzeptionen in die Erste Welt zu fragen.

Drittens müsste eine solche Forschung einen Beitrag zur Begriffs- und Kategorienbildung der Gewerkschafts- und Industrielle-Beziehungen-Forschung leisten. Wenn Thesen wie die vom „Ende des Elitenkorporatismus" (Streeck), einer „neuen kapitalistischen Landnahme" (Dörre) oder die Prognose einer basisdemokratischen, mitgliederorientierten Rekonstruktion der Gewerkschaften (Rehder) auch nur teilweise zutreffen, so impliziert dies weit reichende Folgen für das theoretische Fundament der Gewerkschafts- und Industrielle-Beziehungen-Forschung. Fraglich ist z.B., ob die theoretische Klassifizierung von Gewerkschaften als intermediäre Organisationen im zeitgenössischen Finanzmarktkapitalismus so noch sinnvoll ist, sofern mit Intermediarität mehr ausgedrückt werden soll als eine bloße Vermittlungsfunktion zwischen System- und Mitgliederinteressen. Eine solch theoretische Verständigung hat bislang nur ansatzweise und äußerst zaghaft stattgefunden.[56] Sie intensiver zu führen ist dringend geboten, weil es derzeit auch an geeigneten Kategorien fehlt, mit deren Hilfe die veränderte Rolle von Gewerkschaften, aber auch der Wandel organisierter Arbeitsbeziehungen insgesamt angemessen erfasst werden kann. Es versteht sich, dass eine Theoriedebatte nicht im luftleeren Raum geführt werden kann. Sie bedarf empirischer Forschungen, die Neues einfangen und auf diese Weise theoretische Innovationen ermöglichen.

Daher wären *viertens* in einem solchen Kontext Forschungen zu etablieren, die sich mit innovativen Praktiken von Gewerkschaften im engeren Sinne zu befassen hätten. Von großem Nutzen wäre eine Art sozialwissenschaftlicher Begleitforschung von Bemühungen und Praktiken, denen auch im Selbstverständnis von Gewerkschaften ein innovativer Charakter zugesprochen werden

---

[56] Vgl. z.B. die Debatte über das Konzept von Gewerkschaften als intermediäre Organisationen in der Zeitschrift Industrielle Beziehungen. Jahrgang 12. Heft 2 Mering, mit Beiträgen von Walther Müller-Jentsch, Joachim Beerhorst, Joachim Bergmann, Rainer Trinczek und Klaus Dörre.

kann. Dabei ginge es auch um eine wissenschaftliche Evaluation aktueller Zu-
kunfts- und Strategiedebatten in den Gewerkschaften. Eine solche Forschung ist
ohne Förderung durch die gewerkschaftsnahen Stiftungen derzeit nicht denkbar.
Möglicherweise kann sie zumindest teilweise nur als Eigenforschung gewerkschaftsnaher Institutionen betrieben werden. Eine Förderung, so sie denn überhaupt in Erwägung gezogen werden sollte, müsste sich freilich als eine Investiti-
on verstehen, die dazu beitragen will, die international labor studies mittelfristig
auch jenseits gewerkschaftsnaher Einrichtungen förderfähig zu machen.

Mit diesem Buch haben wir, teils indirekt, teils explizit, eine Reihe von
Fragen und Themen benannt, die Gegenstand einer solchen Forschung sein
könnten. Sie reichen von Repräsentationsproblemen, wie sie in der Beziehung
zwischen Mitgliedern und Aktivisten von Gewerkschaften zum Tragen kommen,
über Fragen nach der Reichweite und Nachhaltigkeit von organizing-Ansätzen,
direkter Partizipation und gewerkschaftlichen Kampagnen, bis hin zu neuen
Formen der Arbeits-, Betriebs-, Tarif- und Bündnispolitik. In allen genannten
Feldern besteht nicht nur Bedarf an wissenschaftlicher Aufklärung; man kann
mit Fug und Recht behaupten, dass die Forschung in Deutschland zumindest
dann, wenn es um innovative gewerkschaftliche Praktiken geht, am internationalen Maßstab gemessen eher defizitär ist. Dies gilt umso mehr, als wichtige For-
schungsfelder wie die Veränderung gewerkschaftlicher Organisationsstrukturen
durch Fusionen oder, nicht minder wichtig, die Inter- und Transnationalisierung
von gewerkschaftlicher Interessenpolitik in unserem Bericht nicht oder allenfalls
am Rande bearbeitet worden sind. Auch diese Dimensionen gewerkschaftlicher
Erneuerung bedürfen im Grunde einer empirisch fundierten wissenschaftlichen
Beobachtung. An Feldern und Themen, die eine am strategic-unionism-
Paradigma orientierte Forschung zu erschließen hätte, besteht somit kein Mangel. Die Frage ist allerdings, ob sich, die nötigen Ressourcen vorausgesetzt, Forschergruppen finden, die solche Themen erfolgversprechend in Forschungsstrategien und Projekte umzusetzen vermögen.

6.3 Wie forschen? Wer soll forschen? Womit beginnen?

Bevor wir uns den möglichen Trägern einer auf innovative Praktiken gerichteten
Forschungsstrategie widmen, zunächst noch eine Anmerkung zum „Wie" der
Forschung. Auffällig ist, dass sich ein erheblicher Teil der labor revitalization
studies durch eine große Nähe zu ihrem Forschungsgegenstand auszeichnet.
Nähe meint hier nicht vordergründige Parteinahme. Es geht um eine verstehende
Anteilnahme, die eine Voraussetzung dafür ist, dass die Felder, in denen Ge-
werkschaften und gewerkschaftliche Aktivisten agieren, tatsächlich für einen

Forschungsprozess geöffnet und erschlossen werden können. Es versteht sich, dass eine solche Öffnung nicht zu Lasten von Objektivität und Wissenschaftlichkeit gehen darf. Eine verstehende Anteilnahme erlaubt es jedoch, Informationen zu erschließen und Wissen zu generieren, das konventionellen empirischen Erhebungen so nicht zur Verfügung stünde. Eine solche Art der Wissensproduktion ist auch für die gewerkschaftlichen Praktiker interessant, weil diese häufig schon im Forschungsprozess Reflexionsräume zur Verfügung gestellt bekommen, die es ihnen erlauben, ihre eigenen Aktivitäten in direkter Kommunikation mit Wissenschaftlern zu überprüfen.

Es liegt auf der Hand, dass eine solche Qualität des Wissenschaft-Praxis-Transfers spezifischer methodologischer und methodischer Innovationen bedarf, die teilweise sicher erst im Verlauf des Forschungsprozesses selbst entwickelt werden können. Die Debatte um eine „Aktionsforschung neuen Typs", wie sie vor allem in den skandinavischen Ländern geführt wird (Fricke u.a. 2004), deutet immerhin eine Richtung an, in die gedacht werden könnte. Nimmt man den Anspruch der comprehensive campaigns ernst, wäre freilich noch eine ganz andere Qualität der Zusammenarbeit von Gewerkschaftern und Wissenschaftlern nötig. Das Konzept der „verstehenden Kampagne" macht wissenschaftliche Expertise im Feld geradezu zur Voraussetzung für erfolgreiches gewerkschaftliches organizing. Es wäre die Aufgabe von Wissenschaftlern, die spezifischen Probleme, Interessenverletzungen, Erwartungen und subjektiven Beweggründe von Beschäftigten zu dokumentieren, um gewerkschaftliche Aktivisten zu unterstützen. Umgekehrt hätten diese Aktivisten zu lernen, wissenschaftliche Informationen für ihre Aktivitäten zu nutzen. Von einer solch engen Kooperation sind wir zumindest in Deutschland weit entfernt; es ist auch fraglich, ob sich derartige Austauschformen im universitären Umfeld überhaupt etablieren lassen.

All diese Schwierigkeiten in Rechnung gestellt, lässt sich doch festhalten, dass die Voraussetzungen für eine empirisch ausgerichtete „Revitalisierungs-Forschung" in Deutschland im Grunde gar nicht schlecht sind. Es gibt noch immer universitäre Stützpunkte für Mitbestimmungs- und Gewerkschaftsforschung, aufgeschlossene Forschergruppen in wichtigen Instituten und im Nachwuchsbereich, etwa unter den Stipendiaten der Hans-Böckler-Stiftung, wieder verstärktes Interesse an Gewerkschafts-Themen. Zur Förderung einer entsprechenden Schwerpunktsetzung sind kurz- und mittelfristig vier Maßnahmebündel denkbar:

1. Ein erster wichtiger Schritt wäre es, die Vernetzung zwischen interessierten Forschern beiderlei Geschlechts voranzutreiben. Ziel müsste die Etablierung eines Forschungsnetzwerks „International Labor Studies" sein, das europäische und außereuropäische Forschergruppen verzahnt und sie in die Lage versetzt, Ergebnisse auszutauschen und systematisch Finanzierungsquellen

für entsprechende Forschungen zu erschließen. Das Zentrum eines solchen Netzwerks müsste im universitären Raum angesiedelt sein, um akademische „Satisfaktionsfähigkeit" sicher zu stellen.

2. Die Gewerkschaften könnten selbst Maßnahmen zur Ausbildung von wissenschaftsinteressierten Praktikern und gewerkschaftsinteressierten Wissenschaftlern einleiten, um in einem überschaubaren Zeitraum geeignetes Personal zur Verfügung zu haben, das in „verstehenden Kampagnen" eingesetzt werden kann. Die organizing-Akademien im angelsächsischen Sprachraum könnten hier eine Vorbildfunktion haben. Denkbar wäre aber auch, Weiterbildungsstudiengänge an geeigneten Universitäten zu etablieren, die eine solche Funktion zumindest teilweise (Ausbildungsmodule) übernehmen könnten.

3. Auf nationaler Ebene müsste es darum gehen, international labor studies zu einem Schwerpunkt sozialwissenschaftlicher Forschung auszubauen, der auch im akademischen Raum ausstrahlt. Um dies zu befördern, ist eine Vielzahl an Maßnahmen denkbar: Definition und Unterstützung von Qualifizierungsarbeiten, Definition von empirischen Forschungsprojekten mit „Türöffnerfunktion", Platzierung von Artikeln in referierten Magazinen etc. Mittelfristig wäre die Etablierung einer Forschergruppe sinnvoll und wichtig, die im Bereich international labor studies auf DFG-Niveau akquisitionsfähig sein müsste.

4. Wünschenswert wäre u.E. ein Förderschwerpunkt der gewerkschaftsnahen Stiftungen, der einige Projekte mit Pilotcharakter zu realisieren hätte. Diese Pilotprojekte könnten exemplarisch einige ausgewählte „innovative Praktiken" von Gewerkschaften evaluieren. Ihr Ziel müsste es jedoch darüber hinaus sein, selbst methodische und begrifflich-theoretische Innovationen zu generieren, die zur Fundierung einer neuen Grundlagenforschung über Gewerkschaften und Arbeitsbeziehungen im Kontext der international labor studies beitragen könnten.

Man mag einwenden, dass dies Überlegungen sind, welche die vorhandenen Ressourcen und wissenschaftlichen Möglichkeiten bei weitem übersteigen. Und in der Tat, große Programme besitzen häufig die Eigenschaft, dass sie, weil nicht praktikabel, auf die lange Bank geschoben werden. Insofern wäre es wichtig, überhaupt Initiative zu ergreifen.

Wird die Frage „Womit beginnen?", gestellt, plädieren wir für ein pragmatisches Vorgehen. Zunächst sollte sowohl auf Gewerkschaftsseite als auch bei den in Frage kommenden Wissenschaftlergruppen geklärt werden, welche Bedarfe und Interessen an einer Forschung zur Erneuerung der Gewerkschaften bestehen. Auf der Basis einer solchen Verständigung könnten Projektlinien diskutiert und

Umsetzungsstrategien entwickelt werden. Nach unserer Auffassung würde sich die internationale Debatte um gewerkschaftliches organizing als möglicher thematischer Schwerpunkt anbieten. Damit wollen wir dem notwendigen Verständigungsprozess aber nicht vorgreifen. Unser Anliegen ist, einen Ball ins Rollen zu bringen; über den Spielverlauf entscheiden die Teilnehmer.

Literatur

Adler, Glenn/Webster, Eddie (Hg.) (2000): Trade Unions and Democratization in South Africa 1985-1997. London.

Aglietta, Michel (2000): Ein neues Akkumulationsregime. Die Regulationstheorie auf dem Prüfstand. Hamburg.

Albert, Michel (1992): Kapitalismus contra Kapitalismus. Frankfurt a. M.

Andersen, Søren Kaj (2006): Nordic Metal Trade Unions on the Move: Responses to Globalization and Europeanization. In: European Journal of Industrial Relations 12 (1): 29-47.

Anner, Mark/Greer, Ian/Hauptmeier, Marco/Lillie, Nathan/Winchester, Nik (2006): The Industrial Determinants of Transnational Solidarity: Global Inter-Union Politics in Three Sectors. In: European Journal of Industrial Relations 12: 7-27

Antunes, Ricardo (2001): Global Economic restructuring and the World of Labor in Brazil: the challenges to trade unions and social movements. In: Geoforum 32: 498-458.

Aronowitz, Stanley (1973): False Promises: The Shaping of American Working Class Consciousness. New York.

Aronowitz, Stanley (2005): On the Future of American Labor. In: Working USA: The Journal of Labor and Society 8 (3): 271-291.

Artus, Ingrid (2007): Mitbestimmung versus „Rapport de force". Deutsch-französische Perspektiven betrieblicher Interessenvertretung im prekären Dienstleistungsbereich. In: Lorenz, Frank/Schneider, Günter (Hg.): Ende der Normalarbeit? Mehr Solidarität statt weniger Sicherheit – Zukunft betrieblicher Interessenvertretung. Hamburg: 164-184.

Aust, Andreas/Holst, Hajo (2006): Von der Ignoranz zur Organisierung? Gewerkschaftliche Strategien im Umgang mit atypisch Beschäftigten. In: Industrielle Beziehungen 13 (4): 291-313.

Babcock, Pamela (2006): U.S. Union-Busting Thrives. In: HR Magazine 51 (2): 38-40.

Baccaro, Lucio/Hamann, Kerstin/Lowell, Turner (2003): The Politics of Labour Movement Revitalization: The Need for a Revitalized Perspective. In: European Journal of Industrial Relations 9 (1): 119-133.

Baccaro, Lucio/Mimmo, Carrieri/Cesare, Damiano (2003): The Resurgence of the Italian Confederal Unions: Will it Last? In: European Journal of Industrial Relations 9 (1): 43-59.

Baethge, Martin u.a. (1989): Jugend: Arbeit und Identität. Lebensperspektiven und Interessenorientierung von Jugendlichen. Opladen.

Banks, Andrew (1990): „Jobs With Justice: Florida's Fight Against Worker Abuse". In: Brecher, Jeremy/Costello, Tim (Hg.): Building Bridges: The Emerging Grassroots Coalition of Labor and Community. New York: 25-37.

Banks, Andy/Metzgar, Jack (2005): Response to „Unions As Social Capital". In: Labor Studies Journal 29 (4): 27-35.

Baskin, Jeremy (1991): Striking Back! A History of COSATU. Johannesburg.

Beaud, Stéphane/Pialoux, Michel (1999): Retour sur la condition ouvrière. Enquête aux usines Peugeot de Sochaux-Montbéliard. Paris.

Beaud, Stephane/ Pialoux, Michel (2004): Die verlorene Zukunft der Arbeiter. Konstanz.

Becker, Craig u.a. (2006): Neutrality agreements take center stage at the national labor relations board. In: Labor Law Journal 57 (2): 117-128.

Becker, Iris/Thomas, Angelika (2005): Hilfe für den Betriebsrat. Wie sachkundige Arbeitnehmer sinnvoll in die Arbeit des Betriebsrats einbezogen werden können. In: Arbeitsrecht im Betrieb 26 (4): 209-213.

Becker, Karina/Brinkmann, Ulrich/Engel, Thomas (2007): Die Haut auf dem Markte. Betrieblicher Gesundheitsschutz im Marktkapitalismus. In: PROKLA. Zeitschrift für kritische Sozialwissenschaft, Heft 148 (37. Jg., Nr. 3): 383-401.

Beckert, Jens (2006): Wer zähmt den Kapitalismus. In: Beckert, Jens/Ebbinghaus, Bernhard/Hassel, Anke/ Manow, Philip (Hg.): Transformationen des Kapitalismus. Festschrift für Wolfgang Streeck. Frankfurt a. M.: 400-425.

Beerhorst, Joachim (2005): Gewerkschaften und Intermediarität – vorläufiges Resümee einer Debatte. In: Industrielle Beziehungen. Zeitschrift für Arbeit, Organisation und Management 12 (2): 213-221.

Beerhorst, Joachim (2005): Kritik der Intermediaritätskrise. In: Industrielle Beziehungen. Zeitschrift für Arbeit, Organisation und Management 12 (2): 178-188.

Behrens, Martin (2005): Die Rolle der Betriebsräte bei der Werbung von Gewerkschaftsmitgliedern. In: WSI-Mitteilungen 58(6): 329-338.

Behrens, Martin/Fichter, Michael/Frege, Carola (2002): Unions in Germany: Croping to regain the initiative. Genf.

Behrens, Martin/Fichter, Michael/Frege, Carola (2003): Unions in Germany: Regaining the Initiative? In: European Journal of Industrial Relations 9 (1): 25-42.

Behrens, Martin/Hamann, Kerstin/Hurd, Richard (2004): Conceptualizing Labour Union Revitalization. In: Frege/Kelly (Hg.): Varieties of Unionism.Oxford: 11-29.

Benz, Dorothee E. (2005): It Takes a Village to Win a Union: A Case Study of Organizing among Florida´s Nursing Home Workers. In: Politics and Society 33 (1): 123-152.

Bergmann, Joachim (2005): Kontroverse über eine alternde Kategorie. In: Industrielle Beziehungen. Zeitschrift für Arbeit, Organisation und Management 12 (2): 196-198.

Berman, Richard (2006): Unions should get vote of no confidence for coercive tactics that mar democratic ideal. In: Nation's Restaurant News 40 (17): 22-23.

Beukema, Leni/Coenen, Harry (2003): Revitalization of the Labor Movement in the Netherlands: With or without the traditional unions. In: Cornfield/McCammon: Labor Revitalization. Amsterdam: 111-127.

Beyer, Jürgen (Hg.) (2003): Vom Zukunfts- zum Auslaufmodell? Die deutsche Wirtschaftsordnung im Wandel. Wiesbaden.

Biebeler, Hendrik/Lesch, Hagen (2006): Mitgliederstruktur der Gewerkschaften in Deutschland. IW-Trends 4. Dezember. Köln.

Birnbaum, Norman (2006): „An der amerikanischen Weltpolitik leidet nicht nur die Sozialdemokratie, sondern die Demokratie schlechthin". Gespräch mit N. Birnbaum. In: Sozialismus 6: 56-61.

Bischoff, Joachim (2006): Zukunft des Finanzmarktkapitalismus. Strukturen, Widersprüche, Alternativen. Hamburg.

Bischoff, Joachim/Detje, Richard (2007): Das Europäische Sozialmodell und die Gewerkschaften. In: Supplement der Zeitschrift Sozialismus 1. Hamburg.

Bispinck, Reinhard (Hg.) (2007): Wohin treibt das Tarifsystem? Hamburg.

Björkman, Hans/Huzzard, Tony (2005): Membership Interface Unionism: A Swedish White-Collar Union in Transition. In: Economic and Industrial Democracy 26 (1): 65-88.

Blanden, Jo/Machin, Stephen/Van Reenen, John (2006): Have Unions Turned the Corner? New Evidence on Recent Trends in Union Recognition in UK Firms. In: British Journal of Industrial Relations 44 (2): 169-190.

Boes, Andreas/Trinks, Katrin (2006): Theoretisch bin ich frei! Interessenhandeln und Mitbestimmung in der IT-Industrie. Berlin.

Bologna, Sergio (2006): Die Zerstörung der Mittelschichten: Thesen zur neuen Selbständigkeit. Wien.

Boltanski, Luc/Chiapello, Eve (2003): Der neue Geist des Kapitalismus, Konstanz.

Boltanski, Luc/Chiapello, Eve (2005): Die Rolle der Kritik für die Dynamik des Kapitalismus: Sozialkritik versus Künstlerkritik. In: Miller, Max (Hg.): Welten des Kapitalismus. Institutionelle Alternativen in der globalisierten Ökonomie. Frankfurt/New York: 285-321.

Boris, Eileen/Klein, Jennifer (2006): Organizing Home Care: Low-Waged Workers in the Welfare State. In: Politics and Society 34 (1): 81-107.

Bormann, Sarah (2006): Das „System LIDL" und die globale Discountierung. In: Blätter für deutsche und internationale Politik 05/2006: 600-608.

Bormann, Sarah (2007): Die Macht der Angst. Aggressive Unternehmensmethoden gegen die Gründung von Betriebsräten – der Fall Schlecker. Düsseldorf.

Bosch, Gerhard (2004): Do we need more income differentiation to increase the employment rate in Europe? In: Economia & Lavoro 38: 47-63.

Bosch, Gerhard/Lehndorff, Steffen (Hg.) (2005): Working in the Service Sector: A Tale From Different Worlds. London.

Bosch, Gerhard/Weinkopf, Claudia (2006): Gesetzliche Mindestlöhne auch in Deutschland? Bonn: Friedrich-Ebert-Stiftung. http://library.fes.de/pdf-files/asfo/03980.pdf (08.10.2007)

Bothfeld, Silke u.a. (2005): WSI-FrauenDatenReport 2005: Handbuch zur wirtschaftlichen und sozialen Situation von Frauen. Berlin.

Bourdieu, Pierre (1997): Das Elend der Welt. Zeugnisse und Diagnosen alltäglichen Leidens an der Gesellschaft. Konstanz.

Bourdieu, Pierre (2000): Die zwei Gesichter der Arbeit. Interdependenzen von Zeit- und Wirtschaftsstrukturen am Beispiel einer Ethnologie der algerischen Übergangsgesellschaft. Konstanz.

Bourdieu, Pierre (2001): Das politische Feld. Zur Kritik der politischen Vernunft. Konstanz.

Bourdieu, Pierre/Wacquant, Loic J. D. (1996): Reflexive Anthropologie. Frankfurt a. M.

Brandt, Torsten/Drews, Kathrin/Schulten, Thorsten (2007): Liberalisierung des deutschen Postsektors: Auswirkungen auf Beschäftigung und Tarifpolitik. In: Bremme, Peter/Fürniß, Ulrike/Meinecke, Ulrich (Hg.) (2007): Never work alone. Organizing – ein Zukunftsmodell für Gewerkschaften. Hamburg. WSI-Mitteilungen 60 (5): 266-273.

Bremme, Peter/Fürniß, Ulrike/Meinecke, Ulrich (Hrsg.) (2007): Never work alone. Organizing - ein Zukunftsmodell für Gewerkschaften, Hamburg

Brenner, Robert (2006): The Economics of Global Turbulence. London.

Brinkmann, Ulrich (2003): Die Labormaus des Westens: Ostdeutschland als Vorwegnahme des Neuen Produktionsmodells? In: Dörre, Klaus/Röttger, Bernd (Hg.): Das neue Marktregime. Konturen eines nachfordistischen Produktionsmodells. Hamburg: 250-269.

Brinkmann, Ulrich/Dörre, Klaus/Röbenack, Silke (2006): Prekäre Arbeit. Ursachen, Ausmaß, soziale Folgen und subjektive Verarbeitungsformen unsicherer Beschäftigungsverhältnisse. Bonn.

Brinkmann, Ulrich/Speidel, Frederic (2006): Hybride Beteiligungsformen am Beispiel 'sachkundiger Arbeitnehmer'. In: WSI-Mitteilungen 59 (2): 86-91.

Briskin, Linda (1999): Autonomy, Diversity, and Integration: Union Women's separate organizing in North America and Western Europe in the Context of Restructuring and Globalization. In: Women's Studies International Forum. 22 (5): 543–554.

Bronfenbrenner, Kate (2005): Organizing Women: The Nature and Process of Union-Organizing Efforts Among U.S. Women Workers Since the mid-1990s. In: Work and Occupations 32 (4): 441-463.

Bronfenbrenner, Kate u.a. (Hg.) (1998): Organizing to Win: New Research on Union Strategies. New York.

Bronfenbrenner, Kate/Hickey, Robert (2003): Winning is Possible: Successful Union Organizing in the United States. In: Multinational Monitor 24 (6): 9-14.

Bronfenbrenner, Kate/Hickey, Robert (2004): Changing to Organize: A National Assessment of Union Organizing Strategies. In: Milkman, Ruth/Voss, Kim (Hg.): Rebuilding Labor. Ithaca: 17-61.

Brown, Michelle/Heywood, John S. (2006): Investigating the cause of death: Industrial relations and plant closure in Australia. In: Industrial and Labor Relations Review 59 (4): 593-612.

Brueggemann, John/Brown, John Cliff (2000): Strategic Labor Organizing in the Era of Industrial Transformation: A Comparative Historical Analysis of Unionization in Steel and Coal, 1870-1916. In: Review of Radical Political Economics 32 (4): 541-576.

Bryson, Alex (2004): Unions and Workplace Closure in Britain, 1990-1998. In: British Journal of Industrial Relations 42 (2): 282-302.

Buci-Glucksmann, Christine/Therborn, Göran (1982): Der sozialdemokratische Staat: Die 'Keynesianisierung' der Gesellschaft. Hamburg.

Buhlungu, Sakhela (2003): The state of trade unionism in post-apartheid South Africa. In: Daniel, John/Habib, Adam/Southall, Roger (Hg.): State of the Nation. Cape Town: 184–203.

Buss, Klaus-Peter/Wittke, Volker (2006): Die andere Seite industrieller Entwicklung in Ostdeutschland: Erfolgreiche Unternehmensstrategien und ihre soziale Einbettung. In: SOFI-Mitteilungen 34: 91-109.

Campbell, John L. (2004): Institutional Change and Globalization. Princeton.

Candeias, Mario/Röttger, Bernd (2007): Sozialtarifverträge und lokale Arbeiterbewegung. In: Geiselberger, Heinrich (Hg.): Und jetzt? Politik, Protest, Propaganda. Frankfurt a. M.: 88-96.

Caprile, Maria/Llorens, Clara (2000): Outsourcing and industrial relations in motor manufacturing. Brüssel.

Carter, Bob (2006): Trade union organizing and renewal: A response to de Turberville. In: Work, Employment & Society 20 (2): 415-426.

Carter, Bob u.a. (2003): Made in the USA, imported into Britain: The organizing model and the limits of transferability. In: Cornfield, Daniel B./MacCammon, Holly J.: Labor Revitalization. Amsterdam: 59-78.

Castel, Robert (2000): Die Metamorphosen der sozialen Frage. Eine Chronik der Lohnarbeit. Konstanz.

Castel, Robert (2001): Überlegungen zum Stand der sozialen Frage heute: Aushöhlung, Zusammenbruch oder Reorganisation der sozial abgesicherten Erwerbsarbeit. In: Mitteilungen des Instituts für Sozialforschung Heft 12. Hamburg: 81-117.

Castel, Robert (2005): Die Stärkung des Sozialen. Leben im neuen Wohlfahrtsstaat. Hamburg.

Chang, Clara/Sorrentino, Constance. (1991): Union membership statistics in 12 countries. Monthly Labor Review 114 (12): 46-53.

Charlwood, Andy (2004): Influences on Trade Union Organizing Effectiveness in Britain. In: British Journal of Industrial Relations 42 (1): 69-93.

Chesnais, Francois (2004): Das finanzdominierte Akkumulationsregime: theoretische Begründung und Reichweite. In: Christian Zeller (Hg.): Die globale Enteignungsökonomie. Münster: 217-254.

Choi, Hae-Lin (2003): Gewerkschaftliche Unterstützungsangebote für Neue Selbständige in der IT- und Multimediabranche in Italien, Schweiz, Österreich und den Niederlanden. Recklinghausen.

Choi, Hae-Lin (2004): Organisierung der Unorganisierbaren. Bericht aus italienischen Gewerkschaften. In: Das Argument 256: 428-439.

Choi, Hae-Lin (2007): Globale Unternehmen – Globale Kampagnen – Globale Gewerkschaften. Das Global Unions Projekt der SEIU – Internationale Solidarität neu buchstabiert. In: Kaindl, Christina (Hg.): Ungleichheit als Projekt. Marburg.

Chun, Jennifer Jihye (2005): Public Dramas and the Politics of Justice. Comparison of Janitors' Union Struggles in South Korea and the United States. In: Work and Occupations 32 (4): 486-503.

Clawson, Dan (2003): The Next Upsurge: Labor and the New Social Movements. Ithaca.

Clawson, Dan (2005): Organizing, Movements, and Social Capital. In: Labor Studies Journal 29 (4): 37-44.

Clegg, Hugh Armstrong (1976): Trade unionism under collective bargaining: a theory based on comparisons of six countries. Oxford.

Cornfield, Daniel B./McCammon, Holly J. (2003): Labor Revitalization: Global Perspectives and New Initiatives. Amsterdam.

Cregan, Christina (2005): Can organizing work? An inductive analysis of individual attitudes toward union membership. In: Industrial and Labor Relations Review 58 (2): 282-304.

Crouch, Colin/Wolfgang Streeck (Hg.) (1997): Political economy of modern capitalism: Mapping convergence and diversity. London.

Danford, Andy/Richardson, Mike/Upchurch, Martin (2002): 'New unionism', organising and partnership: a comparative analysis of union renewal strategies in the public sector. In: Capital & Class 76: 1-27.

Danford, Andy/Richardson, Mike/Upchurch, Martin (2003): New Unions, New Workplaces: A Study of Union Resilience in the Restructured Workplace. London.

Daniel, John/Habib, Adam/Southall, Roger (Hg.) (2003): State of the Nation: South Africa 2003-2004. Cape Town.

Davis-Blake, Alison/Broschak, Joseph P./George, Elisabeth (2003): Happy together? How using nonstandard workers affects exit, voice, and loyalty among standard employees. In: Academy of Management Journal 46 (4): 475-485.

de Turberville, Simon R. (2004): Does the 'organizing model' represent a credible union renewal strategy? In: Work, Employment & Society 18 (4): 775-794.

Deiß, Manfred/Döhl, Volker (1992): Vernetzte Produktion: Automobilzulieferer zwischen Kontrolle und Autonomie, Frankfurt a. M.

Deitsch, Clarance R./Dilts, David A. (2006): Gompersonian organizational principles: The summer of labor discontent. In: Labor Law Journal 57 (2): 83-88.

Deppe, Frank (2005): Bruch eines historischen Bündnisses? Gewerkschaften – Sozialdemokratie – Politisches Mandat. In: Sozialismus 1: 14-23.

Deppe, Frank (2006): Zur Aktualität des 'organischen Intellektuellen' der Arbeiterbewegung? In: Urban, Hans-Jürgen/Buckmiller, Michael/Deppe, Frank (Hg.): Antagonistische Gesellschaft und politische Demokratie. Hamburg: 47-66.

Desai, Ashwin (2003): Neoliberalism and resistance in South Africa. In: Monthly Review 54 (8): 16-28.

Detje, Richard/Pickshaus, Klaus/Urban, Hans-Jürgen (Hg.) (2005): Arbeitspolitik kontrovers. Zwischen Arbeitskämpfen und Offensivstrategien. Hamburg.

Deutsch, Steven (2005): A Researcher's Guide to Worker Participation, Labor and Economic and Industrial Democracy. In: Economic and Industrial Democracy 26 (4): 645-656.

Deutschmann, Christoph (2002): Postindustrielle Industriesoziologie. München.

Dixon, Marc/Roscigno, Vincent J. (2003): Status, Networks, and Social Movement Participation: The Case of Striking Workers. In: American Journal of Sociology 108 (6): 1292-1327.

Donnely, Eddy/Dunn, Stephen (2006): Ten Years After: South African Employment Relations Since the Negotiated Revolution. In: British Journal of Industrial Relations 44 (1): 1-29.

Dore, Ronald (1996): Unions Between Class and Enterprise. In: Industrielle Beziehungen. 2: 154–172.

Dörre, Klaus (2002): Kampf um Beteiligung. Arbeit, Partizipation und industrielle Beziehungen im flexiblen Kapitalismus. Wiesbaden.

Dörre, Klaus (2005): Intermediarität und gewerkschaftliche Identität. In: Industrielle Beziehungen. Zeitschrift für Arbeit, Organisation und Management 12 (2): 207-212.

Dörre, Klaus (2006): Prekäre Arbeit. Unsichere Beschäftigungsverhältnisse und ihre sozialen Folgen. In: Arbeit, Heft 3/2006. Schwerpunkt Arbeitsmarkt und Beschäftigung – Unsicherheit in sich globalisierenden Arbeitsgesellschaften: 181–193.

Dörre, Klaus (2007): Gewerkschaften und die kapitalistische Landnahme. Niedergang oder strategische Wahl? In: Geiselberger, Heinrich (Hg.): Und Jetzt? Politik, Protest und Propaganda. Frankfurt a. M.: 54-78.

Dörre, Klaus/Brinkmann, Ulrich (2005): Finanzmarkt-Kapitalismus: Triebkraft eines flexiblen Produktionsmodells? In: Windolf, Paul (Hg.): Finanzmarktkapitalismus. Analysen zum Wandel von Produktionsregimen. Wiesbaden: 85-116.

Dörre, Klaus/Kraemer, Klaus/Speidel, Frederic (2004): Prekäre Arbeit. Ursachen, soziale Auswirkungen und subjektive Verarbeitungsformen unsicherer Beschäftigungsverhältnisse. In: Das Argument 256. Hamburg: 378-397.

Dörre, Klaus/Kraemer Klaus/Speidel, Frederic (2006a): The Increasing Precariousness of the Employment Society: Driving Force for a New Right Wing Populism? In: International Journal of Action Research 2 (1). Mering: 98-128.

Dörre, Klaus/Kraemer, Klaus/Speidel, Frederic (2006b): Prekäre Beschäftigungsverhältnisse – Ursache von sozialer Desintegration und Rechtsextremismus. Abschlussbericht. In: Heitmeyer, Wilhelm/Imbusch, Peter (Hg): Forschungsverbund Desintegrationsprozesse – Stärkung von Integrationspotenzialen einer modernen Gesellschaft. Abschlussbericht. Bielefeld: 71-102.

Dörre, Klaus/Neubert, Jürgen/ Wolf, Harald (1993): 'New Deal' im Betrieb? Unternehmerische Beteiligungskonzepte und ihre Wirkung auf die Austauschbeziehungen zwischen Management, Belegschaften und Interessenvertretungen. In: SOFI-Mitteilungen (20): 15-36.

Dörre, Klaus/Röttger, Bernd (Hg.) (2003): Das neue Marktregime. Konturen eines nachfordistischen Produktionsmodells. Hamburg.

Dörre, Klaus/Röttger, Bernd (2006): Im Schatten der Globalisierung. Strukturpolitik, Netzwerke und Gewerkschaften in altindustriellen Regionen. Wiesbaden.

Dribbusch, Heiner (1998): Mitgliedergewinnung durch offensive Interessenvertretung: Neue gewerkschaftliche Organisationsansätze aus den USA. Das Beispiel „Justice for Janitors". In: WSI-Mitteilungen 51(5): 281-291.

Dribbusch, Heiner (2003): Gewerkschaftliche Mitgliedergewinnung im Dienstleistungssektor. Ein Drei-Länder-Vergleich im Einzelhandel. Berlin.

Ebbinghaus, Bernhard (2003): Die Mitgliederentwicklung deutscher Gewerkschaften im historischen und internationalen Vergleich. In: Schroeder, Wolfgang/Weßels, Bernhard (Hg.): Die Gewerkschaften in Politik und Gesellschaft der Bundesrepublik Deutschland, Wiesbaden: 174-203.

Eckstein, Enid (2001): Putting organizing back into labor councils. In: Working USA 5 (1): 124-144.

Endruweit, Günter u.a. (1985): Handbuch der Arbeitsbeziehungen: Deutschland, Österreich, Schweiz. Berlin.

Esping-Andersen, Gøsta (1996): Positive-Sum Solutions in a World of Trade-Offs? In: Esping-Andersen, Gøsta (Hg.): Welfare States in Transition. National Adaptions in Global Economies. London: 256-267.

Fairbrother, Peter/Griffin, Gerard (Hg.) (2002): Changing Prospects for Trade Unionism: Comparisons between Six Countries. London.

Fairbrother, Peter/Stewart, Paul (2003): The Dilemmas of Social Partnership and Union Organization: Questions for British Trade Unions. In: Fairbrother, Peter/Yates, Calotte A.B. (Hg.): Trade Unions in Renewal. London: 158-179.

Fairbrother, Peter/Yates, Charlotte A.B. (Hg.) (2003): Trade Unions in Renewal. A comparative study. London.

Fantasia, Rick/Voss, Kim (2004): Hard Work: Remaking the American Labor Movement. Berkeley.

Fichter, Michael/Greer, Ian (2004): Analysing Social Partnership: A Tool for Union Revitalization? In: Frege, Carola M./Kelly, John (Hg.): Varieties of Unionism. Oxford: 71-92.

Fine, Janice (2005): Community Unions and the Revival of the American Labor Movement. In: Politics and Society 33 (1): 153-199.

Fink, Marcel/Tálos, Emmerich (2005): Flexibilisierung von Erwerbsarbeit. Defizite sozialstaatlicher Absicherung. Österreich, Deutschland, Großbritannien und Dänemark im Vergleich. In: Kronauer, Martin/Linne, Gudrun (Hg.): Flexicurity. Die Suche nach Sicherheit in der Flexibilität. Berlin: 385-420.

Fiorito, Jack (2004): Union Renewal and the Organizing Model in the United Kingdom. In: Labor Studies Journal 29 (2): 21-53.

Fiorito, Jack/Jarley, Paul/Delaney, John T. (1995): National union effectiveness in organizing: Measures and Influences. In: Industrial and Labor Relations Review 48 (4): 613-635.

Fitzenberger, Bernd/Kohn, Karsten/Wang, Qingwei (2006): The Erosion of Union Membership in Germany: Determinants, Densities, Decompositions. Forschungsinstitut zur Zukunft der Arbeit, Discussion Paper 2193 (July). Bonn.

Flassbeck, Heiner (2006): Der Flächentarifvertrag und erfolgreiche Wirtschaftspolitik. In: Huber, Berthold/Burkhard, Oliver/Wagner, Hilde (Hg.): Perspektiven der Tarifpolitik. Im Spannungsfeld von Fläche und Tarif. Hamburg: 76–84.

Flecker, Jörg/Hentges, Gudrun (2004): Rechtspopulistische Konjunkturen in Europa. Sozioökonomischer Wandel und politische Orientierungen. In: Bischoff, Joachim/Dörre, Klaus/Gauthier, Elisabeth (Hg.): Moderner Rechtspopulismus. Ursachen, Wirkungen, Gegenstrategien. Hamburg: 119-149.

Fligstein, Neil (2001): The Architecture of Markets: An Economic Sociology of Twenty-First-Century Capitalist Societies. Princeton.

Forrester, Keith (2004): 'The Quiet Revolution'?: Trade Union Learning and Renewal Strategies. In: Work, Employment & Society 18 (2): 413-420.

Francesconi, Marco/Garcia-Serrano, Carlos (2004): Unions and Flexible Employment in Britain and Spain: A Descriptive Note. In: Industrial Relations 43 (4): 874-882.

Freeman, Richard B./Rogers, Joel (2002): Open Source Unionism. In: Working USA 5 (4): 8-40.

Frege, Carola M. (2000): Gewerkschaftsreformen in den USA: Eine kritische Analyse des 'Organisierungsmodells'. In: Industrielle Beziehungen 7 (3): 260-280.

Frege, Carola M./Kelly, John (Hg.) (2004): Varieties of Unionism. Strategies for Union Revitalization in a Globalizing Economy. Oxford.

Frege, Carola/Heery, Edmund/Turner, Lowell (2004): The New Solidarity? Trade Union Coalition-Building in Five Countries. In: Frege/Kelly: Varieties of Unionism. Oxford: 137-158.

Fricke, Werner/Totterdill, Peter (Hg.) (2004): Action Research in Workplace Innovation and Regional Development. Amsterdam.

Gabriel, Satyananda J. (2006): Chinese Capitalism and the Modernist View. New York.

Gall, Gregor (2005): Organizing Non-Union Workers as Trade Unionists in the 'New Economy' in Britain. In: Economic and Industrial Democracy 26 (1): 41-63.

Gall, Gregor (Hg.) (2003): Union Organizing: Campaigning for Trade Union Recognition. London.

Geiselberger, Heinrich (2007): Social Movement Unionism. Tomaten des Zorns. In: ders. (Hg.): Und jetzt? Politik, Protest und Propaganda. Frankfurt a. M.: 79-87

Ghigliani, Pablo (2005): International Trade Unionism in a Globalizing World: A Case Study of New Labour Internationalism. In: Economic and Industrial Democracy 26 (3): 359-382.

Giddens, Anthony (2001): Introduction. In: ders. (Hg): The Global Third Way Debate. Oxford: 1-22.

Gorz, André (1989): Kritik der ökonomischen Vernunft. Sinnfragen am Ende der Arbeitsgesellschaft. Berlin.

Gramm, Rolf (2005): Experten in eigener Sache. In: Die Mitbestimmung (11): 54-57.

Greer, Ian (2006): Business unionism vs. business unionism? Understanding the split in the U.S. labor movement. In: Capital and Class. 90: 1-6.

Greer, Ian (2008): Auto workers' strikes. In: Brenner, Aaron/Day, Ben/Ness. Immanuel (Ed.): The Encyclopedia of Strikes. Armonk, NY. (Forthcoming).

Greer, Ian/Byrd, Barbara/Fleron, Lou Jean (2007): Two Paths to the High Road: Urban Organization Building Seattle and Buffalo. In: Turner, Lowell/Cornfield, Daniel (Eds.): Labor in the New Urban Battlegrounds: Local Solidarity in a Global Economy. Ithaca: 111-128.

Greven, Thomas (2006): Nur Bruch oder auch Aufbruch? In: Das Argument (264) 48 (1): 85-94.

Griffin, Gerard/Moors, Rosetta (2004): The Fall and Rise of Organising in a Blue-Collar Union. In: Journal of Industrial Relations 46 (1): 39-52.

Griffin, Gerard/Small, Rai/Svensen, Stuart (2003): Trade union innovation, adaptation and renewal in Australia: still searching for the holy membership grail. In: Fairbrother, Peter/Yates, Carlotte A.B. (Hg.): Trade Unions in Renewal. London: 78-101.

Gubitzer, Luise (1999): Grundlagen einer alternativen Politischen Ökonomie als Theorie einer zweiten großen Transformation. Wien.

Gubitzer, Luise (2006): Wirtschaft ist mehr! Sektorenmodell der Gesamtwirtschaft als Grundlage für Geschlechtergerechtigkeit. In: Widerspruch 50 (26). Zürich: 17-29.

Hälker, Juri/Vellay, Claudius (Hg.) (2007): Union Renewal – Gewerkschaften in Veränderung. Texte aus der aktuellen internationalen Gewerkschaftsforschung. 2. erw. Aufl. Düsseldorf.

Hamann, Andreas/Giese, Gudrun (2004): Schwarz-Buch LIDL. Billig auf Kosten der Beschäftigten. Berlin.

Hamann, Kerstin/Kelly, John (2003): Neubelebung der Gewerkschaften durch politisches Handeln? In: WSI-Mitteilungen: 528-533.

Hamann, Kerstin/Kelly, John (2004): Unions as Political Actors: A Recipe for Revitalization? In: Frege/Kelly (2004): 93-116.

Hamann, Kerstin/Martinez Lucio, Miguel (2003): Strategies of Union Revitalization in Spain: Negotiating Change and Fragmentation. In: European Journal of Industrial Relations 9 (1): 61-78.

Harvey, David (2005): Der neue Imperialismus. Hamburg.

Hassel, Anke (2006a): Zwischen Politik und Arbeitsmarkt. Zum Wandel gewerkschaftlicher Eliten in Deutschland. In: Münkler, Herfried/Straßenberger, Grit/Bohlender, Matthias (Hg.): Deutschlands Eliten im Wandel. Franfurt a. M.: 199-220.

Hassel, Anke (2006b): Die Erosion der gewerkschaftlichen Lobbymacht. In: Leif, Thomas/Speth, Rudolf (Hg.): Die fünfte Gewalt. Lobbyismus in Deutschland. Wiesbaden: 188-198.

Heery, Edmund (2003): Gewerkschaftliche Strategien gegen den Mitgliederschwund. In: WSI-Mitteilungen 56(9): 522-527.

Heery, Edmund (2005): Sources of change in trade unions. In: Work, Employment & Society 19 (1): 91-106.

Heery, Edmund/Adler Lee (2004): Organizing the Unorganized. In: Frege, Carola M./Kelly, John (Hg.): Varieties of Unionism. Oxford: 45-69.

Heery, Edmund/Kelly, John (1994): Professional, Participative and Managerial Unionism: An Interpretation of Change in Trade Unions. In: Work, Employment & Society 8 (1): 1-22.

Heery, Edmund/Kelly, John/Waddington, Jeremy (2003): Union Revitalization in Britain. In: European Journal of Industrial Relations 9 (1): 79-97.

Heery, Edmund/Simms, Melanie (2007a): Constraints on Union Organising in the United Kingdom. Manuskript. Warwick.

Heery, Edmund/Simms, Melanie (2007b): Employer Responses to Union organising in the United Kingdom. Manuskript. Warwick.

Heery, John (1999): Social Movement or Social Partner? Strategies for the revitalisation of British trade unionism. In: European Community Studies Association Annual Conference. Pittsburgh.

Heide, Holger (2000): Südkorea. Bewegung in der Krise. Bremen.

Heinze, Rolf G. (2006): Wandel wider Willen. Deutschland auf der Suche nach neuer Prosperität. Wiesbaden.

Hermann, Christoph/Flecker, Jörg (2006): Neue Flächentarifverträge in neuen Branchen – Erfahrungen aus Österreich. In: WSI-Mitteilungen 59 (7): 389-395.

Herrigel, Gary/Wittke, Volker (2005): Varieties of Vertical Disintegration: The Global Trend Toward Heterogeneous Supply Relations and the Reproduction of Difference in US and German Manufacturing. In: Morgan, Glenn (Hg.): Changing capitalisms? Internationalization, institutional change, and systems of economic organization. Oxford: 312-351.

Hildebrand, Jan (2007): Kampagne für Leiharbeiter. FR. 9. März 2007: 12.

Hirsch, Joachim/Roth, Roland (1986): Das neue Gesicht des Kapitalismus. Vom Fordismus zum Postfordismus. Hamburg.

Ho, Keun-Sung (2002): Labour Unions in the Republic of Korea: Challenge and Choice. In: Jose, A. V.: Organized Labour in the 21st Century. Genf: ILO: 199-237.

Hoffmann, Jürgen (2005): Deutschland – eine Basarökonomie? Globalisierung, das „Modell Deutschland" und die Region als produktiver Anker. In: Dörre, Klaus/Röttger, Bernd (Hg.): Die erschöpfte Region. Münster: 70-89.

Hoffmann, Jürgen (2006): Arbeitsbeziehungen im Rheinischen Kapitalismus: Zwischen Modernisierung und Globalisierung. Münster.

Hoffmann, Jürgen (2006b): Zwischen Mitgliederkrise und korporatistischem System – Vier Thesen und dreizehn Kommentare. Vortrag auf der Konferenz „Strategic Unionism" am 1. Dezember 2006 in Jena: Manuskript.

Hofmann, Gunter (2007): Links sein wär' eine prima Alternative. In: Die Zeit, 15. März 2007: 5.

Holgate, Jane (2004): Black and Minority Ethnic Worker and Trade Unions. Strategies for Organisation, Recruitment and Inclusion. London: TUC.

Holgate, Jane (2005): Organizing migrant workers – a case study of working conditions and unionization in a London sandwich factory. In: Work, Employment & Society 19 (3): 463-480.

Holmes, John (2004): Re-scaling collective bargaining: union responses to restructuring in the North American auto industry. In: Geoforum 35: 9-21.

Holst, Hajo (2008): The Political Economy of Trade Union Strategies in Austria and German: the Case of Call Centers. In: European Journal of Industrial Relations 14 (1): i. E.

Holst, Hajo/Mayer, Kurt/Feigl-Heihs, Monika (2007): Gewerkschaften und atypische Beschäftigung in externen Call Centern – Segmentierte Organisationsarbeit und Überforderung der Betriebsräte. In: Pernicka, Susanne/Aust, Andreas (Hg.): Die Unorganisierten gewinnen. Berlin: 153-230.

Holtgrewe, Ursula/Kerst, Christian (2002): Call Center: Die Institutionalisierung von Flexibilität. In: Industrielle Beziehungen 9 (2): 186-208.

Hong, Ng Sek/Ip, Olivia (2003): Phenomenon of Union Exhaustion: Is there a 'Third Way' for Trade Unionism in Hong Kong? In: Journal of Industrial Relations 45 (3): 378-394.

Höpner, Martin (2003): Wer beherrscht die Unternehmen? Shareholder Value, Managementherrschaft und Mitbestimmung in Deutschland. New York.

Huber, Berthold (2006): Perspektiven der Tarifpolitik – im Spannungsfeld von Fläche und Betrieb. In: Huber, Berthold u.a. (Hg.): Perspektiven der Tarifpolitik. Hamburg: 271–283.

Huhn, Jens (2001): „Die Schlecker-Kampagne 1994-1995" In: Mannheim/Heidelberger HBV-Hefte: Ideen und Aktionen an der Basis. Heidelberg.

Hurd, Richard/Milkman, Ruth/Turner, Lowell (2003): Reviving the American Labour Movement: Institutions and Mobilization. In: European Journal of Industrial Relations 9 (1): 99-117.

Huzzard, Tony/Docherty, Peter (2005): Between Global and Local: Eight European Works Councils in Retrospect and Prospect. In: Economic and Industrial Democracy 26 (4): 541-568.

Huzzard, Tony/Gregory, Denis/Scott, Regan (Hg.) (2004): Strategic Unionism and Partnership. Boxing or Dancing? London.

Hwang, Byung-Duck (1989): Nachholende Industrialisierung und autoritärer Staat. Das Beispiel Südkorea: Politik, Ideologie und weltmarktorientierter Kapitalismus. Berlin.

Hyman, Richard (1996): Die Geometrie des Gewerkschaftsverhaltens. Eine vergleichende Analyse von Identitäten und Ideologien. In: Industrielle Beziehungen 3 (1): 5–35.

Hyman, Richard (2001): Trade Union Research and Cross-National Comparison. In: European Journal of Industrial Relations 7 (2): 203-232.

Hyman, Richard (2001): Understanding European Trade Unionism. Between Market, Class & Society, London.

Hyman, Richard (2004): Europäische Integration und Arbeitsbeziehungen: Strategische Dilemmata für die Gewerkschaften. In: Hein, Eckhard/Niechoj, Torsten/Schulten, Thorsten/Truger, Achim (Hg.): Europas Wirtschaft gestalten. Makroökonomische Koordinierung und die Rolle der Gewerkschaften. Hamburg: 216-239.

Hyman, Richard (2006): Strukturierung des transnationalen Raumes: Kann Europa dem multinationalen Kapital die Stirn bieten? In: Brinkmann, Ulrich/Krenn, Karoline/Schief, Sebastian (Hg.): Endspiel des kooperativen Kapitalismus? Institutioneller Wandel unter den Bedingungen des marktzentrierten Paradigmas. Wiesbaden: 181–195.

IG Kultur (2006): Organisierung der Unorganisierbaren. Themenheft. Kulturrisse 4/2006.

Input Consult (2006): Im Gleichklang? Befunde zur Liberalisierung und Regulierung des Postsektors in ausgewählten EU-Mitgliedstaaten. Stuttgart.

Jacobi, Otto/Keller, Berndt/Müller-Jentsch, Walter (1998): Germany: Facing New Challenges. In: Ferner, Anthony/Hyman, Richard (Hg.): Changing industrial relations in Europe. Oxford: 190-238.

Jacobs, Sean/Calland, Richard (Hg.) (2002): Thabo Mbeki's world. The politics and ideology of the South African president. Scottsville.

Jarley, Paul (2005): Unions As Social Capital. Renewal through the Return to the Logic of Mutual Aid? In: Labor Studies Journal 29 (4): 1-26.

Jensen, Carsten Strøby (2006): Trade Unionism: Differences and Similarities – a Comparative View on Europe, USA and Asia. In: Journal of Industrial Relations 48 (1): 59-81.

Joas, Hans (1992): Die Kreativität des Handelns. Frankfurt a. M.

Johnson, Krista (2002): State and civil society in contemporary South Africa. Redefining the rules of the game. In: Jacobs/Calland: Thabo Mbeki's world. Scottsville: 221-241.

Jürgens, Ulrich (1989): Verringerung der Fertigungstiefe und betriebliche Interessenvertretung in der deutschen Automobilindustrie. In: Altmann, Norbert (Hg.): Systemische Rationalisierung und Zulieferindustrie: sozialwissenschaftliche Aspekte zwischen-betrieblicher Arbeitsteilung. Frankfurt a. M.: 199-143.

Katz, Harry C. (1997): Telecommunications: restructuring work and employment relations worldwide. Ithaca.

Katz, Harry C./Batt, Rosemary/Keefe, Jeffrey H. (2003): The Revitalization of the CWA: Integrating Collective Bargaining, Political Action, and Organizing. In: Industrial and Labor Relations Review 56(4): 573-589.

Katzenstein, Peter J. (1984): Corporatism and Change. Austria, Switzerland, and the Politics of Industry. Ithaca.

Kern, Horst/Schumann, Michael (1984): Das Ende der Arbeitsteilung? Rationalisierung in der industriellen Produktion. München.

Khan, Romin (2007): Politische Herrschaft nach dem Ende der Apartheid. Eine hegemonietheoretische Betrachtung zivilgesellschaftlicher Prozesse in Südafrika. http://archiv.schublade.org/wp-content/uploads/2007/03/suedafrika_apartheid_r_khan.pdf (12.04.2007).

Kim, Dong-One/Kim, Seongsu (2003): Globalization, Financial Crisis, and Industrial Relations: The Case of South Korea. In: Industrial Relations 42 (3): 341-367.

Kim, Tae-Hui/Kim, Kyung-Hee (1995): Industrial Restructuring in Korea and its consequences for women workers. In: Committee for Asian Women: Silk and Steel: Asian Women Workers Confront Challenges of Industrial Restructuring. Hong-Kong: 106-155.

Kochan, Thomas A./Osterman, Paul (1994): The Mutual Gains Enterprise: Forging a Winning Partnership Among Labor, Management and Government. Boston.

Koistinen, Pertti/Sengenberger, Werner (Hg.) (2002): Labour Flexibility. A Factor of Economic and social Performance of Finland in the 1990s. Tampere: 15-46.

Köllner, Patrick (Hg.): Korea 1998 – Politik, Wirtschaft, Gesellschaft. Hamburg: 137-150.

Korean International Labour Foundation (2006): Labor Today 402: http://www.koilaf.org/KFeng/engLabornews/bbs_read_dis.php?board_no=4071&page=5&keyField=&keyWord=&keyBranch= (12.04.2007).

Koteff, Ellen (2006): Industry must be proactive, organized in efforts to stave off recruitment campaigns by unions. In: Nation's Restaurant News 40 (25): 16.

Kotthoff, Hermann (1994): Betriebsräte und Bürgerstatus. Wandel und Kontinuität betrieblicher Mitbestimmung. München.

Kristiansen Skalle, Nina M. (2003): Vi streiker for slippe å streike. NOFU-streiken 2002: En samarbeitsorientert organisasjon i konflikt. Oslo.

Krupat, Kitty/McCreery, Patrick (Hg.) (2001): Out at Work: Building a Gay-Labor Alliance. Minneapolis.

Lafer, Gordon (2003): Graduate Student Unions: Organizing in a Changed Academic Economy. In: Labor Studies Journal 28 (2): 25-43.

Lee, Changwon (2005): Labor and Management Relations in Large Enterprises in Korea: Exploring the Puzzle of Confrontational Enterprise-Based Industrial Relations, Visiting Fellow Working Papers. Ithaca.

Lee, Cheol-Sung (2005): International Migration, Deindustrialization and Union Decline in 16 Affluent OECD Countries, 1962-1997. In: Social Forces 84 (1): 71-88.

Lehmbruch, Gerhard/Schmitter, Philippe C. (Hg.) (1982): Patterns of corporatist policy-making. London.

Lessenich, Stephan/Nullmeier, Frank (Hg.) (2006): Deutschland – eine gespaltene Gesellschaft. Frankfurt/New York.

Lévesque, Christian/Murray, Gregor/Le Queux; Stéphane (2005): Union Disaffection and Social Identity. Democracy as a Source of Union Revitalization. In: Work and Occupations 32 (4): 400-422.

Levi, Margaret (2003): Organizing Power: Prospects for the American Labor Movement. In: Perspectives on Politics 1 (1): 45-68.

Lichtenstein, Nelson (2002): State of the Union. A Century of American Labor. Princeton.

Lier, David Christopher/Stokke, Kristian (2006): Maximum Working Class Unity? Challenges to Local Social Movement Unionism in Cape Town. In: Antipode 38 (4): 802-824.

Lipietz, Alain (1993): Toward A New Economic Order. Postfordism, Ecology and Democracy. Cambridge.

Lordon, Frédéric (2003): „Aktionärsdemokratie" als soziale Utopie? Hamburg.

Lorenz, Frank/Schneider, Günter (2007): Ende der Normalarbeit? Mehr Solidarität statt weniger Sicherheit – Zukunft betrieblicher Interessenvertretung. Hamburg.

Luebke, Sam/Luff, Jennifer (2003): Contemporary Affairs: Organizing: a secret history. In: Labor History 44 (4): 421-432.

Lüthje, Boy (2006): Ökonomische Modernisierung und industrielle Beziehungen im neuen chinesischen Kapitalismus. In: Das Argument 268: 61–75.

Lutz, Burkart (1984): Der kurze Traum immerwährender Prosperität. Frankfurt/New York.

Luxemburg, Rosa (1975): Die Akkumulation des Kapitals – Eine Antikritik. In: Gesammelte Werke 5. Berlin: 413-523.

MacDuffie, John Paul (1995): Workers' Roles in Lean Production: the Implications for Worker Representation. In: Steve Babson (Hg.): Lean Work: Empowerment and Exploitation in the Global Auto Industry. Detroit: Wayne State University Press: 54-69.

Machin, Stephen/Wood, Stephen (2005): Human resource management as a substitute for trade unions in British workplaces. In: Industrial and Labor Relations Review 58 (2): 201-218.

Magnani, Elisabetta/Prentice, David (2003): Did globalization reduce unionization? Evidence from US manufacturing. In: Labour Economics 10: 705–726.

Magnani, Elisabetta/Prentice, David (2006): Unionization and input flexibility in U.S. manufacturing, 1973-1996. In: Industrial and Labor Relations Review 59 (3): 386-407.

Marin, Bernd (1982): Die Paritätische Kommission: aufgeklärter Technokorporatismus in Österreich. Wien.

Markowitz, Linda (1999): Worker Activism after Successful Union Organizing. Armonk, New York.

Martens, Helmut (2005): Nach dem Ende des Hype: Zwischen Interessenvertretungsarbeit und Arbeitspolitik. Münster.

Martens, Helmut (2007): Primäre Arbeitspolitik und Gewerkschaften im Gesundheitswesen. Der Ärztestreik 2006 als Beispiel primärer Arbeitspolitik in Zeiten tiefgreifender gesellschaftlicher Umbrüche. Düsseldorf.

Marx, Karl (1890/1972): Das Kapital. Kritik der politischen Ökonomie, Band 1-3, MEW 23-25. Berlin.

Massa-Wirth, Carsten (2007): Zugeständnisse für Arbeitsplätze. München.

Matrai, David (2006): Das Organizing-Konzept – ein Ausweg aus der Krise der Gewerkschaften? Das Beispiel der LIDL-Kampagne der Dienstleistungsgewerkschaft ver.di. Berlin: Diplomarbeit.

Mayer, Peter (1998): Ein Jahr der Herausforderungen für koreanische Gewerkschaften. In: Köllner, Patrick (Hg.): Korea 1998 – Politik, Wirtschaft, Gesellschaft. Hamburg: 137-150.

McKay, Steven C. (2006): The Squeaky Wheel's Dilemma: New Forms of Labor Organizing in the Philippines. In: Labor Studies Journal 30 (4): 41-63.

Mello, Jeffrey A. (2004): Salts, lies and videotape: Union organizing efforts and management's response. In: Labor Law Journal 55 (1): 42-52.

Meyerson, Harold (2005): Labor's Big Split: Pain Before Gain. In: Washington Post, 26. Juli 2005: A 19.

Meyerson, Harold (2006): Hard Labor. Change To Win had big plans last year... In: American Prospect, 19.06.2006.

Milkman, Ruth/Voss, Kim (Hg.) (2004): Rebuilding Labor: Organizing and Organizers in the New Union Movement. Ithaca.

Milkman, Ruth/Wong, Kent (2001): Organizing Immigrant Workers. Case Studies from Southern California. In: Turner, Lowell/Katz, Harry C./Hurd, Richard W. (Hg.): Rekindling the Movement: Labor's Quest for Relevance in the 21st Century. London: 99-128.

Moody, Kim (1988): An injury to all: the decline of American unionism. London.

Moody, Kim (1997): Workers in a Lean World. London.

Moody, Kim (1999): Das neue Proletariat: Gewerkschaften im „globalisierten" Kapitalismus. In: Sozialismus 99 (2). Supplement.

Müller-Jentsch, Walther (1994): Über Produktivkräfte und Bürgerrechte. In: Beckenbach, Niels/Treeck, Werner van (Hg.): Umbrüche gesellschaftlicher Arbeit. Soziale Welt. Sonderband 9: 643-661.

Müller-Jentsch, Walther (1995): Auf dem Prüfstand: Das deutsche Modell industrieller Beziehungen. In: Industrielle Beziehungen 3 (1): 11-24.

Müller-Jentsch, Walther (2005): Verteidigung der Intermediaritätsthese. In: Industrielle Beziehungen. Zeitschrift für Arbeit, Organisation und Management 12 (2): 189-195.

Müller-Jentsch, Walther (2006): Kapitalismus ohne Gewerkschaften? In: Blätter für deutsche und internationale Politik (10): 1234-1243.

Müller-Jentsch, Walther (2006): Revitalisierung von Gewerkschaften. Jenaer Thesen: Manuskript.

Müller-Jentsch, Walther/Ittermann, Peter(2000): Industrielle Beziehungen – Daten, Zeitreihen, Trends 1950-1999. Frankfurt a. M.

Munck, Ronaldo/Waterman, Peter (Hg.) (1999): Labour World-wide in the Era of Globalisation. London.

Naglo, Kristian (2003): Die Erneuerung der amerikanischen Gewerkschaftsbewegung. In: Industrielle Beziehungen 10 (3): 438-458.

Nam, Ku-Hyun (1993): Der Staat und die sozialen Bewegungen in der kapitalistischen Peripherie am Beispiel Südkoreas. Seoul.

Neary, Michael (2002): Labour Moves: A Critique of the Concept of Social Movement Unionism. In: Dinerstein, Ana C./Neary, Michael: The Labour Debate: an investigation into the theory and reality of capitalist work. Aldershot: 149-178.

Negt, Oskar (1986): Lebendige Arbeit, enteignete Zeit. Frankfurt/New York.

Negt, Oskar (2004): Wozu noch Gewerkschaften? Eine Streitschrift. Göttingen.

Neugebauer, Gero (2007): Politische Milieus in Deutschland. Die Studie der Friedrich-Ebert-Stiftung. Bonn.

Nicholson, Philip Yale (2004): Labor's Story in the United States. Philadelphia.

Nissen, Bruce (2003): Alternative Strategic Directions for the U.S. Labor Movement: Recent Scholarship. In: Labor Studies Journal 28 (1): 133-155.

Nissen, Bruce (Hg.) (2002): Unions in a Globalized Environment: Changing Borders, Organizational Boundaries, and Social Roles. Armonk/New York.

Offe, Claus (1984): „Arbeitgesellschaft". Strukturprobleme und Zukunftsperspektiven. New York.

Olson, Mancur (1985): Die Logik des kollektiven Handelns. Tübingen.

Ost, David (2002): The Weakness of Strong Social Movements: Models of Unionism in the East European Context. In: European Journal of Industrial Relations 8 (1): 33-51.

Palmer, David (1999): Organizing the Shipyards: Union Strategy in Three Northeast Ports. Ithaca.

Paugam, Serge (1998): Poverty and Social Exclusion: A Sociological View. In: Rhodes, Martin/Mény, Yves (Hg.): The Future of European Welfare. A New Social Contract. London: 41-62.

Pernicka, Susanne (2005): The Evolution of Union Politics for Atypical Employees: A Comparison between German and Austrian Trade Unions in the private Service Sector. In: Economic and Industrial Democracy 26 (2): 205-228.

Pernicka, Susanne (2006): Organizing the Self-Employed: Theoretical Considerations and Empirical Findings. In: European Journal of Industrial Relations 12 (2): 125-142.

Pernicka, Susanne/Aust, Andreas (Hg.) (2007): Die Unorganisierten gewinnen. Gewerkschaftliche Rekrutierung und Interessenvertretung atypisch Beschäftigter – ein deutsch-österreichischer Vergleich. Berlin.

Peters, Klaus/Sauer Dieter (2005): Indirekte Steuerung – eine neue Herrschaftsform. In: Wagner, Hilde (Hg.): „Rentier' ich mich noch?" Neue Steuerungskonzepte im Betrieb. Hamburg: 23-58.

Piazza, James (2001): De-Linking Labor. Labor Unions and Social Democratic Parties under Globalization, In: Party Politics 7 (4): 413-435.

Polanyi, Karl (1978/1957): The great transformation. Politische und ökonomische Ursprünge von Gesellschaften und Wirtschaftssystemen. Frankfurt a. M.

Priore, Michael J. (2005): Neoliberales Ideal und neoliberale Realität in den USA: Politische Mobilisierung und neue Governanceregime am Arbeitsmarkt. In: Miller, Max (Hg.): Welten des Kapitalismus. Institutionelle Alternativen in der globalisierten Ökonomie. Frankfurt a. M.: 227-240.

Promberger, Markus (2007): Leiharbeit: Flexibilität und Prekarität in der betrieblichen Praxis. In: Keller, Berndt/Seifert, Hartmut (Hg.) Atypische Beschäftigung – Flexibilisierung und soziale Risiken. Berlin: 127-144.

Promberger, Markus u.a. (2005): Leiharbeit im Betrieb. Strukturen, Kontexte und Handhabung einer atypischen Beschäftigungsform. Zusammenfassung der Projektergebnisse. Manuskript.

Pyhel, Jörn (2006): Warum ist man Gewerkschaftsmitglied? – Determinanten der Mitgliedschaftsneigung. In: WSI-Mitteilungen 59 (6): 341-346.

Redlich, Charlotte (2006): Das „SchwarzBuch LIDL": Ein ver.di-Projekt hat Folgen. In: werden 05/06. Berlin: 27-30.

Rehder, Britta (2006): Legitimitätsdefizite des Co-Management. Betriebliche Bündnisse für Arbeit als Konfliktfeld zwischen Arbeitnehmern und betrieblicher Interessenvertretung. In: Zeitschrift für Soziologie, 35 (3): 227-242.

Reshef, Yonatan/Rastin, Sandra (2003): Unions in the Time of Revolution: Government Restructuring in Alberta and Ontario. Toronto.

Rhomberg, Chris/Simmons, Louise (2005): Beyond Strike Support: Labor Community Alliances and Democratic Support at New Haven. In: Labor Studies Journal 30 (3): 21-47.

Röbenack, Silke/Schierhorn, Karen (2007): Der Einfluss der neuen Arbeitsmarktreform auf die lokale Arbeitsmarktpolitik. Manuskript, Jena.

Rosner, Peter (1999): Lohnbewegung und Bewegung der Lohnpolitik. In: Karlhofer, Ferdinand (Hg.): Zukunft der Sozialpartnerschaft: Veränderungsdynamik und Reformbedarf. Wien: 75-94.

Rubinstein, Saul A. (2001): A Different Kind of Union: Balancing Co-Management and Representation. In: Industrial Relations 40 (2): 163-203.

Rubinstein, Saul A. (2002): Unions as Value-Adding Networks: Possibilities for the Future of U.S. Unionism In: Bennett, James T./Kaufman, Bruce E. (Hg.): The Future of Private Sector Unionism in the United States. Armonk/New York: 129-148.

Rudy, Preston (2004): „Justice for Janitors", Not „Compensation for Custodians": The Political Context and Organizing in San Jose and Sacramento. In: Milkman, Ruth/Voss, Kim (Hg.): Rebuilding Labor. Ithaca: 133-149.

Sako, Mari/Jackson, Gregory (2006): Strategy meets Institutions: The Transformation of Management-Labor Relations at Deutsche Telekom and NTT. In: Industrial and Labor Relations Review 59 (3): 347-366.

Sauer, Dieter (2005): Arbeit im Übergang. Zeitdiagnosen. Hamburg.

Sauer, Dieter (2007): Vermarktlichung und Politik – Arbeitspolitik unter den Bedingungen Indirekter Steuerung. In: Peter, Gerd (Hg.): Grenzkonflikte der Arbeit. Die Herausbildung einer neuen europäischen Arbeitspolitik. Hamburg: 202-217.

Savage, Lydia/Wills, Jane (2004): New Geographies of Trade Unionism. In: Geoforum 35: 5-7.

Schmalstieg, Catharina (2006a) „... und dann haben sie die Rassismus-Karte gespielt." – Widersprüche der Gewerkschaftsarbeit in den USA. Vortrag auf der BdWi Sommerakademie in Werftpfuhl bei Berlin: Manuskript.

Schmalstieg, Catharina (2006b): Bündnispolitik als gewerkschaftliche Erneuerungsstrategie. Forschungsskizze und erste Befunde. Jena: Manuskript.

Schmalstieg, Catharina (2007a): Gewerkschaftliche Handlungsstrategien im Niedriglohnsektor der USA – Ansatzpunkte und Möglichkeiten der Übertragbarkeit. http://www.uni-jena.de/Beitraege_zur_Konferenz__Revitalisierung_von_Gewerkschaften.html (05.02.2007).

Schmalstieg, Catharina (2007b.): Krise und Erneuerung – Neue Wege der Gewerkschaften in den USA. In: Kaindl, Christina (Hg.): Ungleichheit als Projekt. Marburg: BdWi.

Schmidt, Eberhard (2006): Gewerkschaften und NGOs: Erfolge und Grenzen des coalition building. Vortrag auf der Konferenz Strategic Unionism am 1. Dezember 2006 in Jena: Manuskript.

Schmidt, Rudi (2003): Der gescheiterte Streik in der ostdeutschen Metallindustrie. In: Prokla (33) 132: 493-509.

Schmidt, Rudi/Trinczek, Rainer (1999): Der Betriebsrat als Akteur der industriellen Beziehungen. In: Müller-Jentsch, Walther (Hg.): Konfliktpartnerschaft. Akteure und Institutionen der industriellen Beziehungen. München: 103-128.

Schnabel, Claus/Wagner, Joachim (2006): The Persistent Decline in Unionization in Western and Eastern Germany, 1980-2004: What Can We Learn from a Decomposition Analysis? Forschungsinstitut zur Zukunft der Arbeit. Discussion Paper 2388 (Oktober). Bonn.

Schreck, Kathrin (2007): Gleiche Arbeit, weniger Lohn. In: Die Tageszeitung, 14. März 2007: 22.

Schreieder, Agnes (2005a): Organizing – Gewerkschaft als soziale Bewegung. Berlin: ver.di Bundesverwaltung (Bereich Vertrauensleute und Betriebsarbeit).

Schreieder, Agnes (2005b): „Just another campaign?", Gespräch über „Organizing" in Deutschland, US-Gewerkschaften als Lehrmeister und was das mit LIDL zu tun hat. In: express 2005: 6-7.

Schreieder, Agnes 2007: Die LIDL-Kampagne – ein Zukunftsmodell für Gewerkschaften. In: Bremme, Peter/Fürniß, Ulrike/Meinecke, Ulrich (Hg.): Never work alone. Organizing – ein Zukunftsmodell für Gewerkschaften. Hamburg: 153-174.

Schröder, Wolfgang (2006): Gewerkschaften als Lobbykraft: Vom Protagonisten von Basisinstitutionen zum Anwalt spezifischer Interessen. Vortrag auf der Konferenz Strategic Unionism am 1. Dezember 2006 in Jena: Manuskript.

Scipes, Kim (1992): Understanding the New Labor Movements in the „Third World": The Emergence of Social Movement Unionism, a New Type of Trade Unionism. In: Critical Sociology 19(2): 81-101.

Sennett, Richard (2006): „An der Schwelle zum Zerfall". Die US-Gesellschaft in der Passivitätskrise. Gespräch mit Ingar Solty. In: Das Argument 264: 27-35.

Sennett, Richard (2007): Die Kultur des neuen Kapitalismus. Berlin.

Silver, Beverly (2003): Forces of Labor. Workers' Movements and Globalization since 1870. Cambridge.

Silver, Beverly J. (2005): Forces of Labour. Arbeiterbewegung und Globalisierung seit 1870. Berlin.

Simms, Melanie (2005): The transition from organizing to representation: A Case Study. In: Gall: Union Recognition. London:167-180.

Simms, Melanie (2007): Managed activism: two union organising campaigns in the not-for-profit sector. In: Industrial Relations Journal 38: 119-135.

Sinn, Hans-Werner (2004): Ist Deutschland noch zu retten? München.

Statistisches Bundesamt (Hg.) (1998): Statistisches Jahrbuch für die Bundesrepublik Deutschland 1998. Stuttgart.

Statistisches Bundesamt (Hg.) (1999): Statistisches Jahrbuch für die Bundesrepublik Deutschland 1999. Stuttgart.

Statistisches Bundesamt (Hg.) (2000): Statistisches Jahrbuch für die Bundesrepublik Deutschland 2000. Stuttgart.

Statistisches Bundesamt (Hg.) (2001): Statistisches Jahrbuch für die Bundesrepublik Deutschland 2001. Stuttgart.

Statistisches Bundesamt (Hg.) (2002): Statistisches Jahrbuch für die Bundesrepublik Deutschland 2002. Stuttgart.

Streeck, Wolfgang (1997): German Capitalism: Does it exist? Can it survive?, In: Crouch, Colin/Streeck, Wolfgang (Hg.): Political economy of modern capitalism: Mapping convergence and diversity. London: 33-54.

Streeck, Wolfgang (1999): Korporatismus in Deutschland. Zwischen Nationalstaat und Europäischer Union. New York.

Streeck, Wolfgang (2005): Nach dem Korporatismus: Neue Eliten, neue Konflikte. MPIfG Working Paper 05/4. Köln.

Struck, Olaf/Köhler, Christoph (Hg.) (2004): Beschäftigungsstabilität im Wandel? Empirische Befunde und theoretische Erklärungen für West- und Ostdeutschland. München.

Sverke, Magnus u.a. (Hg.) (2004): Job Insecurity and Union Membership: European Unions in the Wake of Flexible Production. Brüssel.

Sverke, Magnus/Goslinga, Sjoerd (2003): The Consequences of Job Insecurity for Employers and Unions: Exit, Voice and Loyalty. In: Economic and Industrial Democracy 24 (2): 241-270.

Tait, Vanessa (2005): Poor Workers' Unions: Rebuilding Labor From Below. Cambridge.

Taylor, Graham (2002): Social partner or social movement? European integration and trade union renewal in Europe. In: Labor Studies Journal 27 (1): 93-108.

Taylor, Graham/Mathers, Andrew (2004): The European Trade Union Confederation at the Crossroads of Change? Traversing the Variable Geometry of European Trade Unionism. In: European Journal of Industrial Relations 10 (3): 267-285.

Therborn, Göran (1987): Auf der Suche nach dem Handeln. Geschichte und Verteidigung der Klassenanalyse. In: Prokla 66: 128-160.

Touraine, Alain (2001): Globalisierung – eine neue kapitalistische Revolution, In: Loch, Dietmar/Heitmeyer, Wilhelm (2001): Schattenseiten der Globalisierung. Frankfurt a. M.: 41-62.

Trampusch, Christine (2003): Korporatistische Konzertierung von Arbeitsmarkt- und Rentenpolitik: Zukunfts- oder Auslaufmodell? In: Beyer, Jürgen (Hg.): Vom Zukunfts- zum Auslaufmodell? Die deutsche Wirtschaftsordnung im Wandel. Wiesbaden: 78-107.

Trampusch, Christine (2004): Von Verbänden zu Parteien. Der Elitenwechsel in der Sozialpolitik. MPIfG Discussion Paper 04/3. Köln.

Trampusch, Christine (2006): Postkorporatismus in der Sozialpolitik – Folgen für Gewerkschaften. In: WSI-Mitteilungen 59 (6): 347-352.

Traxler, Franz (1998): Austria: Still The Country of Corporatism. In: Ferner, Anthony/Hyman, Richard (Hg.): Changing industrial relations in Europe. Oxford: 239-261.

Traxler, Franz (2001): Metamorphosen des Korporatismus. Vom klassischen zum schlanken Muster. In: Politische Vierteljahresschrift 42: 590-623.

Trinczek, Rainer (2005): What's the difference? In: Industrielle Beziehungen. Zeitschrift für Arbeit, Organisation und Management 12. (2): 199-203.

Turner, Lowell (2004): Why Revitalize? Labour's Urgent Mission in a Contested Global Economy. In: Frege, Carola M./Kelly, John (Hg.): Varieties of Unionism. Oxford: 1-10.

Turner, Lowell (2005): From Transformation to Revitalization. A New Research Agenda for a Contested Global Economy. In: Work and Occupations 32 (4): 383-399.

Turner, Lowell (2006): Globalization and the Logic of Participation: Unions and the Politics of Coalition Building. In: Journal of Industrial Relations 48 (1): 83-97.

Turner, Lowell/Hurd, Richard W. (2001): Building Social Movement Unionism: The Transformation of the American Labor Movement. In: Turner, Lowell/Katz, Harry C./Hurd, Richard W. (Hg.): Rekindling the Movement. Ithaca: 9-26.

Turner, Lowell/Katz, Harry C./Hurd, Richard W. (Hg.) (2001): Rekindling the Movement: Labor's Quest for Relevance in the 21st Century. Ithaca.

Urban, Hans-Jürgen (2005a): Gewerkschaften als konstruktive Vetospieler? Probleme strategischer und kommunikativer Positionierung gewerkschaftlicher Politik. In: Forschungsjournal Neue Soziale Bewegungen, 2. Bonn.

Urban, Hans-Jürgen (2005b): Wege aus der Defensive. Schlüsselprobleme und -strategien gewerkschaftlicher Revitalisierung. In: Detje, Richard/Pickshaus, Klaus/Urban, Hans-Jürgen (Hg.): Arbeitspolitik kontrovers. Hamburg: 187-212.

Urban, Hans-Jürgen (2006a): Gewerkschaftspolitik als Demokratiepolitik. In: Urban, Hans-Jürgen/Buckmiller, Michael/Deppe, Frank (Hg.): Antagonistische Gesellschaft und politische Demokratie. Zur Aktualität von Wolfgang Abendroth. Hamburg: 80-98.

Urban, Hans-Jürgen (2006b): Vom Krisen- zur Strategieparadigma. Statement zum Workshop „Revitalisierung von Gewerkschaften" am 1.12.2006 an der Universität Jena.

Urban, Hans-Jürgen (2007): Die post-neoliberale Agenda und die Revitalisierung der Gewerkschaften. Manuskript. Frankfurt a. M.

Urban, Hans-Jürgen (2007a): Zukunft des politischen Mandats der Gewerkschaften. Vortrag auf dem Walter Kuhn Forum am 9.2.2007. Beutelsbach.

Urban, Hans-Jürgen (2007b): Licht am Ende des Tunnels? Probleme und Chancen einer Revitalisierung der Gewerkschaften. Vortrag auf dem 15. isw-forum am 12. Mai 2007 in München. Manuskript.

Urban, Hans-Jürgen/Buckmiller, Michael/Deppe, Frank (Hg.) (2006): Antagonistische Gesellschaft und politische Demokratie. Zur Aktualität von Wolfgang Abendroth, Hamburg.

Vester, Michael/Teiwes-Kügler, Christel (2006): Die Neuen Arbeitnehmer und der neue industrielle Konflikt. Herausforderungen für die gewerkschaftlichen Strategien. In: Widerspruch Nr. 102. Zürich: 79-98.

Vester, Michael/Teiwes-Kügler, Christel (2007): Unruhe in der Mitte: Die geprellten Leistungsträger des Aufschwungs. In: WSI-Mitteilungen 60 (5): 231-238.

Vester, Michael/Teiwes-Kügler, Christel/Lange-Vester, Andrea (2007): Die neuen Arbeitnehmer. Zunehmende Kompetenzen – wachsende Unsicherheit. Hamburg.

Visser, Jelle (2006): Union membership statistics in 24 countries. In: Monthly Labor Review 129 (1): 38-49.

Voelzkow, Helmut (1998): 'Inszenierter Korporatismus'. Neue Formen strukturpolitischer Steuerung auf regionaler Ebene. In: Kujath, Hans Joachim (Hg.): Strategien der Stabilisierung. Wirtschaftliche und politische Antworten auf die Internationalisierung des Raumes. Berlin: 215-232.

von Holdt, Karl (2000): From the politics of resistance to the politics of reconstruction? The union and „ungovernability" in the workplace. In Adler, Glenn/Webster, Eddie (Hg.): Trade Unions and Democratization in South Africa. London: 100-127.

von Holdt, Karl (2002): Social Movement Unionism: the Case of South Africa. In: Work, Employment & Society 16 (2): 283-304.

Voss, Kim/Sherman, Rachel (2000): Breaking the Iron Law of Oligarchy: Union Revitalization in the American Labor Movement. In: American Journal of Sociology 106 (2): 303-349.

Waddington, Jeremy (Hg.) (2005a): Restructuring Representation. The Merger Process and Trade Union Structural Development in Ten Countries. Bruxelles.

Waddington, Jeremy (2005b): Trade union membership in Europe. A background paper for the ETUC/ETUI-REHS top-level summer school. Florence 1-2 July.

Wallerstein, Michael (1999): Wage-Setting Institutions and Pay Inequality in Advanced Industrial Societies. In: American Journal of Political Science 43: 649-680.

Waterman, Peter (1999): The New Social Unionism: A New Union Model for a New World Order. In: Munck, Ronaldo/Waterman, Peter (Hg.): Labour World-wide in the Era of Globalisation. London: 247-264.

Waterman, Peter (2002): Emanzipation des ArbeiterInnen-Internationalismus. In: Kurswechsel 2/2002.Wien: 102-116.

Weber, Max (1980): Wirtschaft und Gesellschaft. Tübingen.

Webster, Eddie (1987): The rise of social movement unionism: the two faces of the black trade union movement in South Africa, in Frankel et al.: State Resistance and Change in South Africa. London: 174-196.

Western, Bruce (1999): Between Class and Market. Postwar Unionization in the Capitalist Democracies. Princeton.

Wiethold, Franziska (2006): Prekäre Beschäftigungsverhältnisse – die Situation von Frauen im Niedriglohnbereich. Referat beim Science Day. Hannover: Manuskript.

Windolf, Paul (Hg.) (2005): Finanzmarktkapitalismus. Analysen zum Wandel von Produktionsregimen. Wiesbaden.

Wright, Erik O. (1997): Class counts. Cambridge.
Wright, Erik O. (2000): Working Class Power, Capitalist Class Interests, and Class Com-
    promise. In: American Journal of Sociology 105 (4): 957-1002.
WSI (2006): WSI-Tarifhandbuch. Frankfurt a. M.
Zinn, Karl Georg (1997): Jenseits der Markt-Mythen. Wirtschaftskrisen: Ursachen und
    Auswege. Hamburg.
Zullo, Roland (2004): In-Sourcing As a Strategy for Reclaiming Union Work. In: Labor
    Studies Journal 5 (1): 91-108.

Zeitungen, Zeitschriften, Internet

FR – Frankfurter Rundschau, 23.03.2007
FR – Frankfurter Rundschau, 09.03.2007: 12
Handelsblatt 30.05.2007
http://www.destatis.de/basis/d/erwerb/erwerbtabl.php
http://www.dgd.de/dgd/mitgliederzahlen/mitglieder.htm

Abkürzungsverzeichnis

ACTU	Australian Council of Trade Unions
AFL-CIO	American Federation of Labor – Congress of Industrial Organisations
AFSCME	American Federation of State, County and Municipal Employees
AGAB	Aktionsgemeinschaft arbeitsloser Bürger in Bremen
ALG	Arbeitslosengeld
ANC	African National Congress
AT&T	American Telephone & Telegraph Corporation
Attac	Association pour une Taxation des Transactions financières pour l'Aide aux Citoyens et Citoyennes (Wörtlich übersetzt: Vereinigung für eine Besteuerung von Finanztransaktionen zum Wohle der BürgerInnen)
BGS	Bob's Grocery Stores
BVG	Betriebsverfasssungsgesetz
CAW	Canadian Auto Workers
CFDT	Confédération française démocratique du travail
CGM	Christliche Gewerkschaft Metall
CGT	Confédération générale du travail
CIO	Congress of Industrial Organisations
CTW	Change to Win (US-Dachverband verschiedener Einzelgewerkschaften)
CWA	Communications Workers of America
CWU	Communication Workers Union
COSATU	Congress of South African Trade Unions
DAG	Deutsche Angestellten-Gewerkschaft
DGB	Deutscher Gewerkschaftsbund
DPG	Deutsche Postgewerkschaft
FKTU	Federation of Korean Trade Unions
GEAR	Growth, Employment and Redistribution Strategy
GM	Geofelt Manufacturing
GPA	Gewerkschaft der Privatangestellten
HBV	Gewerkschaft Handel, Banken und Versicherungen
HERE	Hotel Employees and Restaurant Employees International Union, seit 2004 UNITE-HERE
IBT	International Brotherhood of Teamsters
IG	Industriegwerkschaft
ILO	International Labour Organization
IUMSWA	Industrial Union of Marine and Shipbuilding Workers of America
IWF	Internationaler Währungsfond

JIS	Just-in-Sequence
JIT	Just-in-Time
KCTU	Korean Confederation of Trade Unions
LIUNA	Laborers International Union of North America
LRS	Labor Revitalization Studies
MobB	Menschen ohne bezahlte Beschäftigung e.V. Jena
NGO	Non-Governmental Organization
NLRB	National Labor Relations Board
NRW	Nordrhein-Westfalen
OECD	Organisation for Economic Co-operation and Development
ÖTV	Gewerkschaft Öffentliche Dienste, Transport und Verkehr
OW	Organizing Works
SEIU	Service Employees International Union
SMU	Social Movement Union/Unionism
TUC	Trades Union Congress
UAW	United Auto Workers
UBC	United Brotherhood of Carpenters and Joiners of America
UNITE	Union of Needletrades, Industrial and Textile Employees
VAU	Value Added Unions/Unionism
WERS	Workplace Employee Relations Survey

Register

Autoren

- Brinkmann, Ulrich, Dr., lehrt und forscht als Hochschulassistent am Lehrstuhl Arbeits-, Industrie- und Wirtschaftssoziologie der Friedrich-Schiller-Universität Jena.

- Choi, Hae-Lin, ist Doktorandin am Otto-Suhr-Institut (OSI) für Politikwissenschaft der Freien Universität Berlin

- Detje, Richard, ist Lektor im VSA-Verlag Hamburg, Redakteur der Zeitschrift Sozialismus und Geschäftsführer von WISSENTransfer.

- Dörre, Klaus, Prof. Dr., leitet den Lehrstuhl Arbeits-, Industrie- und Wirtschaftssoziologie an der Friedrich-Schiller-Universität Jena.

- Holst, Hajo, ist wissenschaftlicher Mitarbeiter am Lehrstuhl für Arbeits-, Industrie- und Wirtschaftssoziologie der FSU Jena

- Karakayali, Serhat, Dr., lebt und arbeitet z.Z. in Berlin

- Schmalstieg, Catharina, ist Doktorandin am Lehrstuhl für Arbeits-, Industrie- und Wirtschaftssoziologie der FSU Jena

- Urban, Hans-Jürgen, Dr., ist Mitglied des geschäftsführenden Vorstands der IG Metall in Frankfurt/Main.

Neu im Programm Soziologie

Hans Paul Bahrdt
Die moderne Großstadt
Soziologische Überlegungen
zum Städtebau
Hrsg. von Ulfert Herlyn
2. Aufl. 2006. 248 S. Br. EUR 34,90
ISBN 978-3-531-14985-1

Jürgen Gerhards
**Kulturelle Unterschiede
in der Europäischen Union**
Ein Vergleich zwischen Mitgliedsländern,
Beitrittskandidaten und der Türkei
2., durchges. Aufl. 2006. 316 S.
Br. EUR 27,90
ISBN 978-3-531-34321-1

Andreas Hadjar / Rolf Becker (Hrsg.)
Die Bildungsexpansion
Erwartete und unerwartete Folgen
2006. 362 S. Br. EUR 27,90
ISBN 978-3-531-14938-7

Ronald Hitzler /
Michaela Pfadenhauer (Hrsg.)
Gegenwärtige Zukünfte
Interpretative Beiträge zur sozialwissen-
schaftlichen Diagnose und Prognose
2005. 274 S. Br. EUR 19,90
ISBN 978-3-531-14582-2

Jürgen Mackert /
Hans-Peter Müller (Hrsg.)
Moderne (Staats)Bürgerschaft
Nationale Staatsbürgerschaft und die
Debatten der Citizenship Studies
2007. 416 S. Br. EUR 39,90
ISBN 978-3-531-14795-6

Andrea Mennicken /
Hendrik Vollmer (Hrsg.)
Zahlenwerk
Kalkulation, Organisation
und Gesellschaft
2007. 274 S. (Organisation und
Gesellschaft) Br. EUR 29,90
ISBN 978-3-531-15167-0

Gunter Schmidt / Silja Matthiesen /
Arne Dekker / Kurt Starke
Spätmoderne Beziehungswelten
Report über Partnerschaft und Sexualität
in drei Generationen
2006. 159 S. Br. EUR 21,90
ISBN 978-3-531-14285-2

Georg Vobruba
**Entkoppelung von Arbeit
und Einkommen**
Das Grundeinkommen in der
Arbeitsgesellschaft
2., erw. Aufl. 2007. 227 S. Br. EUR 24,90
ISBN 978-3-531-15471-8

Erhältlich im Buchhandel oder beim Verlag.
Änderungen vorbehalten. Stand: Juli 2007.

www.vs-verlag.de

VS VERLAG FÜR SOZIALWISSENSCHAFTEN

Abraham-Lincoln-Straße 46
65189 Wiesbaden
Tel. 0611.7878-722
Fax 0611.7878-400

Lehrbücher

Stefan Hradil

Die Sozialstruktur Deutschlands im internationalen Vergleich
2. Aufl. 2006. 304 S. Br. EUR 24,90
ISBN 978-3-531-14939-4

Stefan Hradil

Soziale Ungleichheit in Deutschland
8. Aufl. 2001. 545 S. Br. EUR 14,90
ISBN 978-3-8100-3000-9

Holger Lengfeld

Organisierte Ungleichheit
Wie Organisationen Lebenschancen beeinflussen
2007. 345 S. (Hagener Studientexte zur Soziologie) Br. EUR 26,90
ISBN 978-3-531-15232-5

Bernhard Miebach

Organisationstheorie
Problemstellung – Modelle – Entwicklung
2007. 222 S. (Soziologische Theorie) Br. EUR 14,90
ISBN 978-3-531-14986-8

Bernhard Miebach

Soziologische Handlungstheorie
Eine Einführung
2., grundl. überarb. und akt. Aufl. 2006. 475 S. Br. EUR 27,90
ISBN 978-3-531-32142-4

Peter Preisendörfer

Organisationssoziologie
Grundlagen, Theorien und Problemstellungen
2005. 196 S. Br. EUR 16,90
ISBN 978-3-531-14149-7

Bernhard Schäfers / Albert Scherr

Jugendsoziologie
Einführung in Grundlagen und Theorien
8., umfassend akt. und überarb. Aufl.
2005. 204 S. Br. EUR 12,90
ISBN 978-3-531-14685-0

Reinhold Sackmann

Lebenslaufanalyse und Biografieforschung
Eine Einführung
2007. 230 S. (Studienskripten zur Soziologie) Br. EUR 19,90
ISBN 978-3-531-14805-2

Albert Scherr (Hrsg.)

Soziologische Basics
Eine Einführung für Pädagogen und Pädagoginnen
2006. 203 S. Br. EUR 14,90
ISBN 978-3-531-14621-8

Annette Treibel

Einführung in soziologische Theorien der Gegenwart
7., akt. Aufl. 2006. 315 S. Br. EUR 17,90
ISBN 978-3-531-15177-9

Erhältlich im Buchhandel oder beim Verlag.
Änderungen vorbehalten. Stand: Juli 2007.

www.vs-verlag.de

VS VERLAG FÜR SOZIALWISSENSCHAFTEN

Abraham-Lincoln-Straße 46
65189 Wiesbaden
Tel. 0611.7878-722
Fax 0611.7878-400